Noticia de un secuestro

GABRIEL GARCÍA MÁRQUEZ nació en 1927, en Aracataca, Colombia, donde lo criaron sus abuelos. En 1947 se matriculó en la Facultad de Derecho de la Universidad Nacional de Bogotá y en ese mismo año se publicó en el diario *El Espectador* su cuento "La tercera resignación". Al año siguiente comenzó su actividad periodística como colaborador en el diario *El Universal*, de Cartagena, y desde entonces sus textos han aparecido en innumerables periódicos y revistas de diversos países. En 1955 publicó su primer libro, *La hojarasca*, en el que ya bosquejaba el mundo fantástico de Macondo, cuyo esplendor lograría en *Cien años de soledad*. Su brillante trayectoria literaria se vio coronada con el Premio Nobel de Literatura en 1982, luego de haberse consagrado como uno de los grandes escritores de la lengua española.

www.garciamarquez.com.mx

Noticia de un secuestro

Gabriel García Márquez

Diana

Diseño de portada: Sergio Ávila
Fotografía del autor: Luis Miguel Palomares

© 1996, Gabriel García Márquez

Derechos reservados

© 2010, Editorial Planeta Mexicana, S.A. de C.V.
Bajo el sello editorial DIANA M.R.
Avenida Presidente Masarik núm. 111, 2o. piso
Colonia Chapultepec Morales
C.P. 11570, México, D.F.
www.editorialplaneta.com.mx

Primera edición: mayo de 1996
Décima quinta reimpresión: febrero de 2009
Primera edición en esta presentación de bolsillo: agosto de 2010
Primera reimpresión: febrero de 2013
ISBN: 978-607-07-0472-7

Derechos exclusivos únicamente para MÉXICO. Prohibida su venta en los demás países del área idiomática de lengua española.

No se permite la reproducción total o parcial de este libro ni su incorporación a un sistema informático, ni su transmisión en cualquier forma o por cualquier medio, sea éste electrónico, mecánico, por fotocopia, por grabación u otros métodos, sin el permiso previo y por escrito de los titulares del *copyright*.
La infracción de los derechos mencionados puede ser constitutiva de delito contra la propiedad intelectual (Arts. 229 y siguientes de la Ley Federal de Derechos de Autor y Arts. 424 y siguientes del Código Penal).

Impreso en los talleres de Litográfica Ingramex, S.A. de C.V.
Centeno núm. 162, colonia Granjas Esmeralda, México, D.F.
Impreso y hecho en México – *Printed and made in Mexico*

Gratitudes

Maruja Pachón y su esposo, Alberto Villamizar, me propusieron en octubre de 1993 que escribiera un libro con las experiencias de ella durante su secuestro de seis meses, y las arduas diligencias en que él se empeñó hasta que logró liberarla. Tenía el primer borrador ya avanzado cuando caímos en la cuenta de que era imposible desvincular aquel secuestro de los otros nueve que ocurrieron al mismo tiempo en el país. En realidad, no eran diez secuestros distintos —como nos pareció a primera vista— sino un solo secuestro colectivo de diez personas muy bien escogidas, y ejecutado por una misma empresa con una misma y única finalidad.

Esta comprobación tardía nos obligó a empezar otra vez con una estructura y un aliento diferentes para que todos los protagonistas tuvieran su identidad bien definida y su ámbito propio. Fue una solución técnica para una narración laberíntica que en el primer formato hubiera sido fragorosa e interminable. De este modo, sin embargo, el trabajo previsto para un año se prolongó por casi tres, siempre con la colaboración cuidadosa y oportuna de Maruja y Alberto, cuyos relatos personales son el eje central y el hilo conductor de este libro.

Entrevisté a cuantos protagonistas me fue posible, y en todos encontré la misma disposición generosa de perturbar la paz de su memoria y reabrir para mí las heridas que quizás querían olvidar. Su dolor, su paciencia y su rabia me dieron el coraje para persistir en esta tarea otoñal, la más difícil y triste de mi vida. Mi única frustración es saber que ninguno de ellos encontrará en el papel nada más que un reflejo mustio del horror que padecieron en la vida real. Sobre todo las familias de las dos rehenes muertas

—Marina Montoya y Diana Turbay—, y en especial la madre de ésta, doña Nydia Quintero de Balcázar, cuyas entrevistas fueron para mí una experiencia humana desgarradora e inolvidable.

Esta sensación de insuficiencia la comparto con dos personas que sufrieron conmigo la carpintería confidencial del libro: la periodista Luzángela Arteaga, que rastreó y capturó numerosos datos imposibles con una tenacidad y una discreción absoluta de cazadora furtiva, y Margarita Márquez Caballero, mi prima hermana y secretaria privada, que manejó la transcripción, el orden, la verificación y el secreto del intrincado material de base en el que varias veces nos sentimos a punto de naufragar.

Para todos los protagonistas y colaboradores va mi gratitud eterna por haber hecho posible que no quedara en el olvido este drama bestial, que por desgracia es sólo un episodio del holocausto bíblico en que Colombia se consume desde hace más de veinte años. A todos ellos lo dedico, y con ellos a todos los colombianos —inocentes y culpables— con la esperanza de que nunca más nos suceda este libro.

G.G.M.
Cartagena de Indias, mayo de 1996

1

Antes de entrar en el automóvil miró por encima del hombro para estar segura de que nadie la acechaba. Eran las siete y cinco de la noche en Bogotá. Había oscurecido una hora antes, el Parque Nacional estaba mal iluminado y los árboles sin hojas tenían un perfil fantasmal contra el cielo turbio y triste, pero no había a la vista nada que temer. Maruja se sentó detrás del chofer, a pesar de su rango, porque siempre le pareció el puesto más cómodo. Beatriz subió por la otra puerta y se sentó a su derecha. Tenían casi una hora de retraso en la rutina diaria, y ambas se veían cansadas después de una tarde soporífera con tres reuniones ejecutivas. Sobre todo Maruja, que la noche anterior había tenido fiesta en su casa y no pudo dormir más de tres horas. Estiró las piernas entumecidas, cerró los ojos con la cabeza apoyada en el espaldar, y dio la orden de rutina:

—A la casa, por favor.

Regresaban como todos los días, a veces por una ruta, a veces por otra, tanto por razones de seguridad como por los nudos del tránsito. El Renault 21 era nuevo y confortable, y el chofer lo conducía con un rigor cauteloso. La mejor alternativa de aquella noche fue la avenida Circunvalar hacia el norte. Encontraron los tres semáforos en verde y el tráfico del anochecer estaba menos embrollado que de costumbre. Aun en los días peores hacían media hora desde las oficinas hasta la casa de Maruja, en la transversal Tercera N.º 84A-42 y el chofer llevaba después a Beatriz a la suya, distante unas siete cuadras.

Maruja pertenecía a una familia de intelectuales notables con varias generaciones de periodistas. Ella misma lo era, y varias veces premiada. Desde hacía dos meses era directora de Focine, la compañía estatal de fomento cinematográfico. Beatriz, cuñada suya y su asistente personal, era una fisioterapeuta de larga experiencia que había hecho una pausa para cambiar de tema por un tiempo. Su responsabilidad mayor en Focine era ocuparse de todo lo que tenía que ver con la prensa. Ninguna de las dos tenía nada que temer, pero Maruja había adquirido la costumbre casi inconsciente de mirar hacia atrás por encima del hombro, desde el agosto anterior, cuando el narcotráfico empezó a secuestrar periodistas en una racha imprevisible.

Fue un temor certero. Aunque el Parque Nacional le había parecido desierto cuando miró por encima del hombro antes de entrar en el automóvil, ocho hombres la acechaban. Uno estaba al volante de un Mercedes 190 azul oscuro, con placas falsas de Bogotá, estacionado en la acera de enfrente. Otro estaba al volante de un taxi amarillo, robado. Cuatro, con pantalones vaqueros, zapatos de tenis y chamarras de cuero, se paseaban por las sombras del parque. El séptimo era alto y apuesto, con un vestido primaveral y un maletín de negocios que completaba su aspecto de ejecutivo joven. Desde un cafetín de la esquina, a media cuadra de allí, el responsable de la operación vigiló aquel primer episodio real, cuyos ensayos, meticulosos e intensos, habían empezado veintiún días antes.

El taxi y el Mercedes siguieron al automóvil de Maruja, siempre a la distancia mínima, tal como lo habían hecho desde el lunes anterior para establecer las rutas usuales. Al cabo de unos veinte minutos todos giraron a la derecha en la calle 82, a menos de doscientos metros del edificio de ladrillos sin cubrir donde vivía Maruja con su esposo y uno de sus hijos. Habían empezado apenas a subir la cuesta empinada de la calle, cuando el taxi amarillo rebasó el automóvil de Maruja, lo cerró contra la acera izquierda, y el chofer tuvo que frenar en seco para no chocar. Casi al mismo tiempo, el Mercedes estacionó detrás y lo dejó sin posibilidades de reversa.

Tres hombres bajaron del taxi y se dirigieron con paso resuelto al automóvil de Maruja. El alto y bien vestido llevaba un arma extraña que a Maruja le pareció una escopeta de culata recortada con un cañón tan largo y grueso como un catalejo. En realidad, era una Mini Uzis de 9 milímetros con un silenciador capaz de disparar tiro por tiro o ráfagas de treinta balas en dos segundos. Los otros dos asaltantes estaban también armados con metralletas y pistolas. Lo que Maruja y Beatriz no pudieron ver fue que del Mercedes estacionado detrás descendieron otros tres hombres.

Actuaron con tanto acuerdo y rapidez, que Maruja y Beatriz no alcanzaron a recordar sino retazos dispersos de los dos minutos escasos que duró el asalto. Cinco hombres rodearon el automóvil y se ocuparon de los tres al mismo tiempo con un rigor profesional. El sexto permaneció vigilando la calle con la metralleta en ristre. Maruja reconoció su presagio.

—Arranque, Ángel —le gritó al chofer—. Súbase por los andenes, como sea, pero arranque.

Ángel estaba petrificado, aunque de todos modos con el taxi delante y el Mercedes detrás carecía de espacio para salir. Temiendo que los hombres empezarían a disparar, Maruja se abrazó a su cartera como a un salvavidas, se escondió tras el asiento del chofer, y le gritó a Beatriz:

—Bótese al suelo.

—Ni de vainas —murmuró Beatriz—. En el suelo nos matan.

Estaba trémula pero firme. Convencida de que no era más que un atraco, se quitó con dificultad los dos anillos de la mano derecha y los tiró por la ventanilla, pensando: «Que se frieguen». Pero no tuvo tiempo de quitarse los dos de la mano izquierda. Maruja, hecha un ovillo detrás del asiento, no se acordó siquiera de que llevaba puesto un anillo de diamantes y esmeraldas que hacía juego con los aretes.

Dos hombres abrieron la puerta de Maruja y otros dos la de Beatriz. El quinto disparó a la cabeza del chofer a través del cristal con un balazo que sonó apenas como un suspiro por el silenciador. Después abrió la puerta, lo sacó de un tirón, y le disparó en el suelo tres tiros más. Fue un destino cambiado: Ángel María Roa era chofer de Maruja desde hacía sólo tres días, y estaba estrenando su nueva dignidad con el vestido oscuro, la camisa almidonada y la corbata negra de los choferes ministeriales. Su antecesor, retirado por voluntad propia la semana anterior, había sido el chofer titular de Focine durante diez años.

Maruja no se enteró del atentado contra el chofer hasta mucho más tarde. Sólo percibió desde su escondite el ruido instantáneo de los cristales rotos, y enseguida un grito perentorio casi encima de ella: «Por usted venimos, señora. ¡Salga!». Una zarpa de hierro la agarró por el brazo y la sacó a rastras del automóvil. Ella resistió hasta donde pudo, se cayó, se hizo un raspón en una pierna, pero los dos hombres la alzaron en vilo y la llevaron hasta el automóvil estacionado detrás del suyo. Ninguno se dio cuenta de que Maruja estaba aferrada a su cartera.

Beatriz, que tiene las uñas largas y duras y un buen entrenamiento militar, se le enfrentó al muchacho que trató de sacarla del automóvil. «¡A mí no me toque!», le gritó. Él se crispó, y Beatriz se dio cuenta de que estaba tan nervioso como ella, y podía ser capaz de todo. Cambió de tono.

—Yo me bajo sola —le dijo—. Dígame qué hago.

El muchacho le indicó el taxi.

—Móntese en ese carro y tírese en el suelo —le dijo—. ¡Rápido!

Las puertas estaban abiertas, el motor en marcha y el chofer inmóvil en su lugar. Beatriz se tendió como pudo en la parte posterior. El secuestrador la cubrió con su chamarra y se acomodó en el asiento con los pies apoyados encima de ella. Otros dos hombres subieron: uno junto al chofer y otro detrás. El chofer esperó hasta el golpe simultáneo de las dos puertas, y arrancó a saltos hacia el norte por la avenida Circunvalar. Sólo entonces cayó Beatriz en la cuenta de que había olvidado la cartera en el asiento de su automóvil, pero era demasiado tarde. Más que el miedo y la incomodidad, lo que no podía soportar era el tufo amoniacal de la chamarra.

El Mercedes en que subieron a Maruja había arrancado un minuto antes, y por una vía distinta. La habían sentado en el centro del asiento posterior con un hombre a cada lado. El de la izquierda la forzó a apoyar la cabeza sobre las rodillas en una posición tan incómoda que casi no podía respirar. Al lado del chofer había un hombre que se comunicaba con el otro automóvil a través de un radioteléfono primitivo. El desconcierto de Maruja era mayor porque no sabía en qué automóvil la llevaban —pues nunca supo que se había estacionado detrás del suyo— pero sentía que era nuevo y cómodo, y tal vez blindado, porque los ruidos de la avenida llegaban en sordina como un murmullo de lluvia. No podía respirar, el corazón se le salía por la boca y empezaba a sentir que se ahogaba. El hombre junto del chofer, que actuaba como jefe, se dio cuenta de su ansiedad y trató de calmarla.

—Esté tranquila —le dijo, por encima del hombro—. A usted la estamos llevando para que entregue un comunicado. En unas horas vuelve a su casa. Pero si se mueve le va mal, así que estese tranquila.

También el que la llevaba en las rodillas trataba de calmarla. Maruja aspiró fuerte y espiró por la boca, muy despacio, y empezó a recuperarse. La situación cambió a las pocas cuadras, porque el automóvil encontró un nudo del tránsito en una pendiente forzada. El hombre del radioteléfono empezó a gritar órdenes imposibles que el chofer del otro carro no lograba cumplir. Había varias ambulancias atascadas en alguna parte de la autopista, y el alboroto de sus sirenas y los pitazos ensordecedores eran para enloquecer a quien no tuviera los nervios en su lugar. Y los secuestradores, al menos en aquel momento, no los tenían. El chofer estaba tan nervioso tratando de abrirse paso que tropezó con un taxi. No fue más que un golpe, pero el taxista gritó algo que aumentó el nerviosismo de todos. El hombre del radioteléfono dio la orden de avanzar como fuera, y el automóvil escapó por sobre andenes y terrenos baldíos.

Ya libre del atasco siguió subiendo. Maruja tuvo la impresión de que iban hacia La Calera, una cuesta del cerro muy concurrida a esa hora. Maruja recordó de pronto que tenía en el bolsillo de la chaqueta unas semillas de cardamomo, que son un tranquilizante natural, y les pidió a sus secuestradores que le permitieran masticarlas. El hombre de su derecha la ayudó a buscarlas en el bolsillo, y se dio cuenta de que Maruja llevaba la cartera abrazada. Se la quitaron, pero le dieron el cardamomo. Maruja trató de ver bien a los secuestradores, pero la luz era muy escasa. Se atrevió a preguntarles: «¿Quiénes son ustedes?». El del radioteléfono le contestó con la voz reposada:

—Somos del M-19.

Una tontería, porque el M-19 estaba ya en la legalidad y haciendo campaña para formar parte de la Asamblea Constituyente.

—En serio —dijo Maruja—. ¿Son del narcotráfico o de la guerrilla?

—De la guerrilla —dijo el hombre de adelante—. Pero esté tranquila, sólo la queremos para que lleve un mensaje. En serio.

Se interrumpió para dar la orden de que tiraran a Maruja en el suelo, porque iban a pasar por un retén de la policía. «Ahora no se mueva ni diga nada, o la matamos», dijo. Ella sintió el cañón de un revólver en el costado y el que iba a su lado terminó la frase.

—La estamos apuntando.

Fueron unos diez minutos eternos. Maruja concentró sus fuerzas, masticando las pepitas de cardamomo que la reanimaban cada vez más, pero la mala posición no le permitía ver ni oír lo que hablaron con el retén, si es que algo hablaron. La impresión de Maruja fue que pasaron sin preguntas. La sospecha inicial de que iban hacia La Calera se volvió una certidumbre, y eso le causó un cierto alivio. No trató de incorporarse, porque se sentía más cómoda que con la cabeza apoyada en las rodillas del hombre. El carro recorrió un camino de arcilla, y unos cinco minutos después se detuvo. El hombre del radioteléfono dijo:

—Ya llegamos.

No se veía ninguna luz. A Maruja le cubrieron la cabeza con una chaqueta y la hicieron salir agachada, de modo que lo único que veía eran sus propios pies avanzando, primero a través de un patio, y luego tal vez por una cocina con baldosines. Cuando la descubrieron se dio cuenta de que estaban en un cuartito como de dos metros por tres, con un colchón en el suelo y un bombillo rojo en el cielo raso. Un instante después entraron dos hombres enmascarados con una especie de pasamontañas que era en realidad una pierna de sudadera para correr, con los tres agujeros de los ojos y la boca. A partir de entonces, durante todo el tiempo del cautiverio, no volvió a ver una cara de nadie.

Se dio cuenta de que los dos que se ocupaban de ella no eran los mismos que la habían secuestrado. Sus ropas estaban usadas y sucias, eran más bajos que Maruja, que mide un metro con sesenta y siete, y con cuerpos y voces jóvenes. Uno de ellos le ordenó a Maruja entregarle las joyas que llevaba puestas. «Es por razones de seguridad —le dijo—. Aquí no les va a pasar nada.» Maruja le entregó el anillo de esmeraldas y diamantes minúsculos, pero no los aretes.

Beatriz, en el otro automóvil, no pudo sacar ninguna conclusión de la ruta. Siempre estuvo tendida en el suelo y no recordaba haber subido una cuesta tan empinada como la de La Calera, ni pasaron por ningún retén, aunque era posible que el taxi tuviera algún privilegio para no ser demorado. El ambiente en la ruta fue de un gran nerviosismo por el embrollo del tránsito. El chofer gritaba a través del radioteléfono que no podía pasar por encima de los carros, preguntaba qué hacía, y eso ponía más nerviosos a los del automóvil delantero, que le daban indicaciones distintas y contradictorias.

Beatriz había quedado muy incómoda, con la pierna doblada y aturdida por el tufo de la chaqueta. Trataba de acomodarse. Su guardián pensaba que estaba rebelándose y procuró calmarla: «Tranquila, mi amor, no te va a pasar nada —le decía—. Sólo vas a llevar una razón». Cuando por fin entendió que ella tenía la pierna mal puesta, la ayudó a estirarla y fue menos brusco. Más que nada, Beatriz no podía soportar que él le dijera «mi amor», y esa licencia la ofendía casi más que el tufo de la chaqueta. Pero cuanto más trataba él de tranquilizarla más se convencía ella de que iban a matarla. Calculó que el viaje no duró más de cuarenta minutos, así que cuando llegaron a la casa debían ser las ocho menos cuarto.

La llegada fue idéntica a la de Maruja. Le taparon la cabeza con la chamarra pestilente y la llevaron de la mano con la advertencia de que sólo mirara hacia abajo. Vio lo mismo que Maruja: el patio, el piso de baldosa, dos escalones finales. Le indicaron que se moviera a la izquierda, y le quitaron la chaqueta. Allí estaba Maruja sentada en un taburete, pálida bajo la luz roja del bombillo único.

—¡Beatriz! —dijo Maruja—. ¡Usted aquí!

Ignoraba qué había pasado con ella, pero pensó que la habían liberado por no tener nada que ver con nada. Sin embargo, al verla ahí, sintió al mismo tiempo una gran alegría de no estar sola, y una inmensa tristeza porque también a ella la hubieran secuestrado. Se abrazaron como si no se hubieran visto desde hacía mucho tiempo.

Era inconcebible que las dos pudieran sobrevivir en aquel cuarto de mala muerte, durmiendo sobre un solo colchón tirado en el suelo, y con dos vigilantes enmascarados que no las perderían de vista ni un instante. Un nuevo enmascarado, elegante, fornido, con no menos de un metro ochenta de estatura, al que los otros llamaban el *Doctor*, tomó entonces el mando con aires de gran jefe. A Beatriz le quitaron los anillos de la mano izquierda y no se dieron cuenta de que llevaba una cadena de oro con una medalla de la Virgen.

—Esto es una operación militar, y a ustedes no les va a pasar nada —dijo, y repitió—: Sólo las hemos traído para llevar un comunicado al gobierno.

—¿Quién nos tiene? —le preguntó Maruja.

Él se encogió de hombros. «Eso no interesa ahora», dijo. Levantó la ametralladora para que la vieran bien, y prosiguió: «Pero quiero decirles una cosa. Ésta es una ametralladora con silenciador, nadie sabe dónde están ustedes ni con quién. Donde griten o hagan algo las desaparecemos en un minuto y nadie vuelve a saber de ustedes». Ambas retuvieron el aliento a la espera de lo peor. Pero al final de las amenazas, el jefe se dirigió a Beatriz.

—Ahora las vamos a separar, pero a usted la vamos a dejar libre —le dijo—. La trajimos por equivocación.

Beatriz reaccionó de inmediato.

—Ah, no —dijo sin la menor duda—. Yo me quedo acompañando a Maruja.

Fue una decisión tan valiente y generosa, que el mismo secuestrador exclamó asombrado sin una pizca de ironía: «Qué amiga tan leal tiene usted, doña Maruja». Ésta, agradecida en medio de su consternación, le confirmó que así era, y se lo agradeció a Beatriz. El *Doctor* les preguntó entonces si querían comer algo. Ambas dijeron que no. Pidieron agua, pues tenían la boca reseca.

Les llevaron refrescos. Maruja, que siempre tiene un cigarrillo encendido y el paquete y el encendedor al alcance de la mano, no había fumado en el trayecto. Pidió que le devolvieran la cartera donde llevaba los cigarrillos, y el hombre le dio uno de los suyos.

Ambas pidieron ir al baño. Beatriz fue primero, tapada con un trapo roto y sucio. «Mire para el suelo», le ordenó alguien. La llevaron de la mano por un corredor estrecho hasta un retrete ínfimo, en muy mal estado y con una ventanita triste hacia la noche. La puerta no tenía aldaba por dentro, pero cerraba bien, de modo que Beatriz se encaramó en el inodoro y miró por la ventana. Lo único que pudo ver a la luz de un poste fue una casita de adobe con tejados rojos y un prado al frente, como se ven tantas en los senderos de la sabana.

Cuando regresó al cuarto se encontró con que la situación había cambiado por completo. «Nos acabamos de enterar quién es usted y también nos sirve —le dijo el *Doctor*—. Se queda con nosotros.» Lo habían sabido por la radio, que acababa de dar la noticia del secuestro.

El periodista Eduardo Carrillo, que atendía la información de orden público en Radio Cadena Nacional (RCN), estaba consultando algo con una fuente militar, cuando ésta recibió por radioteléfono la noticia del secuestro. En aquel mismo instante la estaban transmitiendo ya sin detalles. Fue así como los secuestradores conocieron la identidad de Beatriz.

La radio dijo además que el chofer del taxi chocado anotó dos números de la placa y los datos generales del automóvil que lo había abollado. La policía estableció la ruta de escape. De modo que aquella casa se había vuelto peligrosa para todos y tenían que irse enseguida. Peor aún: las secuestradas irían en un coche distinto, y encerradas en el baúl.

Los alegatos de ambas fueron inútiles, porque los secuestradores parecían tan asustados como ellas y no lo ocultaban. Maruja pidió un poco de alcohol medicinal, aturdida por la idea de que se iban a asfixiar en el baúl.

—Aquí no tenemos alcohol —dijo el *Doctor*, áspero—. Se van en la maleta y no hay nada que hacer. Apúrense.

Las obligaron a quitarse los zapatos y a llevarlos en la mano, mientras las conducían a través de la casa hasta el garaje. Allí las descubrieron, y las acomodaron en el baúl del carro en posición fetal, sin forzarlas. El espacio era suficiente y bien ventilado porque habían quitado los cauchos selladores. Antes de cerrar, el *Doctor* les soltó una ráfaga de terror.

—Llevamos aquí diez kilos de dinamita —les dijo—. Al primer grito, o tos o llanto, o lo que sea, nos bajamos del carro y lo hacemos explotar.

Para alivio y sorpresa de ambas, por las costuras del baúl se colaba una corriente fría y pura como de aire acondicionado. La sensación de ahogo desapareció, y sólo quedó la incertidumbre. Maruja asumió una actitud ensimismada que hubiera podido confundirse con un completo abandono, pero que en realidad era su fórmula mágica para sobrellevar la ansiedad. Beatriz, en cambio, intrigada por una curiosidad insaciable, se asomó por la ranura luminosa del baúl mal ajustado. A través del cristal posterior vio los pasajeros del carro: dos hombres en el asiento trasero, y una mujer de pelo largo junto al chofer, con un bebé como de dos años. A su derecha vio el gran anuncio de luz amarilla de un centro comercial conocido. No había duda: era la autopista hacia el norte, iluminada por un largo trecho, y luego la oscuridad total en un camino destapado, donde el carro redujo la marcha. Al cabo de unos quince minutos se detuvo.

Debía ser otro retén. Se oían voces confusas, ruidos de otros carros, músicas; pero estaba tan oscuro que Beatriz no alcanzaba a distinguir nada. Maruja se despabiló, puso atención, esperanzada de que fuera una caseta de control donde los obligaran a mostrar qué llevaban en el baúl. El carro arrancó al cabo de unos cinco minutos y subió por una cuesta empinada, pero esta vez no pudieron establecer la ruta. Unos diez minutos después se detuvo, y abrieron el baúl. Otra vez les taparon las cabezas y las ayudaron a salir en tinieblas.

Hicieron juntas un recorrido semejante al que habían hecho en la otra casa, mirando al suelo y guiadas por los secuestradores a través de un corredor, una salita donde otras personas hablaban en susurros, y por fin un cuarto. Antes de hacerlas entrar, el *Doctor* las preparó.

—Ahora van a encontrarse con una persona amiga —les dijo.

La luz dentro del cuarto era tan escasa que necesitaron un momento para acostumbrar la vista. Era un espacio de no más de dos metros por tres, con una sola ventana clausurada. Sentados en un colchón individual puesto en el suelo, dos encapuchados como los que habían dejado en la casa anterior miraban absortos la televisión. Todo era lúgubre y opresivo. En el rincón a la izquierda de la puerta, sentada en una cama estrecha con un barandal de hierro, había una mujer fantasmal con el cabello blanco y mustio, los ojos atónitos y la piel pegada a los huesos. No dio señales de haber sentido que entraron; no miró, no respiró. Nada: un cadáver no habría parecido tan muerto. Maruja se sobrepuso al impacto

—¡Marina! —murmuró.

Era Marina Montoya, secuestrada desde hacía casi dos meses, y a quien se daba por muerta. Don Germán Montoya, su hermano, había sido el secretario general de la presidencia de la república con un gran poder en el gobierno de Virgilio Barco. A un hijo suyo, Álvaro Diego, gerente de una importante compañía de seguros, lo habían secuestrado los narcotraficantes para presionar una negociación con el gobierno. La versión más corriente —nunca confirmada— fue que lo liberaron al poco tiempo por un compromiso secreto que el gobierno no cumplió. El secuestro de la tía Marina nueve meses después, sólo podía interpretarse como una infame represalia, pues en aquel momento carecía ya de valor de cambio. El gobierno de Barco había terminado, y Germán Montoya era embajador de Colombia en el Canadá. De modo que estaba en la conciencia de todos que a Marina la habían secuestrado sólo para matarla.

Después del escándalo inicial del secuestro, que movilizó a la opinión pública nacional e internacional, el nombre de Marina había desaparecido de los periódicos. Maruja y Beatriz la conocían bien pero no les fue fácil reconocerla. El hecho de que las hubieran llevado al mismo cuarto significó para ellas desde el primer momento que estaban en la celda de los condenados a muerte. Marina no se inmutó. Maruja le apretó la mano, y la estremeció un escalofrío. La mano de Marina no era ni fría ni caliente, ni transmitía nada.

El tema musical del noticiero de televisión las sacó del estupor. Eran las nueve y media de la noche del 7 de noviembre de 1990. Media hora antes, el periodista Hernán Estupiñán del Noticiero Nacional se había enterado del secuestro por un amigo de Focine, y acudió al lugar. Aún no había regresado a su oficina con los detalles completos, cuando el director y presentador Javier Ayala abrió la emisión con la primicia urgente antes de los titulares: *La directora general de Focine, doña Maruja Pachón de Villamizar, esposa del conocido político Alberto*

Villamizar, y la hermana de éste, Beatriz Villamizar de Guerrero, fueron secuestradas a las siete y media de esta noche. El propósito parecía claro: Maruja era hermana de Gloria Pachón, la viuda de Luis Carlos Galán, el joven periodista que había fundado el Nuevo Liberalismo en 1979 para renovar y modernizar las deterioradas costumbres políticas del partido liberal, y era la fuerza más seria y enérgica contra el narcotráfico y a favor de la extradición de nacionales.

2

El primer miembro de la familia que se enteró del secuestro fue el doctor Pedro Guerrero, el marido de Beatriz. Estaba en una Unidad de Sicoterapia y Sexualidad Humana —a unas diez cuadras— dictando una conferencia sobre la evolución de las especies animales desde las funciones primarias de los unicelulares hasta las emociones y afectos de los humanos. Lo interrumpió una llamada telefónica de un oficial de la policía que le preguntó con un estilo profesional si conocía a Beatriz Villamizar. «Claro —contestó el doctor Guerrero—. Es mi mujer.» El oficial hizo un breve silencio, y dijo en un tono más humano: «Bueno, no se afane». El doctor Guerrero no necesitaba ser un siquiatra laureado para comprender que aquella frase era el preámbulo de algo muy grave.

—¿Pero qué fue lo que pasó? —preguntó.

—Asesinaron a un chofer en la esquina de la carrera Quinta con calle 85 —dijo el oficial—. Es un Renault 21, gris claro, con placas de Bogotá PS-2034. ¿Reconoce el número?

—No tengo la menor idea —dijo el doctor Guerrero, impaciente—. Pero dígame qué le pasó a Beatriz.

—Lo único que podemos decirle por ahora es que está desaparecida —dijo el oficial—. Encontramos su cartera en el asiento del carro, y una libreta donde dice que lo llamaran a usted en caso de urgencia.

No había duda. El mismo doctor Guerrero le había aconsejado a su esposa que llevara esa nota en su libreta de apuntes. Aunque ignoraba el número de las placas, la descripción correspondía al automóvil de Maruja. La esquina del crimen era a pocos pasos de la casa de ella, donde Beatriz tenía que hacer una escala antes de llegar a la suya. El doctor Guerrero suspendió la conferencia con una explicación apresurada. Su amigo, el urólogo Alonso Acuña, lo condujo en quince minutos al lugar del asalto a través del tránsito embrollado de las siete.

Alberto Villamizar, el marido de Maruja Pachón y hermano de Beatriz, a sólo doscientos metros del lugar del secuestro, se enteró por una llamada interna de su portero. Había vuelto a casa a las cuatro, después de pasar la tarde en el periódico *El Tiempo* trabajando en la campaña para la Asamblea Constituyente, cuyos miembros serían elegidos en diciembre, y se había dormido con la ropa puesta por el cansancio de la víspera. Poco antes de las siete llegó su hijo Andrés, acompañado por Gabriel, el hijo de Beatriz, que es su mejor amigo desde que eran niños. Andrés se asomó al dormitorio en busca de su madre y despertó a Alberto. Éste se sorprendió de la oscuridad, encendió la luz y comprobó adormilado que iban a ser las siete. Maruja no había llegado.

Era un retardo extraño. Ella y Beatriz volvían siempre más temprano por muy difícil que estuviera el tránsito, o avisaban por teléfono de cualquier retraso imprevisto. Además, Maruja estaba de acuerdo con él para encontrarse en casa a las cinco. Preocupado, Alberto le pidió a Andrés que llamara por teléfono a Focine, y el celador le dijo que Maruja y Beatriz habían salido con un poco de retardo. Llegarían de un momento a otro. Villamizar había ido a la cocina a tomar agua cuando sonó el teléfono. Contestó Andrés. Por el solo tono de la voz comprendió Alberto que era una llamada alarmante. Así era: algo había pasado en la esquina con un automóvil que parecía ser el de Maruja. El portero tenía versiones confusas.

Alberto le pidió a Andrés que se quedara en casa por si alguien llamaba, y salió a toda prisa. Gabriel lo siguió. No tuvieron nervios para esperar el ascensor, que estaba ocupado, y bajaron volando por las escaleras. El portero alcanzó a gritarles:

—Parece que hubo un muerto.

La calle parecía en fiesta. El vecindario estaba asomado a las ventanas de los edificios residenciales, y había un escándalo de automóviles atascados en la Circunvalar. En la esquina, una radiopatrulla de la policía trataba de impedir que los curiosos se acercaran al carro abandonado. Villamizar se sorprendió de que el doctor Guerrero hubiera llegado antes que él.

Era, en efecto, el automóvil de Maruja. Había transcurrido por lo menos media hora desde el secuestro, y sólo quedaban los rastros: el cristal del lado del chofer destruido por un balazo, la mancha de sangre y el granizo de vidrio en el asiento, y la sombra húmeda en el asfalto, de donde acababan de llevarse al chofer todavía con vida. El resto estaba limpio y en orden.

El oficial de la policía, eficiente y formal, le dio a Villamizar los pormenores aportados por los escasos testigos. Eran fragmentarios e imprecisos, y algunos contradictorios, pero no dejaban duda de que había sido un secuestro, y que el único herido había sido el chofer. Alberto quiso saber si éste había alcanzado a hacer declaraciones que dieran alguna pista. No había sido posible: estaba en estado de coma, y nadie daba razón de adónde lo habían llevado.

El doctor Guerrero, en cambio, como anestesiado por el impacto, no parecía medir la gravedad del drama. Al llegar había reconocido la cartera de Beatriz, su estuche de cosméticos, la agenda, un tarjetero de cuero con la cédula de identidad, su billetera con doce mil pesos y la tarjeta de crédito, y había llegado a la conclusión de que la única secuestrada era su esposa.

—Fíjate que la cartera de Maruja no está aquí —le dijo a su cuñado—. A lo mejor no venía en el carro.

Tal vez fuera una delicadeza profesional para distraerlo mientras ambos recobraban el aliento. Pero Alberto estaba más allá. Lo que le interesaba entonces era comprobar que en el automóvil y en los alrededores no había más sangre que la del chofer, para estar seguro de que ninguna de las dos mujeres estaba herida. Lo demás le parecía claro, y era lo más parecido a un sentimiento de culpa por no haber previsto nunca que aquel secuestro podía suceder. Ahora tenía la convicción absoluta de que era un acto personal contra él, y sabía quién lo había hecho y por qué.

Acababa de irse cuando interrumpieron los programas de radio con la noticia de que el chofer de Maruja había muerto en el carro particular que lo llevaba a la Clínica del Country. Poco después llegó el periodista Guillermo Franco, redactor judicial de *Caracol Radio*, alertado por la noticia escueta de un tiroteo, pero sólo encontró el carro abandonado. Recogió en el asiento del chofer unos fragmentos de vidrios y un papel de cigarrillo manchado de sangre, y los guardó en una cajita transparente, numerada y fechada. La cajita pasó esa misma noche a formar parte de la rica colección de reliquias de la crónica judicial que Franco ha formado en los largos años de su oficio.

El oficial de la policía acompañó a Villamizar de regreso a casa mientras le hacía un interrogatorio informal que pudiera servirle para la investigación, pero él le respondía sin pensar en nada más que en los largos y duros días que le esperaban. Lo primero fue poner a Andrés al corriente de su determinación. Le pidió que atendiera a la gente que empezaba a llegar a la casa, mientras él hacía las llamadas telefónicas urgentes y ponía en orden sus ideas. Se encerró en el dormitorio y llamó al palacio presidencial.

Tenía muy buenas relaciones políticas y personales con el presidente César Gaviria, y éste lo conocía como un hombre impulsivo pero cordial, capaz de mantener la sangre fría en las circunstancias más graves. Por eso le impresionó el estado de conmoción y la sequedad con que le comunicó que su esposa y su hermana habían sido secuestradas, y concluyó sin formalismos:

—Usted me responde por sus vidas.

César Gaviria puede ser el hombre más áspero cuando cree que debe serlo, y entonces lo fue.

—Óigame una cosa, Alberto —le dijo en seco—. Todo lo que haya que hacer se va a hacer.

Enseguida, con la misma frialdad, le anunció que instruiría de inmediato a su consejero de Seguridad, Rafael Pardo Rueda, para que se ocupara del asunto y lo mantuviera informado de la situación al instante. El curso de los hechos iba a demostrar que fue una decisión certera.

Los periodistas llegaron en masa. Villamizar conocía antecedentes de secuestrados a quienes se les permitía escuchar radio y televisión, e improvisó un mensaje en el que exigió respeto para Maruja y Beatriz por ser dos mujeres dignas que no tenían nada que ver con la guerra, y anunció que desde aquel instante dedicaría todo su tiempo y sus energías a rescatarlas.

Uno de los primeros que acudieron a la casa fue el general Miguel Maza Márquez, director del Departamento Administrativo de Seguridad (DAS), a quien correspondía de oficio la investigación del secuestro. El general ocupaba el cargo desde el gobierno de Belisario Betancur, siete años antes; había continuado con el presidente Virgilio Barco y acababa de ser confirmado por César Gaviria. Una supervivencia sin precedentes en un cargo en el que es casi imposible quedar bien, y menos en los tiempos más difíciles de la guerra contra el narcotráfico. Mediano y duro, como fundido en acero, con el cuello de toro de su raza guerrera, el general es un hombre de silencios largos y taciturnos, y capaz al mismo tiempo de desahogos íntimos en círculos de amigos: un guajiro puro. Pero en su oficio no tenía matices. Para él la guerra contra el narcotráfico era un asunto personal y a muerte con Pablo Escobar. Y estaba bien correspondido. Escobar se gastó dos mil seiscientos kilos de dinamita en dos atentados sucesivos contra él: la más alta distinción que Escobar le rindió jamás a un enemigo. Maza Márquez salió ileso de ambos, y se lo atribuyó a la protección del Divino Niño. El mismo santo, por cierto, al que Escobar atribuía el milagro de que Maza Márquez no hubiera logrado matarlo.

El presidente Gaviria tenía como una política propia que los cuerpos armados no intentaran ningún rescate sin un acuerdo previo con la familia del secuestrado. Pero en la chismografía política se hablaba mucho de las discrepancias de procedimientos entre el presidente y el general Maza. Villamizar se curó en salud.

—Quiero advertirle que soy opuesto a que se intente

un rescate por la fuerza —le dijo al general Maza—. Quiero estar seguro de que no se hará, y de que cualquier determinación en ese sentido la consultan conmigo.

Maza Márquez estuvo de acuerdo. Al término de una larga conversación informativa, impartió la orden de intervenir el teléfono de Villamizar, por si los secuestradores intentaban comunicarse con él durante la noche.

En la primera conversación con Rafael Pardo, aquella misma noche, éste le informó a Villamizar que el presidente lo había designado mediador entre el gobierno y la familia, y era el único autorizado para hacer declaraciones oficiales sobre el caso. Para ambos estaba claro que el secuestro de Maruja era una carambola del narcotráfico para presionar al gobierno a través de la hermana, Gloria Pachón, y decidieron actuar en consecuencia sin más suposiciones.

Colombia no había sido consciente de su importancia en el tráfico mundial de drogas mientras los narcos no irrumpieron en la alta política del país por la puerta de atrás, primero con su creciente poder de corrupción y soborno, y después con aspiraciones propias. Pablo Escobar había tratado de acomodarse en el movimiento de Luis Carlos Galán, en 1982, pero éste lo borró de sus listas y lo desenmascaró en Medellín ante una manifestación de cinco mil personas. Poco después llegó como suplente a la Cámara de Representantes por un ala marginal del liberalismo oficialista, pero no olvidó la afrenta, y desató una guerra a muerte contra el Estado, y en especial contra el Nuevo Liberalismo. Rodrigo Lara Bonilla, su representante como ministro de Justicia en el gobierno de Belisario Betancur, fue asesinado por un sicario motorizado en las calles de Bogotá. Su sucesor, Enrique Parejo, fue perseguido hasta Budapest por un asesino a sueldo que le disparó un tiro de pistola en la cara y no logró matarlo. El 18 de agosto de 1989, Luis Carlos Galán fue ametrallado en la plaza pública del municipio de Soacha a diez kilómetros del palacio presidencial y entre dieciocho guardaespaldas bien armados.

El motivo principal de esa guerra era el terror de los narcotraficantes ante la posibilidad de ser extraditados a los Estados Unidos, donde podían juzgarlos por delitos cometidos allí, y someterlos a condenas descomunales. Entre ellas, una de peso pesado: a Carlos Lehder, un traficante colombiano extraditado en 1987 lo había condenado un tribunal de los Estados Unidos a cadena perpetua más ciento treinta años. Esto era posible por un tratado suscrito bajo el gobierno del presidente Julio César Turbay, en el cual se acordó por primera vez la extradición de nacionales. El presidente Belisario Betancur lo aplicó por primera vez cuando el asesinato de Lara Bonilla con una serie de extradiciones sumarias. Los narcos —aterrorizados por el largo brazo de los Estados Unidos en el mundo entero— se dieron cuenta de que no tenían otro lugar más seguro que Colombia y terminaron por ser prófugos clandestinos dentro de su propio país. La gran ironía era que no les quedaba más alternativa que ponerse bajo la protección del Estado para salvar el pellejo. De modo que trataron de conseguirla —por la razón y por la fuerza— con un terrorismo indiscriminado e inclemente, y al mismo tiempo con la propuesta de entregarse a la justicia y repatriar e invertir sus capitales en Colombia con la sola condición de no ser extraditados. Fue un verdadero contrapoder en las sombras con una marca empresarial —los Extraditables— y una divisa típica de Escobar: «Preferimos una tumba en Colombia a una celda en los Estados Unidos».

Betancur mantuvo la guerra. Su sucesor, Virgilio Barco, la recrudeció. Ésa era la situación en 1989 cuando César Gaviria surgió como candidato presidencial después del asesinato de Luis Carlos Galán, de quien fue jefe de campaña. En la suya defendió la extradición como un instrumento indispensable para el fortalecimiento de la justicia, y anunció una estrategia novedosa contra el narcotráfico. Era una idea sencilla: quienes se entregaran a los jueces y confesaran algunos o todos sus delitos podían obtener como beneficio principal la no extradición. Sin embargo, tal como fue formulada en el decreto original, no era suficiente para los Extraditables. Escobar exigió a través de sus abogados que la no extradición fuera incondicional, que los requisitos de la confesión y la delación no fueran obligatorios, que la cárcel fuera invulnerable y se les dieran garantías de protección a sus familias y a sus secuaces. Para lograrlo —con el terrorismo en una mano y la negociación en la otra— emprendió una escalada de secuestros de periodistas para torcerle el brazo al gobierno. En dos meses habían secuestrado a ocho. De modo que el secuestro de Maruja y Beatriz parecía explicarse como otra vuelta de tuerca de aquella escalada fatídica.

Villamizar lo sintió así desde que vio el automóvil acribillado. Más tarde, en medio del gentío que invadió la casa, lo asaltó la convicción absoluta de que las vidas de su esposa y su hermana dependían de lo que él fuera capaz de hacer para salvarlas. Pues esta vez, como nunca antes, la guerra estaba planteada como un duelo personal que era imposible eludir.

Villamizar, de hecho, era ya un sobreviviente. Como representante a la Cámara había logrado que se aprobara el Estatuto Nacional de Estupefacientes en 1985, cuando no existía legislación ordinaria contra el narcotráfico sino decretos dispersos de estado de sitio. Más tarde, Luis Carlos Galán lo instruyó para que impidiera la aprobación de un proyecto de ley que parlamentarios amigos de Escobar presentaron en la Cámara con el propósito de quitar el apoyo legislativo al tratado de extradición vigente. Fue su sentencia de muerte. El 22 de octubre de 1986 dos sicarios en sudadera que fingían hacer gimnasia frente a su casa le dispararon dos ráfagas de metralla cuando entraba en su automóvil. Escapó de milagro. Uno de los atacantes fue muerto por la policía y sus cómplices, detenidos, y pocos años después salieron libres. Nadie pagó el atentado, pero tampoco nadie puso en duda quién lo había ordenado.

Convencido por el propio Galán de que se alejara de Colombia por un tiempo, Villamizar fue nombrado embajador en Indonesia. Un año después de estar allí, los servicios de seguridad de los Estados Unidos en Singapur capturaron a un sicario colombiano que iba rumbo a Yakarta. No quedó claro si había sido enviado para matar a Villamizar, pero se estableció que figuraba como muerto en los Estados Unidos por un certificado de defunción que resultó ser falso.

La noche del secuestro de Maruja y Beatriz la casa de Villamizar estaba a reventar. Llegaba gente de la política y del gobierno, y las familias de ambas secuestradas. Aseneth Velásquez, marchante de arte y gran amiga de los Villamizar, que vivía en el piso de arriba, había asumido el cargo de anfitriona, y sólo faltaba la música para que fuera igual a cualquier noche de viernes. Es inevitable: en Colombia, toda reunión de más de seis, de cualquier clase y a cualquier hora, está condenada a convertirse en baile.

A esa hora toda la familia dispersa por el mundo estaba ya informada. Alexandra, la hija de Maruja en su primer matrimonio, acababa de cenar en un restaurante de Maicao —en la remota península de la Guajira— cuando Javier Ayala dio la noticia. Era la directora de *Enfoque*, un popular programa de los miércoles en televisión, y había llegado el día anterior a la Guajira para hacer una serie de entrevistas. Corrió al hotel para comunicarse con la familia, pero los teléfonos de la casa estaban ocupados. El miércoles anterior, por una coincidencia afortunada, había entrevistado a un siquiatra especialista en casos clínicos provocados por cárceles de alta seguridad. Desde que oyó la noticia en Maicao se dio cuenta de que la misma terapia podía ser útil para los secuestrados y regresó a Bogotá para ponerla en práctica desde el programa siguiente.

Gloria Pachón —la hermana de Maruja, que era entonces embajadora de Colombia ante la UNESCO— fue despertada a las dos de la mañana por una frase de Villamizar: «Le tengo una noticia perra». Juana, hija de Maruja, que estaba de vacaciones en París, lo supo un momento después en el dormitorio contiguo. Nicolás, músico y compositor de veintisiete años, fue despertado en Nueva York.

A las dos de la madrugada el doctor Guerrero fue con su hijo Gabriel a conversar con el parlamentario Diego Montaña Cuéllar, presidente de la Unión Patriótica —un movimiento filial del Partido Comunista— y miembro del grupo de los Notables, constituido en diciembre de 1989 para mediar entre el gobierno y los secuestradores de Álvaro Diego Montoya. Lo encontraron no sólo desvelado sino deprimido. Había escuchado la noticia del secuestro en los noticieros de la noche, y le pareció un síntoma desmoralizador. Lo único que Guerrero quería pedirle era que le sirviera de mediador para que Pablo Escobar lo aceptara a él como secuestrado a cambio de Beatriz. Montaña Cuéllar le dio una respuesta típica de su modo de ser.

—No seas pendejo, Pedro —le dijo—, en este país ya no hay nada que hacer.

El doctor Guerrero volvió a su casa al amanecer, pero ni siquiera intentó dormir. La ansiedad lo mantenía en vilo. Poco antes de las siete lo llamó el director del noticiero Caracol en persona, Yamid Amat, y él contestó en su peor estado de ánimo con un desafío temerario a los secuestradores.

Sin dormir un minuto, Villamizar se duchó y se vistió a las seis y media de la mañana, y fue a una cita con el ministro de Justicia, Jaime Giraldo Ángel, que lo puso al día sobre la guerra contra el terrorismo de los traficantes. Villamizar salió de esa entrevista convencido de que su lucha sería difícil y larga, pero agradeció las dos horas de actualización en el tema, pues se había desentendido por completo del narcotráfico desde hacía tiempo.

No desayunó ni almorzó. Ya en la tarde, después de varias diligencias frustradas, también él visitó a Diego Montaña Cuéllar, quien lo sorprendió una vez más con su franqueza. «No te olvides que esto va para largo —le dijo—. Por lo menos para junio del año entrante, después de la Asamblea Constituyente, porque Maruja y Beatriz serán el escudo de Escobar para que no lo extraditen.» Muchos amigos estaban molestos con Montaña Cuéllar porque no disimulaba su pesimismo en la prensa, a pesar de ser miembro de los Notables.

—De todos modos voy a renunciar a esta joda —le dijo a Villamizar con su lengua florida—. Estamos aquí de puro pendejos.

Villamizar se sentía agotado y solitario cuando volvió a casa, al cabo de una jornada sin porvenir. Los dos tragos de whisky seco que se tomó de golpe lo dejaron postrado. Su hijo Andrés, que sería desde entonces su compañero único, logró que desayunara a las seis de la tarde. En ésas estaba cuando el presidente lo llamó por teléfono.

—Ahora sí, Alberto —le dijo de su mejor talante—. Véngase para acá y conversamos.

El presidente Gaviria lo recibió a las siete de la noche en la biblioteca de la casa privada del palacio presidencial, donde vivía desde hacía tres meses con Ana Milena Muñoz, su esposa, y sus dos hijos, Simón de once años y María Paz de ocho. Era un refugio pequeño pero acogedor junto a un invernadero de flores intensas, con estantes de madera atiborrados de publicaciones oficiales y fotos de familia, y un equipo compacto de sonido con los discos favoritos: los Beatles, Jethro Tull, Juan Luis Guerra, Beethoven, Bach. Después de las agotadoras jornadas oficiales, era allí donde el presidente terminaba las audiencias informales o se relajaba con los amigos del atardecer con un vaso de whisky.

Gaviria esperó a Villamizar con un saludo afectuoso y le habló en un tono solidario y comprensivo, pero con su franqueza un poco ríspida. Sin embargo, Villamizar estaba entonces más tranquilo una vez superado el impacto inicial, y ya con bastante información para saber que era muy poco lo que el presidente podía hacer por él. Ambos estaban seguros de que el secuestro de Maruja y Beatriz tenía móviles políticos, y no necesitaban ser adivinos para saber que el autor era Pablo Escobar. Pero lo esencial no era saberlo —dijo Gaviria— sino conseguir que Escobar lo reconociera, como primer paso importante para la seguridad de las secuestradas.

Villamizar tenía claro desde el primer momento que

el presidente no se saldría de la Constitución ni de la ley para ayudarlo, ni suspendería los operativos militares en busca de los secuestradores, pero tampoco intentaría operaciones de rescate sin la autorización de las familias.

«Eso —dijo el presidente— es nuestra política.»

No había más que decir. Cuando Villamizar salió del palacio presidencial habían transcurrido veinticuatro horas desde el secuestro y estaba ciego frente a su destino, pero sabía que contaba con la solidaridad del gobierno para emprender gestiones privadas en favor de sus secuestradas, y tenía a Rafael Pardo a su disposición. Pero lo que le merecía mayor credibilidad era el realismo crudo de Diego Montaña Cuéllar.

El primer secuestro de aquella racha sin precedentes —el 30 de agosto pasado y apenas tres semanas después de la toma de posesión del presidente César Gaviria— había sido el de Diana Turbay, directora del noticiero de televisión *Criptón* y de la revista *Hoy x Hoy*, de Bogotá, e hija del ex presidente de la república y jefe máximo del partido liberal Julio César Turbay. Junto con ella fueron secuestrados cuatro miembros de su equipo: la editora del noticiero, Azucena Liévano; el redactor Juan Vitta, los camarógrafos Richard Becerra y Orlando Acevedo, y el periodista alemán radicado en Colombia, Hero Buss. Seis en total.

El truco de que se valieron los secuestradores fue una supuesta entrevista con el cura Manuel Pérez, comandante supremo del Ejército de Liberación Nacional (ELN). Ninguno de los pocos que conocieron la invitación había estado de acuerdo en que Diana la aceptara. Entre ellos, el ministro de la Defensa, general Óscar Botero, y Rafael Pardo, a quien el presidente de la república le había hecho ver los riesgos de la expedición para que se los transmitiera a la familia Turbay. Sin embargo, pensar que Diana desistiría de ese viaje era no conocerla. En realidad, la entrevista de prensa con el cura Manuel Pérez no debía interesarle tanto como la posibilidad de un diálogo de paz. Años antes había emprendido en absoluto secreto una expedición a lomo de mula para hablar con los grupos armados de autodefensa en sus propios territorios, en una tentativa solitaria de entender ese movimiento desde su punto de vista político y periodístico. La noticia no tuvo relevancia en su tiempo ni se hicieron públicos sus resultados. Más tarde, a pesar de su vieja guerra con el M-19, se hizo amiga del comandante Carlos Pizarro, a quien visitó en su campamento para buscar soluciones de paz. Es claro que quien planeó el engaño de su secuestro tenía que conocer esos antecedentes. De modo que en aquel momento, por cualquier motivo, ante cualquier obstáculo, nada de este mundo hubiera podido impedir que Diana fuera a hablar con el cura Pérez, que tenía otra de las llaves de la paz.

Por diversos inconvenientes de última hora la cita se había aplazado un año antes, pero el 30 de agosto a las cinco de la tarde, y sin avisarlo a nadie, Diana y su equipo emprendieron la ruta en una camioneta destartalada, con dos hombres jóvenes y una muchacha que se hicieron pasar por enviados de la dirección del ELN. El viaje mismo desde Bogotá fue una parodia fiel de cómo habría sido si en realidad lo hubieran hecho las guerrillas. Los acompañantes debían ser miembros de un movimiento armado, o lo habían sido, o habían aprendido muy bien la lección, porque no cometieron una falla que delatara un engaño ni en las conversaciones ni en el comportamiento.

El primer día habían llegado hasta Honda, a ciento cuarenta y seis kilómetros al occidente de Bogotá. Allí los esperaron otros hombres con dos vehículos más confortables. Después de cenar en una fonda de arrieros prosiguieron por un camino invisible y peligroso bajo un fuerte aguacero, y amanecieron a la espera de que despejaran la vía por un derrumbe grande. Por fin, cansados y mal dormidos, llegaron a las once de la mañana a un lugar donde los esperaba una patrulla con cinco caballos. Diana y Azucena prosiguieron a la jineta durante cuatro horas, y sus compañeros a pie, primero por una montaña densa, y más tarde por un valle idílico con casas de paz entre los cafetales. La gente se asomaba a verlos pasar, algunos reconocían a Diana y la saludaban desde las terrazas. Juan Vitta calculó que no menos de quinientas personas los habían visto a lo largo de la ruta. En la tarde desmontaron en una finca desierta donde un joven de aspecto estudiantil se identificó como del ELN, pero no les dio ningún dato de su destino. Todos se mostraron confundidos. A no más de medio kilómetro se veía un tramo de autopista, y al fondo una ciudad que sin duda era Medellín. Es decir: un territorio que no era del ELN. A no ser —había pensado Hero Buss— que fuera una jugada maestra del cura Pérez para reunirse con ellos en una zona en donde nadie sospechara que pudiera estar.

En unas dos horas más, en efecto, llegaron a Copacabana, un municipio devorado por el ímpetu demográfico de Medellín. Desmontaron en una casita de paredes blancas y tejas musgosas, casi incrustada en una pendiente pronunciada y agreste. Adentro había una sala, y a cada lado un pequeño cuarto. En uno había tres camas dobles donde se acomodaron los guías. En el otro —con una cama doble y una de dos pisos—

alojaron a los hombres del equipo. A Diana y Azucena les destinaron el mejor cuarto del fondo donde había indicios de haber sido usado por mujeres. La luz estaba encendida a pleno día, porque todas las ventanas estaban tapadas con madera.

Al cabo de unas tres horas de espera llegó un enmascarado que les dio la bienvenida en nombre de la comandancia, y les anunció que ya el cura Pérez los estaba esperando, pero por cuestiones de seguridad debían trasladar primero a las mujeres. Ésa fue la primera vez que Diana dio muestras de inquietud. Hero Buss le aconsejó a solas que por ningún motivo aceptara la división del grupo. En vista de que no pudo impedirlo, Diana le dio a escondidas su cédula de identidad, sin tiempo para explicarle por qué, pero él lo entendió como una prueba para el caso de que la hicieran desaparecer.

Antes del amanecer se llevaron a las mujeres y a Juan Vitta. Hero Buss, Richard Becerra y Orlando Acevedo quedaron en el cuarto de la cama doble y las literas de dos pisos, con cinco guardianes. La sospecha de que habían caído en una trampa aumentaba por horas. En la noche, mientras jugaban a las barajas, a Hero Buss le llamó la atención que uno de los guardianes tenía un reloj de lujo. «De modo que el ELN está ya a nivel de Rolex», se burló. Pero su adversario no se dio por aludido. Otra cosa que confundió a Hero Buss fue que el armamento que llevaban no era para guerrillas sino para operaciones urbanas. Orlando, que hablaba poco y se consideraba a sí mismo como el pobre del paseo, no necesitó tantas pistas para vislumbrar la verdad, por la sensación insoportable de que algo grave estaba sucediendo.

El primer cambio de casa fue a la media noche del 10 de setiembre, cuando los guardianes irrumpieron gritando: «Llegó la ley». Al cabo de dos horas de marcha forzada por entre la floresta, bajo una tempestad terrible, llegaron a la casa donde estaban Diana, Azucena y Juan Vitta. Era amplia y bien arreglada, con un televisor de pantalla grande, y sin nada que pudiera despertar sospechas. Lo que ninguno de ellos se imaginó nunca fue lo cerca que estuvieron todos de ser rescatados esa noche por pura casualidad. Fue una escala de pocas horas que aprovecharon para intercambiar ideas, experiencias y planes para el futuro. Diana se desahogó con Hero Buss. Le habló de su depresión por haberlos llevado a la trampa sin salida en que se encontraban, le confesó que estaba tratando de apaciguar en su memoria los recuerdos de familia —su esposo, sus hijos, sus padres—, que no le daban un instante de tregua. Pero el resultado era siempre el contrario.

En la noche siguiente, mientras la llevaban a pie a una tercera casa, con Azucena y Juan Vitta, por un camino imposible y bajo una lluvia tenaz, Diana se dio cuenta de que no era verdad nada de cuanto les decían. Pero esa misma noche un guardián desconocido hasta entonces la sacó de dudas.

—Ustedes no están con el ELN sino en manos de los Extraditables —les dijo—. Pero estén tranquilos, porque van a ser testigos de algo histórico.

La desaparición del equipo de Diana Turbay seguía siendo un misterio, diecinueve días después, cuando secuestraron a Marina Montoya. Se la habían llevado a rastras tres hombres bien vestidos, armados de pistolas de 9 milímetros y metralletas Miniuzis con silenciador, cuando acababa de cerrar su restaurante *Donde las Tías*, en el sector norte de Bogotá. Su hermana Lucrecia, que la ayudaba a atender la clientela, tuvo la buena fortuna de un pie escayolado por un esguince del tobillo que le impidió ir al restaurante. Marina ya había cerrado, pero volvió a abrir porque reconoció a dos de los tres hombres que tocaron. Habían almorzado allí varias veces desde la semana anterior e impresionaban al personal por su amabilidad y su humor paisa, y por las propinas de treinta por ciento que dejaban a los meseros. Aquella noche, sin embargo, fueron distintos. Tan pronto como Marina abrió la puerta la inmovilizaron con una llave maestra y la sacaron del local. Ella alcanzó a aferrarse con un brazo en un poste de luz y empezó a gritar. Uno de los asaltantes le dio un rodillazo en la columna vertebral que le cortó el aliento. Se la llevaron sin sentido en un Mercedes 190 azul dentro del baúl acondicionado para respirar.

Luis Guillermo Pérez Montoya, uno de los siete hijos de Marina, de cuarenta y ocho años, alto ejecutivo de la Kodak en Colombia, hizo la misma interpretación de todo el mundo: su madre había sido secuestrada como represalia por el incumplimiento del gobierno a los acuerdos entre Germán Montoya y los Extraditables. Desconfiado por naturaleza de todo lo que tuviera que ver con el mundo oficial, se impuso la tarea de liberar a su madre en trato directo con Pablo Escobar.

Sin ninguna orientación, sin contacto previo con nadie, sin saber siquiera qué hacer cuando llegara, viajó dos días después a Medellín. En el aeropuerto tomó un taxi en el cual le indicó al chofer sin más señas que lo llevara a la ciudad. La realidad le salió al encuentro cuando vio abandonado a la orilla de la carretera el cadáver de una adolescente de unos quince años, con buena ropa de colores de fiesta y un maquillaje escabroso. Tenía un balazo con un hilo de sangre seca en la frente. Luis Guillermo, sin creer lo que le decían sus ojos, señaló con el dedo.

—Ahí hay una muchacha muerta.

—Sí —dijo el chófer sin mirar—. Son las muñecas que se van de fiesta con los amigos de don Pablo.

El incidente rompió el hielo. Luis Guillermo le reveló al chofer el propósito de su visita, y él le dio las claves para entrevistarse con la supuesta hija de una prima hermana de Pablo Escobar.

—Vete hoy a las ocho a la iglesia que está detrás del mercado —le dijo—. Ahí va a llegar una muchacha que se llama Rosalía.

Allí estaba, en efecto, esperándolo sentada en un banco de la plaza. Era casi una niña, pero su comportamiento y la seguridad de sus palabras eran de una mujer madura y bien adiestrada. Para empezar la gestión, le dijo, debería llevar medio millón de pesos en efectivo. Le indicó el hotel donde debía alojarse el jueves siguiente, y esperar una llamada telefónica a las siete de la mañana o a las siete de la noche del viernes.

—La que te llamará se llama Pita —precisó.

Esperó en vano dos días y parte del tercero. Por fin se dio cuenta del timo y agradeció que Pita no hubiera llamado para pedirle el dinero. Fue tanta su discreción, que su esposa no supo de aquellos viajes ni de sus resultados deplorables hasta cuatro años después cuando él lo contó por primera vez para este reportaje.

Cuatro horas después del secuestro de Marina Montoya, un jeep y un Renault 18 bloquearon por delante y por detrás el automóvil del jefe de redacción de *El Tiempo*, Francisco Santos, en una calle alterna del barrio de Las Ferias, al occidente de Bogotá. El suyo era un jeep rojo de apariencia banal, pero estaba blindado de origen, y los cuatro asaltantes que lo rodearon no sólo llevaban pistolas de 9 milímetros y subametralladoras Miniuzis con silenciador, sino que uno de ellos tenía un mazo especial para romper los cristales. Nada de eso fue necesario. Pacho, discutidor incorregible, se anticipó a abrir la puerta para hablar con los asaltantes. «Prefería morirme a no saber qué pasaba», ha dicho. Uno de los secuestradores lo inmovilizó con una pistola en la frente y lo hizo salir del carro con la cabeza gacha. Otro abrió la puerta delantera y disparó tres tiros: uno se desvió contra los cristales, y dos le perforaron el cráneo al chofer, Oromansio Ibáñez, de treinta y ocho años. Pacho no se dio cuenta. Días después, recapitulando el asalto, recordó haber escuchado el zumbido de las tres balas amortiguadas por el silenciador.

Fue una operación tan rápida, que no llamó la atención en medio del tránsito alborotado del martes. Un agente de la policía encontró el cadáver desangrándose en el asiento delantero del carro abandonado; cogió el radioteléfono, y al instante oyó en el extremo una voz medio perdida en las galaxias.

—Haber.

—¿Quién habla? —preguntó el agente.

—Aquí *El Tiempo*.

La noticia salió al aire diez minutos después. En realidad, había empezado a prepararse desde hacía cuatro meses, pero estuvo a punto de fracasar por la irregularidad de los desplazamientos impredecibles de Pacho Santos. Por los mismos motivos, quince años antes, el M-19 había desistido de secuestrar a su padre, Hernando Santos.

Esta vez habían sido previstos hasta los mínimos detalles. Los carros de los secuestradores, sorprendidos por un nudo de automóviles en la avenida Boyacá, a la altura de la calle 80, se escaparon por encima de los andenes y se perdieron en los recovecos de un barrio popular. Pacho Santos iba sentado entre dos secuestradores, con la vista tapada por unos lentes nublados con esmalte de uñas, pero siguió de memoria las vueltas y revueltas del carro, hasta que entró dando tumbos en un garaje. Por la ruta y la duración, se formó una idea tentativa del barrio en que estaban.

Uno de los secuestradores lo llevó del brazo caminando con los lentes ciegos hasta el final de un corredor. Subieron hasta un segundo piso, doblaron a la izquierda, caminaron unos cinco pasos, y entraron en un sitio helado. Allí le quitaron los lentes. Entonces se vio en un dormitorio sombrío, con las ventanas clausuradas con tablas y un foco solitario en el techo. Los únicos muebles eran una cama matrimonial cuyas sábanas parecían demasiado usadas, una mesa con un radio portátil y un televisor.

Pacho cayó en la cuenta de que la prisa de sus raptores no había sido sólo por razones de seguridad, sino por llegar a tiempo para el partido de fútbol entre Santafé y Caldas. Para tranquilidad de todos le dieron una botella de aguardiente, lo dejaron solo con su radio, y se fueron a oír el partido en la planta baja. Él se la tomó hasta la mitad en diez minutos, y no sintió que le hiciera efecto, pero le dio ánimos para oír por radio el partido. Fanático del Santafé desde niño, no pudo disfrutar del aguardiente por la rabia del empate: dos a dos. Al final, se vio en el telenoticiero de las nueve y media en una grabación de archivo, vestido de esmoquin y rodeado de reinas de la belleza. Sólo entonces se enteró de la muerte de su chofer.

Después de los noticieros, entró un guardián con una máscara de bayetilla, que lo obligó a quitarse la ropa y a ponerse una sudadera gris que parecía ser de rigor en las cárceles de los Extraditables. Trató de quitarle también el aspirador para el asma que llevaba en el bolsillo del saco, pero Pacho lo convenció de que para él era de vida o muerte. El enmascarado le explicó las reglas del cautiverio: podía ir al baño del corredor, escuchar radio y ver televisión sin restricciones, pero a volumen normal. Al final lo hizo acostar, y lo amarró de la cama por el tobillo con una cuerda de enlazar.

El guardián tendió un colchón en el piso, paralelo a la cama, y un momento después empezó a roncar con un silbido intermitente. La noche se hizo densa. En la oscuridad, Pacho tomó conciencia de que aquélla era apenas la primera noche de un porvenir incierto en el que todo podía suceder. Pensó en María Victoria —conocida por sus amigos como Mariavé—, su esposa bonita, inteligente y de gran carácter, con quien entonces tenía dos hijos, Benjamín de veinte meses y Gabriel de siete meses. Un gallo cantó en el vecindario, y Pacho se sorprendió de su reloj disparatado. «Un gallo que canta a las diez de la noche tiene que estar loco», pensó. Es un hombre emocional, impulsivo y de lágrima fácil: copia fiel de su padre. Andrés Escabi, el marido de su hermana Juanita, había muerto en un avión que estalló en el aire por una bomba de los Extraditables. En medio de la conmoción familiar, Pacho dijo una frase que estremeció a todos: «Uno de nosotros no estará vivo en diciembre». La noche del secuestro, sin embargo, no sintió que fuera la última. Por primera vez sus nervios eran un remanso, y se sentía seguro de sobrevivir. Por el ritmo de la respiración, se dio cuenta de que el guardián tendido a su lado estaba despierto. Le preguntó:

—¿En manos de quién estoy?

—En manos de quién prefiere —preguntó el guardián—: ¿de la guerrilla o del narcotráfico?

—Creo que estoy en manos de Pablo Escobar —dijo Pacho.

—Así es —dijo el guardián, y corrigió enseguida—: en manos de los Extraditables.

La noticia estaba en el aire. Los operadores del conmutador de *El Tiempo* habían llamado a los parientes más cercanos, y éstos a otros y a otros, hasta el fin del mundo. Por una serie de casualidades extrañas, una de las últimas que la supieron en la familia fue la esposa de Pacho. Minutos después del secuestro la había llamado su amigo Juan Gabriel Uribe, quien no estaba seguro aún de lo que había sucedido, y sólo se animó a preguntarle si Pacho había llegado a casa. Ella le dijo que no, y Juan Gabriel no se animó a darle la noticia todavía sin confirmar. Minutos después la llamó Enrique Santos Calderón, primo hermano doble de su esposo y subdirector de *El Tiempo*.

—¿Ya sabes lo de Pacho? —le preguntó.

María Victoria creyó que le hablaban de otra noticia que ella conocía ya, y que tenía algo que ver con su marido.

—Claro —dijo.

Enrique se despidió a toda prisa para seguir llamando a otros parientes. Años después, comentando el equívoco, María Victoria dijo: «Eso me pasó por dármelas de genio». Al instante volvió a llamarla Juan Gabriel y le contó todo junto: habían matado al chofer y se habían llevado a Pacho.

El presidente Gaviria y sus consejeros más cercanos estaban revisando unos comerciales de televisión para promover la campaña electoral de la Asamblea Constituyente, cuando su consejero de Prensa, Mauricio Vargas, le dijo al oído: «Secuestraron a Pachito Santos». La proyección no se interrumpió. El presidente, que necesita lentes para el cine, se los quitó para mirar a Vargas.

—Que me mantengan informado —le dijo.

Se puso los lentes y siguió viendo la proyección. Su íntimo amigo, Alberto Casas Santamaría, ministro de Comunicaciones, que estaba al lado suyo, alcanzó a oír la noticia y se la transmitió de oreja a oreja a los consejeros presidenciales. Un estremecimiento sacudió la sala. Pero el presidente no pestañeó, de acuerdo con una norma de su modo de ser que él expresa con una regla escolar: «Hay que terminar esta tarea». Al término de la proyección volvió a quitarse los lentes, se los guardó en el bolsillo del pecho, y ordenó a Mauricio Vargas:

—Llame a Rafael Pardo y dígale que convoque para ahora mismo un Consejo de Seguridad.

Mientras tanto, promovió un intercambio de opiniones sobre los comerciales, como estaba previsto. Sólo cuando hubo una decisión dejó ver el impacto que le había causado la noticia del secuestro. Media hora después entró en el salón donde ya lo esperaban la mayoría de los miembros del Consejo de Seguridad. Apenas empezaban, cuando Mauricio Vargas entró en puntillas y le dijo al oído:

—Secuestraron a Marina Montoya.

En realidad, había ocurrido a las cuatro de la tarde —antes que el secuestro de Pacho— pero la noticia había necesitado otras cuatro horas para llegarle al presidente.

Hernando Santos Castillo, el padre de Pacho, dormía desde tres horas antes a diez mil kilómetros de distancia, en un hotel de Florencia, Italia. En un cuarto contiguo estaba su hija Juanita, y en otro su hija Adriana con su marido. Todos habían recibido la noticia por teléfono, y decidieron no despertar al papá. Pero su sobrino Luis Fernando lo llamó en directo desde Bogotá, con el preámbulo más cauteloso que se le ocurrió para despertar a un tío de sesenta y ocho años con cinco *bypasses* en el corazón.

—Te tengo una muy mala noticia —le dijo.

Hernando, por supuesto, se imaginó lo peor pero guardó las formas.

—¿Qué pasó?

—Secuestraron a Pacho.

La noticia de un secuestro, por dura que sea, no es tan irremediable como la de un asesinato, y Hernando respiró aliviado. «¡Bendito sea Dios!», dijo, y enseguida cambió de tono:

—Tranquilos. Vamos a ver qué hacemos.

Una hora después, en la madrugada fragante del otoño toscano, todos emprendieron el largo viaje de regreso a Colombia.

La familia Turbay, angustiada por la falta de noticias de Diana una semana después de su viaje, solicitó una gestión oficiosa del gobierno a través de las principales organizaciones guerrilleras. Una semana después de la fecha en que Diana debía haber regresado, el esposo de ella, Miguel Uribe, y el parlamentario Álvaro Leyva, hicieron un viaje confidencial a Casa Verde, el cuartel general de las Fuerzas Armadas Revolucionarias de Colombia (FARC) en la cordillera oriental. Desde allí se pusieron en contacto con la totalidad de las organizaciones armadas para tratar de establecer si Diana estaba con alguna de ellas. Siete lo negaron en un comunicado conjunto.

Sin saber a qué atenerse, la presidencia de la república alertó a la opinión pública contra la proliferación de comunicados falsos, y pidió que no creyeran más en ellos que en las informaciones del gobierno. Pero la verdad grave y amarga era que la opinión pública creía sin reservas en los comunicados de los Extraditables, así que todo el mundo dio un suspiro de alivio el 30 de octubre —a sesenta y un días del secuestro de Diana Turbay y a cuarenta y dos del de Francisco Santos— cuando aquéllos disiparon las últimas dudas con una sola frase: «Aceptamos públicamente tener en nuestro poder a los periodistas desaparecidos». Ocho días después fueron secuestradas Maruja Pachón y Beatriz Villamizar. Había razones de sobra para pensar que la escalada tenía una perspectiva todavía mucho más amplia.

Al día siguiente de la desaparición de Diana y su equipo, y cuando aún no existía ni la mínima sospecha de que habían sido secuestrados, el célebre director de noticias de la *Caracol Radio*, Yamid Amat, fue interceptado por un comando de sicarios en una calle del centro de Bogotá, después de varios días de seguimiento. Amat se les escapó de las manos por una maniobra atlética que los tomó por sorpresa, y se salvó nadie sabe cómo de un disparo que le hicieron por la espalda. Con una diferencia de horas, la hija del ex presidente Belisario Betancur, María Clara —en compañía de su hija Natalia, de doce años— logró escapar en su automóvil cuando otro comando de secuestros le bloqueó el paso en un barrio residencial de Bogotá. La única explicación de estos dos fracasos es que los secuestradores tuvieran instrucciones terminantes de no matar a sus víctimas.

Los primeros que habían sabido a ciencia cierta quién tenía a Maruja Pachón y a Beatriz Villamizar fueron Hernando Santos y el ex presidente Turbay, porque el propio Escobar lo mandó decir por escrito a través de uno de sus abogados a las cuarenta y ocho horas del secuestro: «Puedes decirles que el grupo tiene a la Pachón». El 12 de noviembre hubo otra confirmación de soslayo por una carta con membrete de los Extraditables a Juan Gómez Martínez, director del diario *El Colombiano* de Medellín, que había mediado varias veces con Escobar en nombre de los Notables. «La detención de la periodista Maruja Pachón —decía la carta de los Extraditables— es una respuesta nuestra a las torturas y secuestros perpetrados en la ciudad de Medellín en los últimos días por parte del mismo organismo de seguridad del Estado muchas veces mencionado en anteriores comunicados nuestros.» Y expresaban una vez más su determinación de no liberar a ningún rehén mientras aquella situación continuara.

El doctor Pedro Guerrero, el esposo de Beatriz, abrumado desde el principio por una impotencia absoluta frente a unos hechos que lo desbordaban, decidió cerrar su gabinete de siquiatra. «Cómo iba a recibir pacientes si yo estaba peor que ellos», ha dicho. Padecía crisis de angustia que no quiso transmitirles a los hijos. No tenía un instante de sosiego, se consolaba con los whiskies del atardecer, y pastoreaba los insomnios oyendo en *Radio Recuerdo* los boleros de lágrimas de los enamorados. «*Mi amor* —cantaba alguien—. *Si me escuchas, contéstame.*»

Alberto Villamizar, consciente desde el principio de que el secuestro de su esposa y su hermana era un eslabón de una cadena siniestra, cerró filas con las familias de los otros secuestrados. Pero la primera visita a Hernando Santos fue descorazonadora. Lo acompañó Gloria Pachón de Galán, su cuñada, y encontraron a Hernando derrumbado en un sofá y en un estado de desmoralización total. «Para lo que estoy preparándome es para sufrir lo menos posible cuando maten a Francisco», les dijo de entrada. Villamizar trató de esbozar un proyecto de negociación con los secuestradores, pero Hernando se lo desbarató con una displicencia irreparable.

—No sea ingenuo, mijito —le dijo—, usted no tiene la menor idea de cómo son esos tipos. No hay nada que hacer.

El ex presidente Turbay no fue más alentador. Sabía por distintas fuentes que su hija estaba en poder de los Extraditables, pero había resuelto no reconocerlo en público mientras no supiera a ciencia cierta qué pretendían. A un grupo de periodistas que le habían hecho la pregunta la semana anterior los eludió con una verónica audaz.

—Mi corazón me indica —les dijo— que Diana y sus colaboradores están demorados por su labor periodística, pero que no se trata de una retención.

Era un estado de desilusión explicable al cabo de tres meses de gestiones estériles. Villamizar lo entendió así, y en vez de contagiarse del pesimismo de los otros le imprimió un espíritu nuevo a la gestión común.

Un amigo al que le habían preguntado por esos días cómo era Villamizar, lo había definido de una plumada: «Es un gran compañero de trago». Villamizar lo había aceptado de buen corazón, como un mérito envidiable y poco común. Sin embargo, el mismo día del secuestro de su esposa había tomado conciencia de que era también un mérito peligroso en su situación, y decidió no volver a tomarse un trago en público mientras sus secuestradas no estuvieran libres. Como buen bebedor social sabía que el alcohol baja la guardia, suelta la lengua y altera de algún modo el sentido de la realidad. Es un riesgo para alguien que debe medir por milímetros cada uno de sus actos y sus palabras. De modo que el rigor que se impuso no fue una penitencia sino una medida de seguridad. No volvió a ninguna fiesta, y dijo adiós a sus horas de bohemia y a sus parrandas políticas. En las noches de más altas tensiones emocionales su hijo Andrés le escuchaba sus desahogos con un vaso de agua mineral mientras él se consolaba con un trago solitario.

En las reuniones con Rafael Pardo se estudiaron gestiones alternativas pero tropezaban siempre con la política del gobierno, que de todos modos dejaba abierta la amenaza de la extradición. Ambos sabían además que ésta era el instrumento de presión más fuerte para que los Extraditables se entregaran, y el presidente la utilizaba con tanta convicción como la utilizaban los Extraditables para no entregarse.

Villamizar no tenía una formación militar, pero se había criado cerca de los cuarteles. El doctor Alberto Villamizar Flórez, su padre, había sido durante años el médico de la Guardia Presidencial, y estaba muy vinculado a la vida de sus oficiales. Su abuelo, el general Joaquín Villamizar, había sido ministro de la Guerra. Un tío suyo, el general Jorge Villamizar Flórez, había sido comandante general de las Fuerzas Armadas. Alberto heredó de ellos el doble carácter de militar y santandereano, al mismo tiempo cordial y mandón, serio y parrandero, que pone el plomo donde pone el ojo, que dice lo que tiene que decir siempre al derecho y no ha tuteado a nadie en su vida. Sin embargo, prevaleció en él la imagen del padre y estudió la carrera completa de medicina en la Universidad Javeriana, pero nunca se graduó, arrastrado por los vientos irremediables de la política. No es por militar sino por santandereano puro y simple que siempre lleva consigo un Smith & Wesson 38 corto, que nunca quisiera usar. En todo caso, armado o desarmado, sus dos virtudes mayores son la determinación y la paciencia. Que a simple vista parecen contradictorias, pero la vida le ha demostrado que no lo son. Con semejante patrimonio, a Villamizar le sobraban arrestos para intentar una solución armada de los secuestros, pero la rechazó mientras no se llegara a un extremo de vida o muerte.

De modo que la única que vislumbraba al final de noviembre era la de enfrentarse con Escobar y negociar de santandereano a antioqueño, duro y parejo. Una noche, cansado de tantas idas y venidas, se las planteó todas a Rafael Pardo. Éste entendió la angustia, pero su respuesta fue puntual.

—Óigame una cosa, Alberto —le dijo con su estilo sobrio y directo—: haga las gestiones que quiera, intente lo que pueda, pero si lo que quiere es seguir con nuestra colaboración debe saber que no puede ir más allá de la política de sometimiento. Ni un paso, Alberto. Es así de claro.

Ninguna otra virtud le hubiera servido tanto a Villamizar como su determinación y su paciencia para sortear las contradicciones internas que le planteaban aquellas condiciones. Es decir: actuar como quisiera, con su imaginación y a su aire, pero siempre con las manos atadas.

3

Maruja abrió los ojos y recordó un viejo adagio español: «Que no nos dé Dios lo que somos capaces de soportar». Habían transcurrido diez días desde el secuestro, y tanto Beatriz como ella empezaban a acostumbrarse a una rutina que la primera noche les pareció inconcebible. Los secuestradores les habían reiterado a menudo que aquélla era una operación militar, pero el régimen del cautiverio era peor que carcelario. Sólo podían hablar para asuntos urgentes y siempre en susurros. No podían levantarse del colchón, que les servía de cama común, y todo lo que necesitaban debían pedirlo a los dos guardianes que no las perdían de vista ni si estaban dormidas: permiso para sentarse, para estirar las piernas, para hablar con Marina, para fumar. Maruja tenía que taparse la boca con una almohada para amortiguar los ruidos de la tos.

La única cama era la de Marina, iluminada de día y de noche por una veladora eterna. Paralelo a la cama estaba el colchón tirado en el suelo, donde dormían Maruja y Beatriz, una de ida y otra de vuelta, como los pescaditos del zodíaco, y con una sola cobija para las dos. Los guardianes velaban sentados en el suelo y recostados a la pared. Su espacio era tan estrecho que si estiraban las piernas les quedaban los pies sobre el colchón de las cautivas. Vivían en la penumbra porque la única ventana estaba clausurada. Antes de dormir, tapaban con trapos la rendija de la única puerta para que no se viera la luz de la veladora de Marina en el resto de la casa. No había otra luz ni de día ni de noche, salvo el resplandor del televisor, porque Maruja hizo quitar el foco azul que les daba a todos una palidez terrorífica. El cuarto cerrado y sin ventilación se saturaba de un calor pestilente. Las peores horas eran desde las seis hasta las nueve de la mañana, en que las cautivas permanecían despiertas, sin aire, sin nada de beber ni de comer, esperando que destaparan la rendija de la puerta para empezar a respirar. El único consuelo para Maruja y Marina era el suministro puntual de una jarra de café y un cartón de cigarrillos cada vez que lo pedían. Para Beatriz, especialista en terapia respiratoria, el humo acumulado en el cuartito era una desgracia. Sin embargo, la soportaba en silencio por lo felices que eran las otras. Marina, con su cigarrillo y su taza de café, exclamó alguna vez: «Cómo será de bueno cuando estemos las tres juntas en mi casa, fumando y tomando nuestro cafecito, y riéndonos de estos días horribles». Ese día, en vez de sufrir, Beatriz lamentó no fumar.

Que estuvieran las tres en la misma cárcel pudo ser una solución de emergencia, porque la casa donde las llevaron primero debió de quedar inservible cuando el taxi chocado reveló el rumbo de los secuestradores. Sólo así se explicaban el cambio de última hora, y la miseria de que hubiera sólo una cama estrecha, un colchón sencillo para dos y menos de seis metros cuadrados para las tres rehenes y los dos guardianes de turno. También a Marina la habían llevado de otra casa —o de otra finca, como ella decía— porque las borracheras y el desorden de los guardianes de la primera donde la tuvieron habían puesto en peligro a toda la organización. En todo caso, era inconcebible que una de las grandes transnacionales del mundo no tuviera un mínimo de corazón para mantener a sus secuaces y a sus víctimas en condiciones humanas.

No tenían la menor idea de dónde estaban. Por los ruidos sabían que había muy cerca una carretera para camiones pesados. También parecía haber una tienda de vereda, con alcoholes y músicas, que permanecía abierta hasta tarde. A veces se escuchaba un altoparlante que lo mismo convocaba a actos políticos o religiosos, o transmitía conciertos atronadores. En varias ocasiones oyeron las consignas de las campañas electorales para la próxima Asamblea Constituyente. Con más frecuencia se oían zumbidos de aviones pequeños que decolaban y aterrizaban a poca distancia, lo cual hacía pensar que estaban por los lados de Guaymaral, un aeropuerto para aviones de pista corta a veinte kilómetros al norte de Bogotá. Maruja, familiarizada desde niña con el clima de la sabana, sentía que el frío de su cuarto no era de campo abierto sino de ciudad. Además, las precauciones excesivas de los guardianes eran sólo comprensibles si estaban en un núcleo urbano.

Lo más sorprendente era el estruendo ocasional de un helicóptero tan cercano, que parecía encima de la casa. Marina Montoya decía que allí llegaba un oficial del ejército responsable de los secuestros. Con el paso de los días habían de acostumbrarse a aquel ruido, pues en los meses que duró el cautiverio el helicóptero aterrizó por lo menos una vez al mes, y las rehenes no dudaron de que tenía que ver con ellas.

Era imposible distinguir los límites entre la verdad y la contagiosa fantasía de Marina. Decía que Pacho Santos y Diana Turbay estaban en otros cuartos de la misma casa, de modo que el militar del helicóptero se ocupaba de los tres casos al mismo tiempo durante cada visita. En una ocasión oyeron unos ruidos alarmantes en el patio. El mayordomo insultaba a su mujer entre órdenes atropelladas de que lo alzaran de aquí, que lo trajeran para acá, que lo voltearan para arriba, como si trataran de meter un cadáver donde no cabía. Marina, en sus delirios tenebrosos, pensó que tal vez habían descuartizado a Francisco Santos y estaban enterrándolo a pedazos debajo de las baldosas de la cocina. «Cuando empiezan las matanzas no paran —decía—. Las próximas seremos nosotras.» Fue una noche de espantos, hasta que supieron por casualidad que habían cambiado de lugar una lavadora primitiva que no podían cargar entre cuatro.

De noche el silencio era total. Sólo interrumpido por un gallo loco sin sentido de las horas que cantaba cuando quería. Se oían ladridos en el horizonte, y uno muy cercano que les pareció de un perro guardián amaestrado. Maruja empezó mal. Se enroscó en el colchón, cerró los ojos, y durante varios días no volvió a abrirlos sino lo indispensable tratando pensar con claridad. No es que pudiera dormir ocho horas seguidas sino que dormía apenas media hora, y al despertar se encontraba otra vez con la angustia que la acechaba en la realidad. Era un miedo permanente: la sensación física de un cordón templado en el estómago, siempre a punto de reventarse para volverse pánico. Maruja pasaba la película completa de su vida para agarrarse de los buenos recuerdos, pero siempre se imponían los ingratos. En uno de los tres viajes que había hecho a Colombia desde Yakarta, Luis Carlos Galán le había pedido en el curso de un almuerzo privado que lo ayudara en la dirección de su próxima campaña presidencial. Ella había sido su asesora de imagen en una campaña anterior, había viajado con su hermana Gloria por todo el país, habían celebrado triunfos, sobrellevado derrotas y sorteado riesgos, de modo que la oferta era lógica. Maruja se sintió justificada y complacida. Pero al final del almuerzo notó en Galán un gesto indefinido, una luz sobrenatural: la clarividencia instantánea y certera de que iban a matarlo. Fue algo tan revelador que convenció a su marido de regresar a Colombia, a pesar de que el general Maza Márquez lo había prevenido sin ninguna explicación de los riesgos de muerte que lo esperaban. Ocho días antes del regreso los despertó en Yakarta la noticia de que Galán había sido asesinado.

Aquella experiencia le dejó una propensión depresiva que se le agudizó con el secuestro. No encontraba de qué aferrarse para escapar a la idea de que también a ella le acechaba un peligro mortal. Se negaba a hablar o a comer. Le molestaba la indolencia de Beatriz y la brutalidad de los encapuchados, y no soportaba la sumisión de Marina y su identificación con el régimen de los secuestradores. Parecía un carcelero más que la llamaba al orden si roncaba, si tosía dormida, si se movía más de lo indispensable. Maruja ponía un vaso aquí y Marina se apresuraba a quitarlo asustada: «¡Cuidado!». Y lo ponía en otra parte. Maruja se le enfrentaba con un gran desdén. «No se preocupe —le decía—. Usted no es la que manda aquí.» Para colmo de males, los guardianes vivían preocupados porque Beatriz se pasaba el día escribiendo detalles del cautiverio para contárselos al esposo y los hijos cuando saliera libre. También había hecho una larga lista de todo lo que le parecía abominable en el cuarto, y tuvo que desistir cuando no encontró nada que no lo fuera. Los guardianes habían oído decir por la radio que Beatriz era fisioterapeuta, y lo confundieron con sicoterapeuta, de modo que le prohibieron escribir por el temor de que estuviera elaborando un método científico para enloquecerlos.

La degradación de Marina era comprensible. La llegada de las otras dos rehenes debió ser para ella como una intromisión insoportable en un mundo que ya había hecho suyo, y sólo suyo, después de casi dos meses en la antesala de la muerte. Su relación con los guardianes, que había llegado a ser muy profunda, se alteró por ellas, y en menos de dos semanas recayó en los dolores terribles y las soledades intensas de otras épocas que había logrado superar.

Con todo, ninguna noche le pareció a Maruja tan atroz como la primera. Fue interminable y helada. A la una de la madrugada la temperatura en Bogotá —según el Instituto de Meteorología— había sido de entre 13 y 15 grados, y había lloviznado en el centro y por los lados del aeropuerto. A Maruja la había vencido el cansancio. Empezó a roncar tan pronto como se durmió, pero a cada instante la despertaba su tos de fumadora, persistente e indómita, y agravada por la humedad de las paredes que soltaban un relente de hielo al amanecer. Cada vez que tosía o roncaba, los guardianes le daban un talonazo en la cabeza. Marina los secundaba por un temor incontrolable, y amenazaba a Maruja con que iban a amarrarla en el colchón para que no se moviera tanto, o a amordazarla para que no roncara.

Marina le hizo oír a Beatriz los noticieros de radio del amanecer. Fue un error. En la primera entrevista con Yamid Amat, de *Caracol Radio*, el doctor Pedro Guerrero soltó una andanada de denuestos y desafíos contra los secuestradores. Los conminó a que se portaran como hombres y pusieran la cara. Beatriz sufrió una crisis de pavor, convencida de que aquellos insultos recaerían sobre ellas.

Dos días después, un jefe bien vestido, con un corpachón empacado en un metro con noventa abrió la puerta de una patada y entró en el cuarto como un ventarrón. Su traje impecable de lana tropical, sus mocasines italianos y su corbata de seda amarilla iban en sentido contrario de sus modales rupestres. Les soltó dos o tres improperios a los guardianes, y se ensañó con el más tímido cuyos compañeros llamaban Lamparón. «Me dicen que usted es muy nervioso —le dijo—, pues le advierto que aquí los nerviosos se mueren.» Y enseguida se dirigió a Maruja sin la menor consideración:

—Supe que anoche molestó mucho, que hace ruido, que tose.

Maruja le contestó con una calma ejemplar que bien podía confundirse con el desprecio.

—Ronco dormida y no me doy cuenta —le dijo— No puedo impedir la tos porque el cuarto es helado y las paredes chorrean agua en la madrugada.

El hombre no estaba para quejas.

—¿Y usted se cree que puede hacer lo que le da la gana? —gritó—. Pues si vuelve a roncar o a toser de noche le podemos volar la cabeza de un balazo.

Luego se dirigió también a Beatriz.

—Y si no a sus hijos o sus maridos. Los conocemos a todos y los tenemos bien localizados.

—Haga lo que quiera —dijo Maruja—. No puedo hacer nada para no roncar. Si quieren mátenme.

Era sincera, y con el tiempo había de darse cuenta de que hacía bien. El trato duro desde el primer día estaba en los métodos de los secuestradores para desmoralizar a los rehenes. Beatriz, en cambio, todavía impresionada por la rabia del marido en la radio, fue menos altiva.

—¿Por qué tiene que meter aquí a nuestros hijos, que no tienen nada que ver con esto? —dijo, al borde de las lágrimas—. ¿Usted no tiene hijos?

Él contestó que sí, tal vez enternecido, pero Beatriz había perdido la batalla: las lágrimas no la dejaron proseguir. Maruja, ya calmada, le dijo al jefe que si de veras querían llegar a un acuerdo hablaran con su marido.

Pensó que el encapuchado había seguido el consejo porque el domingo reapareció distinto. Llevó los periódicos del día con declaraciones de Alberto Villamizar para lograr un buen arreglo con los secuestradores. Éstos, al parecer, empezaban a actuar en consecuencia. El jefe, al menos, estaba tan complaciente que les pidió a las rehenes hacer una lista de las cosas indispensables: jabones, cepillos y pasta de dientes, cigarrillos, crema para la piel y algunos libros. Parte del pedido llegó el mismo día, pero algunos de los libros los recibieron cuatro meses después. Con el tiempo fueron acumulando toda clase de estampas y recuerdos del Divino Niño y de María Auxiliadora, que los distintos guardianes les llevaban o les dejaban de recuerdo cuando se despedían o cuando volvían de sus descansos. A los diez días tenían ya una rutina doméstica. Los zapatos los guardaban debajo de la cama, y era tanta la humedad del cuarto que debían sacarlos al patio de vez en cuando para que se secaran. Sólo podían caminar con unas medias de hombre que les habían dado el primer día, de lana gruesa y de colores distintos, y usaban dos pares a la vez para que no se oyeran los pasos. La ropa que llevaban la noche del secuestro se la habían decomisado, y les repartieron sudaderas deportivas —una gris y otra rosada a cada una—, con las cuales vivían y dormían, y dos juegos de ropa interior que lavaban en la ducha. Al principio dormían vestidas. Más tarde, cuando tuvieron una camisa de dormir, se la ponían encima de la sudadera en las noches muy frías. También les dieron un talego para guardar sus escasos bienes personales: la sudadera de repuesto y las medias limpias, las mudas de ropa interior, las toallas higiénicas, las medicinas, los útiles de tocador.

Había un solo baño para las tres y los cuatro guardianes. Ellas debían usarlo con la puerta ajustada pero sin cerrojo, y no podían demorar más de diez minutos en la ducha, aun cuando tuvieran que lavar la ropa. Les permitían fumar cuantos cigarrillos les daban, que para Maruja era más de una cajetilla al día, y más aún para Marina. En el cuarto había un televisor y un radio portátil de la casa para que las rehenes oyeran noticias o los guardianes oyeran música. Las informaciones de la mañana las escuchaban a volumen tenue, como a escondidas, y en cambio los guardianes escuchaban su música de parranda a un volumen tan alto como se lo dictaba el estado de humor.

La televisión la encendían a las nueve de la mañana para ver los programas educativos, después las telenovelas, y dos o tres programas más hasta los noticieros del mediodía. La tanda mayor era desde las cuatro de la tarde hasta las once de la noche. El televisor permanecía encendido, como en los dormitorios de los niños, aunque nadie lo viera. En cambio las rehenes escrutaban los noticieros con una atención milimétrica para tratar de descubrir mensajes cifrados de sus familias. Nunca supieron, por supuesto, cuántos se les escaparon, o cuántas frases inocentes confundieron con recados de esperanza.

Alberto Villamizar apareció en los distintos noticieros de televisión ocho veces en los primeros dos días, con la certidumbre de que por alguno les llegaba su voz a las secuestradas. Casi todos los hijos de Maruja, además, eran gente de medios masivos. Algunos tenían programas de televisión con horarios fijos, y los utilizaron para mantener una comunicación que ellos suponían unilateral, y tal vez inútil, pero la sostuvieron.

El primero que vieron el miércoles siguiente fue el que Alexandra hizo al regreso de la Guajira. El siquiatra Jaime Gaviria, colega del esposo de Beatriz y viejo amigo de la familia, impartió una serie de instrucciones sabias para mantener el ánimo en espacios cerrados. Maruja y Beatriz, que conocían al doctor Gaviria, comprendieron el sentido del programa y tomaron nota de sus enseñanzas.

Éste fue el primero de una serie de ocho programas que había preparado Alexandra con base en una larga conversación con el doctor Gaviria sobre la sicología de los secuestrados. Lo primero era escoger los temas que les gustaran a Maruja y Beatriz y envolver en ellos mensajes personales que sólo ellas pudieran descifrar. Alexandra decidió entonces llevar cada semana un personaje preparado para contestar preguntas intencionales que sin duda suscitarían en las rehenes asociaciones inmediatas. La sorpresa fue que muchos televidentes desprevenidos se dieron cuenta por lo menos de que algo iba envuelto en la inocencia de las preguntas.

No lejos de allí —dentro de la misma ciudad— las condiciones de Francisco Santos en su cuarto de cautivo eran tan abominables como las de Maruja y Beatriz, pero no tan severas. Una explicación es que hubiera contra ellas, además del utilitarismo político del secuestro, un propósito de venganza. Es casi seguro, además, que los guardianes de Maruja y los de Pacho eran dos equipos distintos. Aunque sólo fuera por motivos de seguridad, actuaban por separado y sin ninguna comunicación entre ellos. Pero aun en eso había diferencias incomprensibles. Los de Pacho eran más familiares, autónomos y complacientes, y menos cuidadosos de su identidad. La peor condición de Pacho era que dormía encadenado a los barrotes de la cama con una cadena metálica forrada de cinta aislante para evitar ulceraciones. La peor de Maruja y Beatriz era que ni siquiera tenían una cama donde ser amarradas.

Pacho recibió los periódicos puntuales desde el primer día. En general, los relatos sobre su secuestro en la prensa escrita eran tan desinformados y antojadizos que hicieron torcerse de risa a los secuestradores. Su horario estaba ya bien establecido cuando secuestraron a Maruja y Beatriz. Pasaba la noche en claro y se dormía como a las once de la mañana. Veía televisión, solo o con sus guardianes, o conversaba con ellos sobre las noticias del día y, en especial, sobre los partidos de fútbol. Leía hasta el cansancio y todavía le sobraban nervios para jugar a las barajas o al ajedrez. Su cama era confortable, y durmió bien desde la primera noche hasta que contrajo una sarna urticante y un ardor en los ojos, que desaparecieron con sólo lavar las cobijas de algodón y hacer en el cuarto una limpieza a fondo. Nunca se preocuparon de que alguien viera desde fuera la luz encendida, porque las ventanas estaban clausuradas con tablas.

En octubre surgió una ilusión imprevista: la orden de que se preparara para mandar a la familia una prueba de supervivencia. Tuvo que hacer un esfuerzo supremo para mantener el dominio. Pidió una jarra de café tinto y dos paquetes de cigarrillos, y empezó a redactar el mensaje como le saliera del alma sin corregir una coma. Lo grabó en una minicasete, que los estafetas preferían a las normales, porque eran más fáciles de esconder. Habló tan despacio como fue capaz y trató de afinar la dicción y asumir una actitud que no delatara las sombras de su ánimo. Por último grabó los titulares mayores de *El Tiempo* del día como prueba de la fecha en que hizo el mensaje. Quedó satisfecho, sobre todo de la primera frase: «Todas las personas que me conocen saben lo difícil que es este mensaje para mí». Sin embargo, cuando lo leyó publicado, ya en frío, tuvo la impresión de que se había echado la soga al cuello, por la frase final, en que pedía al presidente hacer lo que pudiera por la liberación de los periodistas. «Pero eso sí —le advertía—, sin pasar por encima de las leyes y los preceptos constitucionales, lo cual es benéfico no sólo para el país sino para la libertad de prensa que hoy está secuestrada.» La depresión se agravó unos días después cuando secuestraron a Maruja y a Beatriz, porque lo entendió como una señal de que las cosas iban a ser largas y complicadas. Ése fue el primer embrión de un plan de fuga que se le iba a convertir en una obsesión irresistible.

Las condiciones de Diana y su equipo —quinientos kilómetros al norte de Bogotá y a tres meses del secuestro— eran diferentes de los otros rehenes, pues dos mujeres y cuatro hombres cautivos al mismo tiempo planteaban problemas muy complejos de logística y seguridad. En la cárcel de Maruja y Beatriz sorprendía la falta absoluta de indulgencia. En la de Pacho Santos sorprendían la familiaridad y el desenfado de los guardianes de su misma generación. En el grupo de Diana reinaba un ambiente de improvisación que mantenía a secuestrados y secuestradores en un estado de alarma e incertidumbre, con una inestabilidad que lo contaminaba todo y aumentaba el nerviosismo de todos.

El secuestro de Diana se distinguió también por su signo errático. Durante el largo cautiverio los rehenes fueron mudados sin explicaciones no menos de veinte veces, cerca y dentro de Medellín, a casas de estilos y categorías diferentes y condiciones desiguales. Esta movilidad era posible tal vez porque sus secuestradores, a diferencia de los de Bogotá se movían en su medio natural, lo controlaban por completo, y mantenían contacto directo con sus superiores.

Los rehenes no estuvieron juntos en una misma casa sino en dos ocasiones y por pocas horas. Al principio fueron dos grupos: Richard, Orlando y Hero Buss en una casa, y Diana, Azucena y Juan Vitta en otra cercana. Algunas mudanzas habían sido atolondradas e imprevistas, a cualquier hora y sin tiempo para recoger sus cosas por el inminente asalto de la policía, y casi siempre a pie por pendientes escarpadas y chapaleando en el fango bajo aguaceros interminables. Diana era una mujer fuerte y resuelta, pero aquellas caminatas despiadadas y humillantes, en las condiciones físicas y morales del cautiverio, sobrepasaban por mucho su resistencia. Otras mudanzas fueron de una naturalidad pasmosa por las calles de Medellín, en taxis ordinarios y eludiendo retenes y patrullas callejeras. Lo más duro para todos en las primeras semanas era estar secuestrados sin que nadie lo supiera. Veían la televisión, escuchaban la radio y leían los periódicos, pero no hubo una noticia sobre su desaparición hasta el 14 de setiembre, cuando el noticiero *Criptón* informó sin citar la fuente que no estaban en misión periodística con las guerrillas sino secuestrados por los Extraditables. Habían de pasar todavía varias semanas antes de que éstos emitieran un reconocimiento formal del secuestro.

El responsable del equipo de Diana era un paisa inteligente y campechano a quien todos llamaban don Pacho, sin apellidos ni más señas. Tenía unos treinta años, pero con un aspecto reposado de hombre mayor. Su sola presencia tenía la virtud inmediata de resolver los problemas pendientes de la vida cotidiana y de sembrar esperanzas para el futuro. Les llevaba regalos a las rehenes, libros, caramelos, casetes de música y los ponía al corriente de la guerra y de la actualidad nacional.

Sin embargo, sus apariciones eran ocasionales y delegaba mal su autoridad. Los guardianes y estafetas eran más bien caóticos, no estuvieron nunca enmascarados, usaban sobrenombres de tiras cómicas y les llevaban a los rehenes —de una casa a otra— mensajes orales o escritos que al menos les servían de consuelo. Desde la primera semana les compraron las sudaderas de reglamento, los útiles de aseo y tocador y los periódicos locales. Diana y Azucena jugaban parchés con ellos, y muchas veces ayudaron a hacer las listas del mercado. Uno dijo una frase que Azucena registró asombrada en sus notas: «Por plata no se preocupen, que eso es lo que sobra». Al principio los guardianes vivían en el desorden, escuchaban la música a todo volumen, comían sin horarios y andaban por la casa en calzoncillos. Pero Diana asumió un liderazgo que puso las cosas en su lugar. Los obligó a ponerse una ropa decente, a bajar el volumen de la música que les estorbaba el sueño e hizo salir del cuarto a uno que pretendió dormir en un colchón tendido junto a su cama.

Azucena, a sus veintiocho años, era tranquila y romántica, y no lograba vivir sin el esposo después de cuatro años aprendiendo a vivir con él. Sufría ráfagas de celos imaginarios y le escribía cartas de amor a sabiendas de que nunca las recibiría. Desde la primera semana del secuestro llevó notas diarias de una gran frescura y utilidad para escribir su libro. Trabajaba en el noticiero de Diana desde hacía años y su relación con ella no había sido más que laboral, pero se identificaron en el infortunio. Leían juntas los periódicos, conversaban hasta el amanecer y trataban de dormir hasta la hora del almuerzo. Diana era una conversadora compulsiva y Azucena aprendía de ella las lecciones de vida que nunca le habrían dado en la escuela.

Los miembros de su equipo recuerdan a Diana como una compañera inteligente, alegre y llena de vida, y una analista sagaz de la política. En sus horas de desaliento los hizo partícipes de su sentimiento de culpa por haberlos comprometido en aquella aventura impredecible. «No me importa lo que me pase a mí —les dijo— pero si a ustedes les pasa algo nunca más podré vivir en paz conmigo misma.» Juan Vitta, con quien tenía una amistad antigua, la inquietaba por su mala salud. Era uno de los que se habían opuesto al viaje con más energía y mayores razones, y sin embargo la había acompañado apenas salido del hospital por un preinfarto serio. Diana no lo olvidó. El primer domingo del secuestro entró llorando en su cuarto y le preguntó si no la odiaba por no haberle hecho caso. Juan Vitta le contestó con toda franqueza. Sí: la había odiado de todo corazón cuando les comunicaron que estaban en manos de los Extraditables, pero había terminado por aceptar el secuestro como un destino ineludible. El rencor de los primeros días se le había convertido también a él en un sentimiento de culpa por no haber sido capaz de disuadirla.

Hero Buss, Richard Becerra y Orlando Acevedo tenían por el momento menos motivos de sobresaltos en una casa cercana. Habían encontrado en los armarios una cantidad insólita de ropas de hombre, todavía en sus envolturas originales y con las etiquetas de las grandes marcas europeas. Los guardianes les contaron que Pablo Escobar tenía esas mudas de emergencia en varias casas de seguridad. «Aprovechen, muchachos, y pidan lo que quieran —bromeaban—. Se demora un poco por el transporte pero en doce horas podemos satisfacer cualquier pedido.» Las cantidades de comida y bebidas que les llevaban al principio a lomo de mula parecía cosa de locos. Hero Buss les dijo que ningún alemán podía vivir sin cerveza, y en el viaje siguiente le llevaron tres cajas. «Era un ambiente liviano», ha dicho Hero Buss en su español perfecto. Por esos días convenció a un guardián de que tomara una foto de los tres secuestrados pelando papas para el almuerzo. Más tarde, cuando las fotos fueron prohibidas en otra casa, logró esconder una cámara automática encima del ropero, con la cual hizo una buena serie de diapositivas en colores de Juan Vitta y de él mismo.

Jugaban a las barajas, al dominó, al ajedrez, pero los rehenes no podían competir con sus apuestas irracionales y con sus trampas de prestidigitación. Todos eran jóvenes. El menor de ellos podía tener quince años y se sentía orgulloso de que ya se había ganado un premio de ópera prima en un concurso de asesinatos de policías de a dos millones cada uno. Tenían tal desprecio por la plata, que Richard Becerra les vendió de entrada unos lentes para el sol y unas chaquetas de camarógrafos por un precio con el que podía comprar cinco nuevas.

De vez en cuando, en noches de frío, los guardianes fumaban marihuana y jugaban con sus armas. Dos veces se les escaparon tiros. Uno de ellos atravesó la puerta del baño e hirió a un guardián en la rodilla. Cuando oyeron por radio un llamado del papa Juan Pablo II por la liberación de los secuestrados, uno de los guardianes gritó:

—¿Y ese hijo de puta qué tiene que meterse en esto?

Un compañero suyo saltó indignado por el insulto y los rehenes tuvieron que mediar para que no se batieran a bala. Salvo esa vez, Hero Buss y Richard lo tomaban a la ligera por no hacerse mala sangre. Orlando, por su parte, pensaba que estaba de sobra en el grupo y encabezaba por derecho propio la lista de ejecuciones.

Para entonces los rehenes habían sido separados en tres grupos y en tres casas distintas: Richard y Orlando en una, Hero Buss y Juan Vitta en otra, y Diana y Azucena en otra. A los dos primeros los llevaron en taxi a la vista de todo el mundo por el tráfico endiablado del centro comercial mientras los buscaban todos los servicios de seguridad de Medellín. Los instalaron en una casa todavía en obra negra y en un mismo dormitorio que parecía más bien un calabozo de dos metros por dos, con un baño sucio y sin luz y vigilado por cuatro guardianes. Para dormir no había más que dos colchones tirados en el piso. En un cuarto contiguo, siempre cerrado, había otro rehén por el cual pedían —según contaron los guardianes— un rescate multimillonario. Era un mulato corpulento con una cadena de oro macizo en el cuello, que tenían maniatado y en un aislamiento absoluto.

La casa amplia y confortable adonde llevaron a Diana y Azucena para la mayor parte del cautiverio parecía ser la residencia privada de un jefe grande. Comían en la mesa familiar, participaban en conversaciones privadas, oían discos de moda. Entre ellos de Rocío Durcal y Juan Manuel Serrat, de acuerdo con las notas de Azucena. Fue en esa casa donde Diana vio un programa de televisión filmado en su apartamento de Bogotá, por el cual recordó que había dejado las llaves del ropero escondidas en alguna parte, pero no pudo precisar si fue detrás de las casetes de música o detrás del televisor de la alcoba. También cayó entonces en la cuenta de que había olvidado cerrar la caja fuerte por las prisas con que salió la última vez rumbo al viaje de la desgracia. «Ojalá que no haya metido nadie la nariz por ahí», escribió en una carta a su madre. A los pocos días, en un programa de televisión de apariencia casual, recibió una respuesta tranquilizadora.

La vida familiar no parecía cambiada por los secuestrados. Llegaban señoras desconocidas que las trataban como parientes y les regalaban medallas y estampas de santos milagrosos para que los ayudaran a salir libres. Llegaban familias enteras con niños y perros que retozaban por los cuartos. Lo malo era la impiedad del clima. Las pocas veces que calentaba el sol no podían salir a tomarlo porque siempre había hombres trabajando. O, tal vez, guardianes disfrazados de albañiles. Diana y Azucena se tomaron fotos recíprocas, cada una en su cama, y no se les notaba todavía ningún cambio físico. En otra que le tomaron a Diana tres meses más tarde estaba demacrada y envejecida.

El 19 de setiembre, cuando se enteró de los secuestros de Marina Montoya y Francisco Santos, Diana comprendió —sin los elementos de juicio que se tenían afuera— que el suyo no era un acto aislado, como lo pensó al principio, sino una operación política de enormes proyecciones hacia el futuro para presionar los términos de la entrega. Don Pacho se lo confirmó: había una lista selecta de periodistas y personalidades que serían secuestrados a medida que fuera necesario para los intereses de los secuestradores. Fue entonces cuando decidió llevar un diario, no tanto para narrar sus días como para consignar sus estados de ánimo y sus apreciaciones de los hechos. De todo: anécdotas del cautiverio, análisis políticos, observaciones humanas, diálogos sin respuesta con su familia o con Dios, la Virgen y el Divino Niño. Varias veces hizo transcripciones completas de oraciones —entre ellas el Padre Nuestro y el Avemaría— como una forma original y tal vez más profunda de rezar por escrito.

Es evidente que Diana no pensaba en un texto para publicar sino en un memorando político y humano que la dinámica misma de los hechos convirtió en una desgarradora conversación consigo misma. Lo escribió con su caligrafía redonda y grande, de presencia nítida pero difícil de descifrar, que llenaba por completo las interlíneas del cuaderno de escolar. Al principio escribía a escondidas en las horas de la madrugada, pero cuando los guardianes la descubrieron, le suministraban suficiente papel y lápiz para mantenerla ocupada mientras ellos dormían.

La primera anotación la hizo el 27 de setiembre, una semana después del secuestro de Marina y Pacho, y decía: «Desde el miércoles 19, día en que vino el responsable de esta operación, han pasado tantas cosas que no tengo alientos». Se preguntaba por qué su secuestro no había sido reivindicado por sus autores, y se contestó que quizás lo hacían para poder asesinarlos sin escándalo público en caso de que no sirvieran a sus propósitos. «Así lo entiendo y me lleno de horror», escribió. Se preocupaba por el estado de sus compañeros más que por el suyo y por las noticias de cualquier fuente que le permitieran sacar conclusiones de su situación. Siempre fue una católica practicante, como toda su familia, y en especial la madre, y su devoción se iría haciendo más intensa y profunda con el paso del tiempo, hasta alcanzar estados de misticismo. Rogaba a Dios y a la Virgen por todo el que tuviera algo que ver con su vida, inclusive por Pablo Escobar. «Tal vez él necesite más de tu ayuda», le escribió a Dios en su diario. «Sé de tu impulso de hacerle ver el bien para que evite más dolor, y te pido por él para que entienda nuestra situación.»

Lo más difícil para todos, sin duda, fue aprender a convivir con los guardianes. Los de Maruja y Beatriz eran cuatro jóvenes sin ninguna formación, brutales e inestables, que se turnaban de dos en dos cada doce horas, sentados en el piso y con las metralletas listas. Todos con camisetas de propaganda comercial, zapatos de tenis y pantalones cortos que a veces eran recortados por ellos mismos con tijeras de podar. Uno de los dos que entraban a las seis de la mañana seguía durmiendo hasta las nueve mientras el otro vigilaba, pero casi siempre se quedaban dormidos los dos al mismo tiempo. Maruja y Beatriz habían pensado que si un comando de la policía asaltaba la casa a esa hora, los guardianes no tendrían tiempo de despertar.

La condición común era el fatalismo absoluto. Sabían que iban a morir jóvenes, lo aceptaban, y sólo les importaba vivir el momento. Las disculpas que se daban a sí mismos por su oficio abominable era ayudar a su familia, comprar buena ropa, tener motocicletas, y velar por la felicidad de la madre, que adoraban por encima de todo y por la cual estaban dispuestos a morir. Vivían aferrados al mismo Divino Niño y la misma María Auxiliadora de sus secuestrados. Les rezaban a diario para implorar su protección y su misericordia, con una devoción pervertida, pues les ofrecían mandas y sacrificios para que los ayudaran en el éxito de sus crímenes.

Después de su devoción por los santos, tenían la del Rohypnol, un tranquilizante que les permitía cometer en la vida real las proezas del cine. «Mezclado con una cerveza uno entra en onda enseguida —explicaba un guardián—. Entonces le prestan a uno un buen fierro y se roba un carro para pasear. El gusto es la cara de terror con que le entregan a uno las llaves.» Todo lo demás lo odiaban: los políticos, el gobierno, el Estado, la justicia, la policía, la sociedad entera. La vida, decían, era una mierda.

Al principio fue imposible distinguirlos, porque lo único que veían de ellos era la máscara, y todos les parecían iguales. Es decir: uno solo. El tiempo les enseñó que la máscara esconde el rostro pero no el carácter. Así lograron individualizarlos. Cada máscara tenía una identidad diferente, un modo de ser propio, una voz irrenunciable. Y más aún: tenía un corazón. Aun sin desearlo terminaron compartiendo con ellos la soledad del encierro. Jugaban a las barajas y al dominó, y se ayudaban en la solución de los crucigramas y acertijos de las revistas viejas.

Marina era sumisa a las leyes de sus carceleros, pero no era imparcial. Quería a unos y detestaba a otros, llevaba y traía entre ellos comentarios maliciosos de pura estirpe maternal, y terminaba por armar unos enredos internos que ponían en peligro la armonía del cuarto. Pero a todos los obligaba a rezar el rosario, y todos lo rezaban.

Entre los guardianes del primer mes había uno que padecía de una demencia súbita y recurrente. Lo llamaban Barrabás. Adoraba a Marina y le hacía caricias y berrinches. En cambio, desde su primer día fue un enemigo encarnizado de Maruja. De repente enloquecía, le daba una patada al televisor y arremetía a cabezazos contra las paredes.

El guardián más raro, sombrío y callado, era muy flaco y de casi dos metros de estatura, y se ponía encima de la máscara otra capucha de sudadera azul oscuro como de fraile loco. Y así lo llamaban: el Monje. Permanecía largo rato agachado y en trance. Debía ser de los más antiguos, pues Marina lo conocía muy bien y lo distinguía con sus cuidados. Él le llevaba regalos al regreso de sus descansos, y entre ellos un crucifijo de plástico que Marina llevaba colgado del cuello con la misma cinta ordinaria con que lo recibió. Sólo ella le había visto la cara, pues antes de que llegaran Maruja y Beatriz todos los guardianes andaban descubiertos y no hacían nada por ocultar su identidad. Marina lo interpretaba como un indicio de que no saldría viva de aquel encierro. Decía que era un adolescente apuesto, con los ojos más bellos que había visto, y Beatriz lo creía, porque sus pestañas eran tan largas y rizadas que se le salían por los huecos de la máscara. Era capaz de lo mejor y lo peor. Fue él quien descubrió que Beatriz llevaba una cadena con la medalla de la Virgen Milagrosa.

—Aquí están prohibidas las cadenas —le dijo—. Tiene que darme ésa.

Beatriz se defendió angustiada.

—Usted no puede quitármela —le dijo—. Eso sí sería de mal agüero, me pasará algo malo.

Él se contagió de su angustia. Le explicó que las medallas estaban prohibidas porque podían tener dentro mecanismos electrónicos para localizarlas a distancia. Pero encontró la solución:

—Hagamos una cosa —propuso—: quédese con la cadena, pero deme la medalla. Perdone usted, pero es la orden que me dieron.

Lamparón, por su lado, tenía la obsesión de que iban a matarlo, y sufría espasmos de terror. Oía ruidos fantásticos, inventó que tenía en la cara una cicatriz tremenda, tal vez para confundir a quienes trataran de identificarlo. Limpiaba con alcohol las cosas que tocaba para no dejar huellas digitales. Marina se burlaba de él, pero no lograba moderar sus delirios. De pronto despertaba en mitad de la noche. «¡Oigan! —susurraba aterrado—. ¡Ya viene la policía!» Una noche apagó la veladora, y Maruja se dio un golpe brutal con la puerta del baño. Estuvo a punto de perder el sentido. Encima de todo, Lamparón la regañó por no saber moverse en la oscuridad.

—Ya no joda más —lo plantó ella—. Esto no es una película de detectives.

También los guardianes parecían secuestrados. No podían moverse en el resto de la casa, y las horas del descanso las dormían en otro cuarto cerrado con candado para que no escaparan. Todos eran antioqueños rasos, conocían mal a Bogotá, y alguno contó que cuando salían del servicio, cada veinte o treinta días, los llevaban vendados o en el baúl del automóvil para que no supieran dónde estaban. Otro temía que lo mataran cuando ya no fuera necesario, para que se llevara sus secretos a la tumba. Sin ninguna regularidad aparecían jefes encapuchados y mejor vestidos, que recibían informes e impartían instrucciones. Sus decisiones eran imprevisibles, y las secuestradas y los guardianes, por igual, estaban a merced de ellos.

El desayuno de las rehenes llegaba a la hora menos pensada: café con leche y una arepa con una salchicha encima. Almorzaban frijoles o lentejas en un agua gris; pedacitos de carne en posos de grasa, una cucharada de arroz y una gaseosa. Tenían que comer sentadas en el colchón, pues no había una silla en el cuarto, y sólo con cuchara, pues cuchillos y tenedores estaban prohibidos por normas de seguridad. La cena se improvisaba con los frijoles recalentados y otras sobras del almuerzo.

Los guardianes decían que el dueño de casa, a quien llamaban el mayordomo, se quedaba con la mayor parte del presupuesto. Era un cuarentón robusto, de estatura media, cuya cara de fauno podía adivinarse por su dicción gangosa y los ojos inyectados y mal dormidos que se asomaban por los agujeros de la capucha. Vivía con una mujer chiquita, chillona, desarrapada y de dientes carcomidos. Se llamaba Damaris y cantaba salsa, vallenatos y bambucos durante todo el día con toda la voz y con un oído de artillero, pero con tanto entusiasmo, que era imposible no imaginarse que andaba bailando sola con su propia música por toda la casa.

Los platos, los vasos y las sábanas seguían usándose sin lavar hasta que las rehenes protestaban. El inodoro sólo podía desocuparse cuatro veces al día y permanecía cerrado los domingos en que salía la familia para evitar que el desagüe alertara a los vecinos. Los guardianes orinaban en el lavamanos o en el sumidero de la ducha. Damaris trataba de tapar su negligencia sólo cuando se anunciaba el helicóptero de los jefes, y lo hacía a toda prisa, con técnicas de bomberos, y lavando pisos y paredes con el chorro de la manguera. Veía las telenovelas todos los días hasta la una de la tarde, y a esa hora echaba en la olla de presión lo que tuviera que cocinar para el almuerzo —la carne, las legumbres, las papas, los frijoles, todo junto y revuelto— y la ponía al fuego hasta que sonaba el silbato.

Sus frecuentes peleas con el marido demostraban un poder de rabia y una imaginación para los improperios que a veces alcanzaba cumbres de inspiración. Tenían dos niñas, de nueve y siete años, que iban a una escuela cercana, y a veces invitaban a otros niños a ver la televisión o a jugar en el patio. La maestra los visitaba algunos sábados, y otros amigos más ruidosos llegaban cualquier día e improvisaban fiestas con música. Entonces cerraban con candado la puerta del cuarto y obligaban a apagar el radio, a ver la televisión sin sonido y a no ir al baño aun en casos de urgencia.

A finales de octubre, Diana Turbay observó que Azucena estaba preocupada y triste. Había pasado el día sin hablar y en ánimo de no compartir nada. No era raro: su fuerza de abstracción no era nada común, sobre todo cuando leía, y más aún si el libro era la Biblia. Pero su mutismo de entonces coincidía con un humor asustadizo y una palidez inusual. Puesta en confesión, le reveló a Diana que desde hacía dos semanas tenía el temor de estar encinta. Sus cuentas eran claras. Llevaba más de cincuenta días en cautiverio y dos fallas consecutivas. Diana dio un salto de alegría por la buena nueva —en una reacción típica de ella— pero se hizo cargo de la pesadumbre de Azucena.

En una de sus primeras visitas, don Pacho les había hecho la promesa de que saldrían el primer jueves de octubre. Les pareció cierto, porque hubo cambios notables: mejor trato, mejor comida, mayor libertad de movimientos. Sin embargo, siempre aparecía un pretexto para cambiar de fecha. Después del jueves anunciado les dijeron que serían libres el 9 de diciembre para celebrar la elección de la Asamblea Nacional Constituyente. Así siguieron con la Navidad, el Año Nuevo, el día de Reyes, o el cumpleaños de alguien, en un collar de aplazamientos que más bien parecían cucharaditas de consuelo.

Don Pacho siguió visitándolas en noviembre. Les

llevó libros nuevos, periódicos del día, revistas atrasadas y cajas de chocolate. Les hablaba de los otros secuestrados. Cuando Diana supo que no era prisionera del cura Pérez, se encarnizó en obtener una entrevista con Pablo Escobar, no tanto para publicarla —si era el caso— como para discutir con él las condiciones de su rendición. Don Pacho le contestó a fines de octubre que la solicitud estaba aprobada. Pero los noticieros del 7 de noviembre le dieron el primer golpe mortal a la ilusión: la transmisión del partido de fútbol entre el equipo de Medellín y el Nacional fue interrumpido para dar la noticia del secuestro de Maruja Pachón y Beatriz Villamizar.

Juan Vitta y Hero Buss la oyeron en su cárcel y les pareció la peor noticia. También ellos habían llegado a la conclusión de que no eran más que los extras de una película de horror. «Material de relleno», como decía Juan Vitta. «Desechables», como les decían los guardianes. Uno de éstos, en una discusión acalorada, le había gritado a Hero Buss:

—Usted cállese, que aquí no está ni invitado.

Juan Vitta sucumbió a la depresión, renunció a comer, durmió mal, perdió el norte, y optó por la solución compasiva de morirse una vez y no morirse millones de veces cada día. Estaba pálido, se le dormía un brazo, tenía la respiración difícil y el sueño sobresaltado. Sus únicos diálogos fueron entonces con sus parientes muertos que veía en carne y hueso alrededor de su cama. Alarmado, Hero Buss armó un escándalo alemán. «Si Juan se muere aquí los responsables son ustedes», les dijo a los guardianes. La advertencia fue atendida.

El médico que le llevaron fue el doctor Conrado Prisco Lopera, hermano de David Ricardo y Armando

Alberto Prisco Lopera —de la famosa banda de los Priscos— que trabajaban con Pablo Escobar desde sus inicios de traficante, y se les señalaba como los creadores del sicariato entre los adolescentes de la comuna nororiental de Medellín. Se decía que dirigían una banda de niños matones encargada de los trabajos más sucios, y entre éstos la custodia de los secuestrados. En cambio, el cuerpo médico tenía al doctor Conrado como un profesional honorable, y su única sombra era ser o haber sido el médico de cabecera de Pablo Escobar. Llegó a cara descubierta, y sorprendió a Hero Buss con un saludo en buen alemán:

—*Hallo Hero, wie geht's uns.*

Fue una visita providencial para Juan Vitta, no por el diagnóstico —estrés avanzado— sino por su pasión de lector. Lo único que le recetó fue un jarabe de buenas lecturas. Todo lo contrario de las noticias políticas del doctor Prisco Lopera que a los cautivos les sentaron como una pócima para matar al más sano.

El malestar de Diana se agravó en noviembre: dolor de cabeza intenso, cólicos espasmódicos, depresión severa, pero no hay indicios en su diario de que el médico la hubiera visitado. Pensó que tal vez fuera una depresión por la parálisis de su situación, que iba haciéndose más incierta a medida que se agotaba el año. «Aquí los tiempos corren distinto de lo que estamos acostumbrados a manejar —escribió—. No hay afanes para nada.» Una nota de esa época dio cuenta del pesimismo que la abrumaba: «He logrado hacer una revisión de lo que ha sido mi vida hasta hoy: ¡cuántos amores, cuánta inmadurez para tomar decisiones importantes, cuánto tiempo gastado en cosas que no han valido la pena!». Su profesión tuvo un lugar especial en ese drástico examen de conciencia: «Aunque tengo cada vez más firmes mis convicciones sobre lo que es y debe ser el ejercicio del periodismo, no veo con claridad mi espacio». Las dudas no salvaban ni a su propia revista, «que he visto tan pobre no sólo comercialmente sino editorialmente». Y sentenció con pulso firme: «Le falta profundidad y análisis».

Los días de todos los rehenes por separado se iban entonces en esperar a don Pacho, cuyas visitas siempre anunciadas y pocas veces cumplidas eran la medida del tiempo. Oían las avionetas y helicópteros que sobrevolaban la casa, y les dejaban la impresión de ser exploraciones de rutina. En cambio, cada sobrevuelo provocaba la movilización de los guardianes, que se aprestaban con sus armas de guerra en posición de combate. Los rehenes sabían, por anuncios reiterados, que en caso de un ataque armado los guardianes empezarían por matarlos a ellos.

A pesar de todo, noviembre terminó con alguna esperanza. Se disiparon las dudas que inquietaban a Azucena Liévano: sus síntomas eran un falso embarazo provocado tal vez por la tensión nerviosa. Pero no lo celebró. Al contrario: después del susto inicial, la idea de tener un hijo se le había convertido en una ilusión que se prometió revivir tan pronto como saliera libre. Diana, por su parte, vio signos de esperanza en declaraciones de los Notables sobre las posibilidades de un acuerdo.

El resto de noviembre había sido de acomodación para Maruja y Beatriz. Cada una a su modo se forjó una estrategia de supervivencia. Beatriz, que es valiente y de carácter, se refugió en el consuelo de minimizar la realidad. Soportó muy bien los primeros diez días, pero pronto tomó conciencia de que la situación era más compleja y azarosa, y se enfrentó de medio lado a la adversidad. Maruja, que es una analítica fría aun contra su optimismo casi irracional, se había dado cuenta desde el primer momento de que estaba frente a una realidad ajena a sus recursos, y que el secuestro sería largo y difícil. Se escondió dentro de sí misma como un caracol en su concha, ahorró energías, reflexionó a fondo, hasta que se acostumbró a la idea ineludible de que podía morir. «De aquí no salimos vivas», se dijo, y ella misma se sorprendió de que aquella revelación fatalista tuvo un efecto contrario. Desde entonces se sintió dueña de sí misma, y capaz de estar pendiente de todo y de todos, y de lograr por persuasión que la disciplina fuera menos rígida. Hasta la misma televisión se volvió insoportable desde la tercera semana del cautiverio, se acabaron los crucigramas y los pocos artículos legibles de las revistas de variedades que habían encontrado en el cuarto y que quizás fueran rezagos de algún secuestro anterior. Pero aun en sus días peores, como lo hizo siempre en la vida real, Maruja se reservó para ella unas dos horas diarias de soledad absoluta.

A pesar de todo, las primeras noticias de diciembre indicaban que había motivos para estar esperanzadas. Así como Marina hacía sus vaticinios terribles, Maruja empezó a inventar juegos de optimismo. Marina se agarró muy rápido: uno de los guardianes había levantado el pulgar en señal de aprobación, y eso quería decir que las cosas iban bien. Una vez Damaris no hizo el mercado, y eso lo interpretaron como una señal de que no lo necesitaban porque ya iban a ser liberadas. Jugaban a figurarse la manera como las iban a liberar y fijaban la fecha y el modo. Como vivían en las tinieblas se imaginaban que serían libres en un día de sol, y la fiesta la harían en la terraza del apartamento de Maruja. «¿Qué quieren comer?», preguntaba Beatriz. Marina, cocinera de buena mano, dictaba el menú de reinas. Empezaban en juego y terminaban de verdad, se arreglaban para salir, se pintaban unas a otras. El 9 de diciembre, que era una de las fechas anunciadas para la liberación con motivo de la elección de la Asamblea Constituyente, se quedaron listas, inclusive con la conferencia de prensa, en la que tenían preparadas cada una de las respuestas. El día pasó con ansiedad, pero terminó sin amargura, por la seguridad absoluta que tenía Maruja de que tarde o temprano, sin la mínima sombra de duda, serían liberadas por su marido.

4

De modo que el secuestro de los periodistas fue una reacción a la idea que atormentaba al presidente César Gaviria desde que era ministro de Gobierno de Virgilio Barco: cómo crear una alternativa jurídica a la guerra contra el terrorismo. Había sido un tema central de su campaña para la presidencia. Lo había recalcado en su discurso de posesión, con la distinción importante de que el terrorismo de los traficantes era un problema nacional, y podía tener una solución nacional, mientras que el narcotráfico era internacional y sólo podía tener soluciones internacionales. La prioridad era contra el narcoterrorismo, pues con las primeras bombas la opinión pública pedía la cárcel para los narcoterroristas, con las siguientes pedía la extradición, pero a partir de la cuarta bomba empezaba a pedir que los indultaran. También en ese sentido la extradición debía ser un instrumento de emergencia para presionar la entrega de los delincuentes, y Gaviria estaba dispuesto a aplicarla sin contemplaciones.

En los primeros días después de su posesión apenas si tuvo tiempo de conversarlo con nadie, agobiado por la organización del gobierno y la convocatoria de una Asamblea Nacional Constituyente que hiciera la primera reforma de fondo del Estado en los últimos cien años. Rafael Pardo compartía la inquietud sobre el terrorismo desde el asesinato de Luis Carlos Galán. Pero también él se encontraba arrastrado por los atafagos inaugurales. Su situación era peculiar. El nombramiento como consejero de Seguridad y Orden Público había sido uno de los primeros en un palacio de gobierno sacudido por los ímpetus renovadores de uno de los presidentes más jóvenes de este siglo, devorador de poesía y admirador de los Beatles, y con ideas de cambios de fondo a los que él mismo había bautizado con un nombre modesto: *El Revolcón*. Pardo andaba en medio de aquella ventisca con un maletín de papeles que llevaba a todas partes, y se acomodaba para trabajar donde podía. Su hija Laura creía que él se había quedado sin empleo porque no tenía horas de salida ni llegada en la casa. La verdad es que aquella informalidad forzada por las circunstancias estaba muy de acuerdo con el modo de ser de Rafael Pardo, que parecía más de poeta lírico que de funcionario de Estado. Tenía treinta y ocho años. Su formación académica era evidente y bien sustentada: bachiller en el Gimnasio Moderno de Bogotá, economista en la Universidad de los Andes, donde además fue maestro de economía e investigador durante nueve años, y postgraduado en Planeación en el Instituto de Estudios Sociales de la Haya, Holanda. Además era un lector algo delirante de cuanto libro encontraba a su paso, y en especial de dos especialidades distantes: poesía y seguridad. En aquel tiempo sólo tenía cuatro corbatas que le habían regalado en las cuatro Navidades anteriores, y no se las ponía por su gusto, sino que llevaba una en el bolsillo sólo para casos de emergencia. Combinaba pantalones con chaquetas sin tomar en cuenta pintas ni estilos, se ponía por distracción una media de un color y otra de otro, y siempre que podía andaba en mangas de camisa porque no hacía diferencia entre el frío y el calor. Sus orgías mayores eran partidas de póquer con su hija Laura hasta las dos de la madrugada, en silencio absoluto y con frijoles en vez de plata. Claudia, su bella y paciente esposa, se exasperaba porque andaba como sonámbulo por la casa, sin saber dónde estaban los vasos o cómo se cerraba una puerta o se sacaba el hielo de la nevera, y tenía la facultad casi mágica de no enterarse de las cosas que no soportaba. Con todo, su condición más rara era una impavidez de estatua que no dejaba ni el mínimo resquicio para imaginar lo que estaba pensando, y un talento inclemente para resolver una conversación con no más de cuatro palabras o ponerle término a una discusión frenética con un monosílabo lapidario.

Sin embargo, sus compañeros de estudio y de trabajo no entendían su desprestigio doméstico, pues lo conocían como un trabajador inteligente, ordenado y de una serenidad escalofriante, cuyo aire despistado les parecía más bien para despistar. Era irritable con los problemas fáciles y de una gran paciencia con las causas perdidas, y tenía un carácter firme apenas moderado por un sentido del humor imperturbable y socarrón. El presidente Virgilio Barco debió reconocer el lado útil de su hermetismo y su afición por los misterios, pues lo encargó de las negociaciones con la guerrilla y los programas de rehabilitación en zonas de conflicto, y con ese título logró los acuerdos de paz con el M-19. El presidente Gaviria, que competía con él en secretos de Estado y silencios insondables, le echó encima además los problemas de la seguridad y el orden público en uno de los países más inseguros y subvertidos del mundo. Pardo tomó posesión con toda su oficina en el maletín, y durante dos semanas más tenía que pedir permiso para usar el baño o el teléfono en oficinas ajenas. Pero el presidente lo consultaba a menudo sobre cualquier tema y lo escuchaba con una atención premonitoria en las reuniones difíciles. Una tarde se quedó solo con el presidente en su oficina, y éste le preguntó:

—Dígame una cosa, Rafael, ¿a usted no le preocupa que uno de esos tipos se entregue de pronto a la justicia y no tengamos ningún cargo contra él para ponerlo preso?

Era la esencia del problema: los terroristas acosados por la policía no se decidían a entregarse porque no tenían garantías para su seguridad personal ni la de sus familias, y el Estado, por su parte, no tenía pruebas para condenarlos si los capturaban. La idea era encontrar una fórmula jurídica para que se decidieran a confesar sus delitos a cambio de que el Estado les diera la seguridad para ellos y sus familias. Rafael Pardo había pensado el problema para el gobierno anterior, y todavía llevaba unas notas traspapeladas en el maletín cuando Gaviria le hizo la pregunta. Eran, en efecto, un principio de solución: quien se entregara a la justicia tendría una rebaja de la pena si confesaba un delito que permitiera procesarlo, y otra rebaja suplementaria por la entrega de bienes y dineros al Estado. Eso era todo, pero el presidente la vislumbró completa, pues coincidía con su idea de una estrategia que no fuera de guerra ni de paz sino de justicia, y que le quitara argumentos al terrorismo sin renunciar a la amenaza indispensable de la extradición.

El presidente Gaviria se la propuso a su ministro de Justicia, Jaime Giraldo Ángel. Éste captó la idea de inmediato, pues también él venía pensando desde hacía tiempo en una manera de judicializar el problema del narcotráfico. Además, ambos eran partidarios de la extradición de nacionales como un instrumento para forzar la rendición.

Giraldo Ángel, con su aire de sabio distraído, su precisión verbal y su habilidad de ordenógrafo prematuro, acabó de redondear la fórmula con ideas propias y otras ya establecidas en el Código Penal. Entre sábado y domingo redactó un primer borrador en su computadora portátil de reportero, y el lunes a primera hora se lo mostró al presidente todavía con tachaduras y enmiendas a mano. El título escrito a tinta en el encabezado era un embrión histórico: *Sometimiento a la justicia*.

Gaviria es muy meticuloso con sus proyectos, y no los llevaba a los Consejos de Ministros hasta no estar seguro de que serían aprobados. De modo que examinó a fondo el borrador con Giraldo Ángel y con Rafael Pardo, que no es abogado, pero cuyas pocas palabras suelen ser certeras. Luego mandó la versión más avanzada al Consejo de Seguridad, donde Giraldo Ángel encontró los apoyos del general Óscar Botero, ministro de la Defensa, y el director de Instrucción Criminal, Carlos Mejía Escobar, un jurista joven y efectivo que sería el encargado de manejar el decreto en la vida real. El general Maza Márquez no se opuso al proyecto, aunque consideraba que en la lucha contra el cartel de Medellín era inútil cualquier fórmula distinta de la guerra. «Este país no se arregla —solía decir— mientras Escobar no esté muerto.» Pues estaba convencido de que Escobar sólo se entregaría para seguir traficando desde la cárcel bajo la protección del gobierno.

El proyecto se presentó en el Consejo de Ministros con la precisión de que no se trataba de plantear una negociación con el terrorismo para conjurar una desgracia de la humanidad cuyos primeros responsables eran los países consumidores. Al contrario: se trataba de darle una mayor utilidad jurídica a la extradición en la lucha contra el narcotráfico, al incluir la no extradición como premio mayor en un paquete de incentivos y garantías para quienes se entregaran a la justicia.

Una de las discusiones cruciales fue la de la fecha límite para los delitos que los jueces deberían tomar en consideración. Esto quería decir que no sería amparado ningún delito cometido después de la fecha del decreto. El secretario general de la presidencia, Fabio Villegas, que fue el opositor más lúcido de la fecha límite, se fundaba en un argumento fuerte: al cumplirse el plazo para los delitos perdonables el gobierno se quedaría sin política. Sin embargo, la mayoría acordó con el presidente que por el momento no debían ir más lejos con el plazo fijo, por el riesgo cierto de que se convirtiera en una patente de corso para que los delincuentes siguieran delinquiendo hasta que decidieran entregarse.

Para preservar al gobierno de cualquier sospecha de negociación ilegal o indigna, Gaviria y Giraldo se pusieron de acuerdo en no recibir a ningún emisario directo de los Extraditables durante los procesos, ni negociar con ellos ni con nadie ningún caso de ley. Es decir, no discutir nada de principios, sino sólo asuntos operativos. El director nacional de Instrucción Criminal —que no depende del poder ejecutivo ni es nombrado por él— sería el encargado oficial de cualquier contacto con los Extraditables o sus representantes legales. Todos sus intercambios serían por escrito, y así quedarían consignados.

El proyecto del decreto se discutió con una diligencia febril y un sigilo nada común en Colombia, y se aprobó el 5 de setiembre de 1990. Ése fue el decreto de

Estado de Sitio 2047: quienes se entregaran y confesaran delitos podían obtener como beneficio principal la no extradición; quienes además de la confesión colaboraran con la justicia, tendrían una rebaja de la pena hasta una tercera parte por la entrega y la confesión, y hasta una sexta parte por colaboración con la justicia con la delación. En total: hasta la mitad de la pena impuesta por uno o todos los delitos por los cuales fuera solicitada la extradición. Era la justicia en su expresión más simple y pura: la horca y el garrote. El mismo Consejo de Ministros que firmó el decreto rechazó tres extradiciones y aprobó tres, como una notificación pública de que el nuevo gobierno sólo renunciaba a la extradición como un beneficio principal del decreto.

En realidad, más que un decreto suelto, era una política presidencial bien definida para la lucha contra el terrorismo en general, y no sólo contra el de los traficantes de droga, sino también contra otros casos de delincuencia común. El general Maza Márquez no expresó en los Consejos de Seguridad lo que en realidad pensaba del decreto, pero años más tarde —en su campaña electoral para la presidencia de la república— lo fustigó sin misericordia como «una falacia de este tiempo». «Con él se maltrata la majestad de la justicia —escribió entonces— y se echa por la borda la respetabilidad histórica del derecho penal.»

El camino fue largo y complejo. Los Extraditables —ya conocidos en el mundo como una razón social de Pablo Escobar— repudiaron el decreto de inmediato, aunque dejaron puertas entreabiertas para seguir peleando por mucho más. La razón principal era que no decía de una manera incontrovertible que no serían extraditados. Pretendían también que los consideraran delincuentes políticos, y les dieran en consecuencia el mismo tratamiento que a los guerilleros del M-19, que habían sido indultados y reconocidos como partido político. Uno de sus miembros era ministro de Salud, y todos participaban en la campaña de la Asamblea Nacional Constituyente. Otra de las preocupaciones de los Extraditables era una cárcel segura donde estar a salvo de sus enemigos, y garantías para la vida de sus familias y sus secuaces.

Se dijo que el gobierno había hecho el decreto como una concesión a los traficantes por la presión de los secuestros. En realidad, el proyecto estaba en proceso desde antes del secuestro de Diana, y ya había sido proclamado cuando los Extraditables dieron otra vuelta de tuerca con los secuestros casi simultáneos de Francisco Santos y Marina Montoya. Más tarde, cuando ocho rehenes no les alcanzaron para lograr lo que querían, secuestraron a Maruja Pachón y a Beatriz Villamizar. Ahí tenían el número mágico: nueve periodistas. Y además —condenada de antemano— la hermana de un político fugitivo de la justicia privada de Escobar. En cierto modo, antes de que el decreto demostrara su eficacia, el presidente Gaviria empezaba a ser víctima de su propio invento.

Diana Turbay Quintero tenía, como su padre, un sentido intenso y apasionado del poder y una vocación de liderazgo que determinaron su vida. Creció entre los grandes nombres de la política, y era difícil que desde entonces no fuera ésa su perspectiva del mundo. «Diana era un hombre de Estado —ha dicho una amiga que la comprendió y la quiso—. Y la más grande preocupación de su vida era una obstinada voluntad de servicio al país.» Pero el poder —como el amor— es de doble filo: se ejerce y se padece. Al tiempo que genera un estado de levitación pura, genera también su contrario: la búsqueda de una felicidad irresistible y fugitiva, sólo comparable a la búsqueda de un amor idealizado, que se ansía pero se teme, se persigue pero nunca se alcanza. Diana lo sufría con una voracidad insaciable de saberlo todo, de estar en todo, de descubrir el porqué y el cómo de las cosas, y la razón de su vida. Algunos que la trataron y la quisieron de cerca lo percibieron en las incertidumbres de su corazón, y piensan que muy pocas veces fue feliz.

No es posible saber —sin habérselo preguntado a ella— cuál de los dos filos del poder le causó sus peores heridas. Ella debió sentirlo en carne viva cuando fue secretaria privada y brazo derecho de su padre, a los veintiocho años, y quedó atrapada entre los vientos cruzados del poder. Sus amigos —incontables— han dicho que era una de las personas más inteligentes que han conocido, que tenía un grado de información insospechable, una capacidad analítica asombrosa y la facultad divina de percibir hasta las terceras intenciones de la gente. Sus enemigos dicen sin más vueltas que fue un germen de perturbación detrás del trono. Otros piensan, en cambio, que descuidó su propia suerte por el afán de preservar la de su padre por encima de todo y contra todos, y pudo ser un instrumento de áulicos y aduladores.

Había nacido el 8 de marzo de 1950, bajo el inclemente signo de Piscis, cuando su padre estaba ya en la línea de espera para la presidencia de la república. Fue un líder nato donde quiera que estuvo: en el Colegio Andino de Bogotá, en el Sacred Heart de Nueva York y en la Universidad de Santo Tomás de Aquino, también en Bogotá, donde terminó la carrera de derecho sin esperar el diploma.

El arribo tardío al periodismo —que por fortuna es el poder sin trono— debió ser para ella un reencuentro con lo mejor de sí misma. Fundó la revista *Hoy x Hoy* y el telediario *Criptón* como un camino más directo para trabajar por la paz. «Ya no estoy en trance de pelear con nadie ni tengo el ánimo de armarle broncas a nadie —dijo entonces—. Ahora soy totalmente conciliadora.» Tanto, que se sentó a conversar para la paz con Carlos Pizarro, comandante del M-19, que había disparado un cohete de guerra casi dentro del cuarto mismo donde se encontraba el presidente Turbay. La amiga que lo contó dice muerta de risa: «Diana entendió que la vaina era como un ajedrecista y no como un boxeador dándose golpes contra el mundo».

De modo que era apenas natural que su secuestro —además de su carga humana— tuviera un peso político difícil de manejar. El ex presidente Turbay había dicho en público y en privado que no tenía noticia alguna de los Extraditables, porque le pareció lo más prudente mientras no se supiera qué pretendían, pero en verdad había recibido un mensaje poco después del secuestro de Francisco Santos. Se lo había comunicado a Hernando Santos tan pronto como éste regresó de Italia, y lo invitó a su casa para diseñar una acción conjunta. Santos lo encontró en la penumbra de su biblioteca inmensa, abrumado por la certidumbre de que Diana y Francisco serían ejecutados. Lo que más le impresionó —como a todos los que vieron a Turbay en esa época— fue la dignidad con que sobrellevaba su desgracia.

La carta dirigida a ambos eran tres hojas escritas a mano en letras de imprenta, sin firma, y con una introducción sorprendente: «Reciban de nosotros los Extraditables un respetuoso saludo». Lo único que no permitía dudar de su autenticidad era el estilo conciso, directo y sin equívocos, propio de Pablo Escobar. Empezaba por reconocer el secuestro de los dos periodistas, los cuales, según la carta, se encontraban «en buen estado de salud y en las buenas condiciones de cautiverio que pueden considerarse normales en estos casos». El resto era un memorial de agravios por los atropellos de la policía. Al final planteaban los tres puntos irrenunciables para la liberación de los rehenes: suspensión total de los operativos militares contra ellos en Medellín y Bogotá; retiro del Cuerpo Élite, que era la unidad especial de la policía contra el narcotráfico; destitución de su comandante y veinte oficiales más, a quienes señalaban como autores de las torturas y el asesinato de unos cuatrocientos jóvenes de la comuna nororiental de Medellín. De no cumplirse estas condiciones, los Extraditables emprenderían una guerra de exterminio, con atentados dinamiteros en las grandes ciudades, y asesinatos de jueces, políticos y periodistas. La conclusión era simple: «Si viene un golpe de Estado, bien venido. Ya no tenemos mucho que perder».

La respuesta escrita y sin diálogos previos debía ser entregada en el término de tres días en el Hotel Intercontinental de Medellín, donde habría una habitación reservada a nombre de Hernando Santos. Los intermediarios para los contactos siguientes serían indicados por los mismos Extraditables. Santos adoptó la decisión de Turbay de no divulgar el mensaje ni ningún otro siguiente, mientras no tuvieran una noticia consistente. «No podemos prestarnos para llevar recados de nadie al presidente —concluyó Turbay— ni ir más allá de lo que el decoro nos permita.»

Turbay le propuso a Santos que cada uno por separado escribiera una respuesta, y que luego las fundieran en una carta común. Así se hizo. El resultado, en esencia, fue una declaración formal de que no tenían ningún poder para interferir los asuntos del gobierno, pero estaban dispuestos a divulgar toda violación de las leyes o de los derechos humanos que los Extraditables denunciaran con pruebas terminantes. En cuanto a los operativos de la policía, les recordaban que no tenían facultad ninguna para impedirlos, ni podían pretender que se destituyera sin pruebas a veinte oficiales acusados, ni escribir editoriales contra una situación que ignoraban.

Aldo Buenaventura, notario público, taurófilo febril desde sus años remotos del Liceo Nacional de Zipaquirá, viejo amigo de Hernando Santos y de su absoluta confianza, llevó la carta de respuesta. No acababa de ocupar la habitación 308, reservada en el Hotel Intercontinental, cuando lo llamaron por teléfono.

—¿Usted es el señor Santos?
—No —contestó Aldo—, pero vengo de parte de él.
—¿Me trajo el encargo?

La voz sonaba con tanta propiedad, que Aldo se preguntó si no sería Pablo Escobar en vivo y en directo, y le dijo que sí. Dos jóvenes con atuendos y modales de ejecutivos subieron al cuarto. Aldo les entregó la carta. Ellos le estrecharon la mano con una venia de cortesía, y se fueron.

Antes de una semana Turbay y Santos recibieron la visita del abogado antioqueño Guido Parra Montoya, con una nueva carta de los Extraditables. Parra no era un desconocido en los medios políticos de Bogotá, pero siempre parecía venir de las sombras. Tenía cuarenta y ocho años, había estado dos veces en la Cámara de Representantes como suplente de dos liberales, y una vez como principal por la Alianza Nacional Popular (Anapo), que dio origen al M-19. Fue asesor de la oficina jurídica de la presidencia de la república en el gobierno de

Carlos Lleras Restrepo. En Medellín, donde ejerció el derecho desde su juventud, fue arrestado el 10 de mayo de 1990 por sospechas de complicidad con el terrorismo, y liberado a las dos semanas por falta de méritos. A pesar de esos y otros tropiezos, se le consideraba como un jurista experto y buen negociador.

Sin embargo, como enviado confidencial de los Extraditables parecía difícil concebir a alguien menos indicado para pasar inadvertido. Era un hombre de los que toman en serio las condecoraciones. Vestía de gris platinado, que era el uniforme de los ejecutivos de entonces, con camisas de colores vivos y corbatas juveniles con nudos grandes a la moda italiana. Tenía maneras ceremoniosas y una retórica altisonante, y era, más que afable, obsequioso. Condición suicida si se quiere servir al mismo tiempo a dos señores. En presencia de un ex presidente liberal y del director del periódico más importante del país se le desbordó la elocuencia. «Ilustre doctor Turbay, mi distinguido doctor Santos, dispongan de mí para lo que quieran», dijo, e incurrió en un descuido de los que podían costar la vida:

—Soy el abogado de Pablo Escobar.

Hernando agarró al vuelo el error.

—¿Entonces la carta que nos trae es de él?

—No —remendó Guido Parra sin pestañear—: es de los Extraditables, pero la respuesta de ustedes debe ser para Escobar porque él podrá influir en la negociación.

La distinción era importante, porque Escobar no dejaba rastros para la justicia. En las cartas que podían comprometerlo, como las de negociaciones de secuestros, la escritura estaba disfrazada con letras de molde, y firmadas por los Extraditables o cualquier nombre de pila: Manuel, Gabriel, Antonio. En las que se erigía en acusador, en cambio, usaba su caligrafía natural un tanto pueril, y no sólo firmaba con su nombre y su rúbrica, sino que los remachaba con la huella del pulgar. En el tiempo de los secuestros de periodistas hubiera sido razonable poner en duda su misma existencia. Era posible que los Extraditables no fueran más que un seudónimo suyo, pero también era posible lo contrario: tal vez el nombre y la identidad de Pablo Escobar no fueran sino una advocación de los Extraditables.

Guido Parra parecía siempre preparado para ir más allá de lo que los Extraditables proponían por escrito. Pero había que leerlo con lupa. Lo que en realidad buscaba para su clientela era un tratamiento político similar al de las guerrillas. Además planteaba de frente la internacionalización del problema de los narcóticos con la propuesta de apelar a la participación de las Naciones Unidas. Sin embargo, ante la negativa rotunda de Santos y Turbay, les propuso diversas fórmulas alternativas. Así se inició un proceso tan largo como estéril, que terminaría por enredarse en un callejón sin salida.

Santos y Turbay hicieron contacto personal con el presidente de la república desde la segunda comunicación. Gaviria los recibió a las ocho y media de la noche en la salita de la biblioteca privada. Estaba más sereno que de costumbre, y con deseos de conocer noticias nuevas de los rehenes. Turbay y Santos lo pusieron al corriente de las dos cartas de ida y vuelta y de la mediación de Guido Parra.

—Mal enviado —dijo el presidente—. Muy inteligente, buen abogado, pero sumamente peligroso. Eso sí, tiene todo el respaldo de Escobar.

Leyó las cartas con la fuerza de concentración que impresionaba a todos: como si se hiciera invisible. Sus comentarios estaban listos y completos al terminar, y con las conjeturas pertinentes a las que no les sobraba una palabra. Les contó que ningún cuerpo de inteligencia tenía la menor idea de dónde podían tenerlos. Así que lo nuevo para el presidente fue la confirmación de que estaban en poder de Pablo Escobar.

Gaviria dio aquella noche una prueba de su maestría para poner todo en duda antes de adoptar una determinación final. Creía en la posibilidad de que las cartas fueran falsas, de que Guido Parra estuviera haciendo un juego ajeno, e inclusive de que todo fuera una jugada de alguien que no tenía nada que ver con Escobar. Sus interlocutores salieron menos alentados que cuando entraron, pues, al parecer, el presidente consideraba el caso como un grave problema de Estado con muy poco margen para sus sentimientos personales.

Una dificultad principal para un acuerdo era que Escobar iba cambiando las condiciones según la evolución de sus problemas, para demorar los secuestros y obtener ventajas adicionales e imprevistas, mientras la Asamblea Constituyente se pronunciaba sobre la extradición, y tal vez sobre el indulto. Esto nunca estuvo claro en la correspondencia astuta que Escobar mantenía con las familias de los secuestrados. Pero sí lo estaba en la muy secreta que mantenía con Guido Parra para instruirlo sobre el movimiento estratégico y las perspectivas a largo plazo de la negociación. «Es bueno que tú le transmitas todas las inquietudes a Santos para que esto no se nos enrede más —le decía en una carta—. Esto debido a que tiene que quedar escrito y decretado que no se nos extraditará en ningún caso y por ningún delito y a ningún país.» También exigía precisiones en el requisito de la confesión para la entrega. Otros dos puntos primordiales eran la vigilancia en la cárcel especial, y la seguridad de sus familias y sus secuaces.

La amistad de Hernando Santos con el ex presidente Turbay, que se había fundado siempre sobre una base política, se volvió entonces personal y entrañable. Podían permanecer muchas horas sentados el uno frente al otro en absoluto silencio. No pasaba un día sin que se intercambiaran por teléfono impresiones íntimas, suposiciones secretas, datos nuevos. Llegaron a elaborar todo un código cifrado para manejar noticias confidenciales.

No debió ser fácil. Hernando Santos es un hombre de responsabilidades descomunales, que con una sola palabra podría salvar o destruir una vida. Es emocional, de nervios crispados, y con una conciencia tribal que pesa mucho en sus determinaciones. Quienes convivieron con él durante el secuestro de su hijo temieron que no sobreviviera a la aflicción. No comió ni durmió una noche completa, se mantuvo siempre con el teléfono al alcance de su mano y le saltaba encima al primer timbrazo. Durante aquellos meses de dolores tuvo muy pocos momentos sociales, se sometió a un programa de ayuda siquiátrica para resistir la muerte del hijo, que creía inevitable, y vivió recluido en su oficina o en sus habitaciones, entregado al repaso de su estupenda colección de estampillas de correos y de cartas chamuscadas en accidentes aéreos. Su esposa, Elena Calderón, madre de sus siete hijos, había muerto siete años antes, y estaba realmente solo. Se le agravaron los problemas del corazón y la vista, y no hacía ningún esfuerzo por reprimir el llanto. Su mérito ejemplar en circunstancias tan dramáticas, fue mantener el periódico al margen de su tragedia personal.

Uno de sus soportes esenciales en aquella época amarga fue la fortaleza de su nuera María Victoria. El recuerdo que a ella le quedaba de los días inmediatos al secuestro era el de su casa invadida por parientes y amigos de su marido que tomaban whisky y café tirados por las alfombras hasta muy tarde en la noche. Hablaban siempre de lo mismo, mientras el impacto del secuestro y la imagen misma del secuestrado iban volviéndose cada vez más tenues. Cuando Hernando regresó de Italia fue directo a la casa de María Victoria, y la saludó con una emoción que acabó de desgarrarla, pero cuando tuvo que tratar algo confidencial sobre el secuestro le pidió dejarlo solo con los varones. María Victoria, que es de carácter fuerte y reflexiones maduras, tomó conciencia de haber sido siempre una cifra marginal en una familia de hombres. Lloró un día entero, pero salió fortalecida por la determinación de tener su identidad y su lugar en su casa. Hernando no sólo entendió sus razones, sino que se reprochó sus propios descuidos, y encontró en ella el mejor apoyo para sus penas. A partir de entonces mantuvieron un vínculo de confianza invencible, ya fuera en el trato directo, por teléfono, por escrito, por interpuesta persona, y hasta por telepatía, pues aun en los consejos de familia más intrincados les bastaba con mirarse para saber qué pensaban y qué debían decir. A ella se le ocurrieron muy buenas ideas, entre otras la de publicar en el periódico notas editoriales sin claves para compartir con Pacho noticias divertidas de la vida familiar.

Las víctimas menos recordadas fueron Liliana Rojas Arias —la esposa del camarógrafo Orlando Acevedo— y Martha Lupe Rojas —la madre de Richard Becerra—.

Aunque no eran amigas cercanas, ni parientas —a pesar del apellido—, el secuestro las volvió inseparables. «No tanto por el dolor —ha dicho Liliana— como por hacernos compañía.»

Liliana estaba amamantando a Erick Yesid, su hijo de año y medio, cuando le avisaron del noticiero *Criptón* que todo el equipo de Diana Turbay estaba secuestrado. Tenía veinticuatro años, se había casado hacía tres, y vivía en el segundo piso de la casa de sus suegros, en el barrio San Andrés, en el sur de Bogotá. «Es una muchacha tan alegre —ha dicho una amiga— que no merecía una noticia tan fea.» Y además de alegre, original, pues cuando se restableció del primer impacto puso al niño frente al televisor a la hora de los noticieros para que viera a su papá, y siguió haciéndolo sin falta hasta el final del secuestro.

Tanto a ella como a Martha Lupe les avisaron del noticiero que seguirían ayudándolas, y cuando el niño de Liliana se enfermó se hicieron cargo de los gastos. También las llamó Nydia Quintero para tratar de infundirles una tranquilidad que ella misma no tuvo nunca. Les prometió que toda gestión que hiciera ante el gobierno no sería sólo por su hija sino por todo el equipo, y que les transmitiría cualquier información que tuviera de los secuestrados. Así fue.

Martha Lupe vivía con sus dos hijas, que entonces tenían catorce y once años, y dependía de Richard. Cuando él se fue con el grupo de Diana le dejó dicho que era un viaje de tres días, de modo que después de la primera semana empezó a inquietarse. No cree que fuera una premonición, ha dicho, pero lo cierto es que llamaba al noticiero a cualquier hora, hasta que le dieron la noticia de que algo raro había sucedido. Poco después se hizo público que habían sido secuestrados. Desde entonces dejó el radio encendido todo el día, a la espera del regreso, y llamó al noticiero cada vez que el corazón se lo indicó. La inquietaba la idea de que su hijo era el más desvalido de los secuestrados. «Pero no podía hacer nada más que llorar y rezar», dice. Nydia Quintero la convenció de que había otras muchas cosas que hacer por la liberación. La invitaba a sus actos cívicos y religiosos, y le inculcó su espíritu de lucha. Liliana pensaba lo mismo de Orlando, y eso la encerró en un dilema: o bien podía ser el último ejecutado por ser el menos valioso, o bien podía ser el primero porque podría provocar la misma conmoción pública pero con menos consecuencias para los secuestradores. Este pensamiento la sumió en un llanto irresistible que se prolongó durante todo el secuestro. «Todas las noches, después de acostar al niño, me sentaba a llorar en la terraza mirando la puerta para verlo llegar», ha dicho. «Y así seguí durante noches y noches hasta que volví a verlo.»

A mediados de octubre, el doctor Turbay le pasó por teléfono a Hernando Santos uno de sus mensajes cifrados en su código personal. «Tengo unos periódicos muy buenos si te interesa la cosa de toros. Si quieres te los mando.» Hernando entendió que era una novedad importante sobre los secuestrados. Se trataba, en efecto, de una casete que llegó a casa del doctor Turbay, franqueada en Montería, con una prueba de supervivencia de Diana y sus compañeros, que la familia había pedido con insistencia desde hacía varias semanas. La voz era inconfundible: *Papito, es difícil enviarle un mensaje en estas condiciones pero después de solicitarlo mucho nos han permitido hacerlo.* Sólo una frase daba pistas para acciones futuras: *Vemos y oímos noticias permanentemente.*

El doctor Turbay decidió mostrarle el mensaje al presidente y tratar de obtener algún indicio nuevo. Gaviria los recibió justo al final de sus labores del día, siempre en la biblioteca de la casa privada, y estaba relajado y de una locuacidad poco frecuente. Cerró la puerta, sirvió whisky, y se permitió algunas confidencias políticas. El proceso de la entrega parecía estancado por la tozudez de los Extraditables, y el presidente estaba dispuesto a desencallarlo con algunas aclaraciones jurídicas en el decreto original. Había trabajado en eso toda la tarde, y confiaba en que se resolviera esa misma noche. Al día siguiente, prometió, les daría la buena noticia.

Al otro día volvieron, según lo acordado, y se encontraron con un hombre distinto, desconfiado y sombrío, con quien entablaron desde la primera frase una conversación sin porvenir. «Es un momento muy difícil —les dijo Gaviria—. He querido ayudarlos, y he estado haciéndolo dentro de lo posible, pero está llegando el momento en que no pueda hacer nada.» Era claro que algo esencial había cambiado en su ánimo. Turbay lo percibió al instante, y no habrían transcurrido diez minutos cuando se levantó del sillón con una calma solemne. «Presidente —le dijo sin una sombra de resentimiento—. Usted está procediendo como le toca, y nosotros como padres de familia. Lo entiendo y le suplico que no haga nada que le pueda crear un problema como jefe de Estado.» Y concluyó señalando con el dedo el sillón presidencial.

—Si yo estuviera sentado allí haría lo mismo.

Gaviria se levantó con una palidez impresionante y los despidió en el ascensor. Un edecán descendió con ellos y les abrió la puerta del automóvil en la plataforma de la casa privada. Ninguno habló, hasta que salieron a la prima noche de un octubre lluvioso y triste. El fragor del tráfico en la avenida les llegaba en sordina a través de los cristales blindados.

—Por este lado no hay nada que hacer —suspiró Turbay después de una larga meditación—. Entre anoche y hoy pasó algo que no puede decirnos.

Aquella dramática entrevista con el presidente determinó que doña Nydia Quintero apareciera en primer plano. Había sido esposa del ex presidente Turbay Ayala, tío suyo, con quien tuvo cuatro hijos, y entre ellos Diana, la mayor. Siete años antes del secuestro, su matrimonio con el ex presidente había sido anulado por la Santa Sede, y se casó en segundas nupcias con el parlamentario liberal Gustavo Balcázar Monzón. Por su experiencia de primera dama conocía los límites formales de un ex presidente, sobre todo en su trato con un antecesor. «Lo único que debía hacerse —había dicho Nydia— era hacerle ver al presidente Gaviria su obligación y sus responsabilidades.» De modo que fue eso lo que ella misma intentó, aunque sin muchas ilusiones.

Su actividad pública, aun desde antes de que se oficializara el secuestro, alcanzó proporciones increíbles. Había organizado la toma de los noticieros de radio y televisión en todo el país por grupos de niños que leían una solicitud de ruego para que liberaran a los rehenes. El 19 de octubre, «Día de la Reconciliación Nacional», había conseguido que se dijeran misas a las doce del día en ciudades y municipios para rogar por la concordia de los colombianos. En Bogotá el acto tuvo lugar en la plaza de Bolívar, y a la misma hora hubo manifestaciones de paz con pañuelos blancos en numerosos barrios, y se prendió una antorcha que se mantendría encendida hasta el regreso sanos y salvos de los rehenes. Por gestión suya los noticieros de televisión iniciaban sus emisiones con las fotos de todos los secuestrados, se llevaban las cuentas de los días de cautiverio, y se iban quitando los retratos correspondientes a medida que eran liberados. También por iniciativa suya se hacía un llamado por la liberación de los rehenes al iniciarse los partidos de fútbol en todo el país. La reina nacional de belleza en 1990, Maribel Gutiérrez, inició su discurso de agradecimiento con un llamado a la liberación de los secuestrados.

Nydia asistía a las juntas familiares de los otros secuestrados, escuchaba a los abogados, hacía gestiones secretas a través de la Fundación Solidaridad por Colombia que preside desde hace veinte años, y casi siempre se sintió dando vueltas alrededor de nada. Era demasiado para su carácter resuelto y apasionado, y de una sensibilidad casi clarividente. Estuvo pendiente de las gestiones de todos hasta que se dio cuenta de que estaban en un callejón sin salida. Ni Turbay, ni Hernando Santos, ni nadie de tanto peso podría presionar al presidente para que negociara con los secuestradores. Esta certidumbre le pareció definitiva cuando el doctor Turbay le contó el fracaso de su última visita al presidente. Entonces tomó la determinación de actuar por su cuenta, y abrió un segundo frente de rueda libre para buscar la libertad de su hija por el camino recto.

En esos días la Fundación Solidaridad por Colombia recibió en sus oficinas de Medellín una llamada anónima de alguien que decía tener noticias directas de Diana. Dijo que un antiguo compañero suyo en una finca cercana a Medellín le había puesto un papelito en la canasta de las verduras, en el cual le decía que Diana estaba allí. Que mientras veían el fútbol los guardianes de los secuestrados se ahogaban con cerveza hasta rodar por el suelo, sin ninguna posibilidad de reacción ante un operativo de rescate. Para mayor seguridad ofrecía mandar un croquis de la finca. Era un mensaje tan convincente que Nydia viajó a Medellín para responderlo. «Le pedí al informante —ha dicho— que no comentara con nadie su información y le hice ver el peligro para mi hija y aun para sus guardianes si alguien intentaba el rescate.»

La noticia de que Diana estaba en Medellín le sugirió la idea de hacer una visita a Martha Nieves y Angelita Ochoa, hermanas de Jorge Luis, Fabio y Juan David Ochoa, acusados éstos de tráfico de droga y enriquecimiento ilícito, y conocidos como amigos personales de Pablo Escobar. «Yo iba con el deseo vehemente de que me ayudaran en el contacto con Escobar», ha dicho Nydia, años después, evocando aquellos días amargos. Las Ochoa le hablaron de los atropellos que habían padecido sus familias por parte de la policía, la escucharon con interés y mostraron compasión por su caso, pero también le dijeron que no podían hacer nada ante Pablo Escobar.

Martha Nieves sabía lo que era el secuestro. Ella misma había sido secuestrada por el M-19 en 1981 para pedir a su familia un rescate de muchos ceros. Escobar reaccionó con la creación de un grupo brutal —Muerte a Secuestradores (MAS)— que logró su liberación al cabo de tres meses en una guerra sangrienta contra el M-19. Su hermana Angelita también se consideraba víctima de la violencia policial, y entre las dos hicieron un recuento agotador de los atropellos de la policía, de violaciones de domicilio, de atentados incontables a los derechos humanos.

Nydia no perdió el ímpetu de seguir luchando. En última instancia, quiso que al menos le llevaran una carta suya a Escobar. Había mandado una primera a través de Guido Parra, pero no obtuvo respuesta. Las hermanas Ochoa se negaron a enviar otra por el riesgo de que Escobar pudiera acusarlas más tarde de haberle causado algún perjuicio. Sin embargo, al final de la visita se habían vuelto sensibles a la vehemencia de Nydia, quien regresó a Bogotá con la certeza de haber dejado una puerta entreabierta en dos sentidos: una hacia la liberación de su hija y otra hacia la entrega pacífica de los tres hermanos Ochoa. Por eso le pareció oportuno informar de su gestión al presidente en persona.

La recibió en el acto. Nydia fue directo al grano con las quejas de las hermanas Ochoa sobre el comportamiento de la policía. El presidente la dejó hablar, y apenas si le hacía preguntas sueltas pero muy pertinentes. Su propósito evidente era no darles a las acusaciones la trascendencia que Nydia les daba. En cuanto a su propio caso, Nydia quería tres cosas: que liberaran a los secuestrados, que el presidente tomara las riendas para impedir un rescate que podría resultar funesto, y que ampliara el plazo para la entrega de los Extraditables. La única seguridad que le dio el presidente fue que ni en el caso de Diana ni en el de ningún otro secuestrado se intentaría un rescate sin la autorización de las familias.

—Ésa es nuestra política —le dijo.

Aun así, Nydia se preguntaba si el presidente habría tomado suficientes seguridades para que nadie lo intentara sin su autorización.

Antes de un mes volvió Nydia a conversar con las hermanas Ochoa, en casa de una amiga común. Visitó asimismo a una cuñada de Pablo Escobar, que le habló en extenso de los atropellos de que eran víctimas ella y sus hermanos. Nydia le llevaba una carta para Escobar, en dos hojas y media de tamaño oficio, casi sin márgenes, con una caligrafía florida y un estilo justo y expresivo logrado al cabo de muchos borradores. Su propósito atinado era llegar al corazón de Escobar. Empezaba por decir que no se dirigía al combatiente capaz de cualquier cosa por conseguir sus fines, sino a Pablo el hombre, «ese ser sensitivo, que adora a su madre y daría por ella su propia vida, al que tiene esposa y pequeños hijos inocentes e indefensos a quienes desea proteger». Se daba cuenta de que Escobar había apelado al secuestro de los periodistas para llamar la atención de la opinión pública en favor de su causa, pero consideraba que ya lo había logrado de sobra. En consecuencia —concluía la carta— «muéstrese como el ser humano que es, y en un acto grande y humanitario que el mundo entenderá, devuélvanos a los secuestrados».

La cuñada de Escobar parecía de verdad emocionada mientras leía. «Tenga la absoluta seguridad de que esta carta lo va a conmover muchísimo —dijo como para sí misma en una pausa—. Todo lo que usted está haciendo lo conmueve y eso redundará en favor de su hija.» Al final dobló otra vez la carta, la puso en el sobre y ella misma lo cerró.

—Váyase tranquila —le dijo a Nydia con una sinceridad que no dejaba dudas—. Pablo recibirá la carta hoy mismo.

Nydia regresó esa noche a Bogotá esperanzada con los resultados de la carta, y decidida a pedirle al presidente lo que el doctor Turbay no se había atrevido: una pausa en los operativos de la policía mientras se negociaba la liberación de los rehenes. Lo hizo, y Gaviria le dijo sin preámbulos que no podía dar esa orden. «Una cosa era que nosotros ofreciéramos una política de justicia como alternativa —dijo después—. Pero la suspensión de los operativos no habría servido para liberar a los secuestrados, sino para que no persiguiéramos a Escobar.»

Nydia sintió que estaba en presencia de un hombre de piedra al que no le importaba la vida de su hija. Tuvo que reprimir una oleada de rabia mientras el presidente le explicaba que el tema de la fuerza pública no era negociable, que ésta no tenía que pedir permiso para actuar ni podía darle órdenes para que no actuara dentro de los límites de la ley. La visita fue un desastre.

Ante la inutilidad de sus gestiones con el presidente de la república, Turbay y Santos habían decidido llamar a otras puertas, y no se les ocurrió otra mejor que los Notables. Este grupo estaba formado por los ex presidentes Alfonso López Michelsen y Misael Pastrana; el parlamentario Diego Montaña Cuéllar y el cardenal Mario Revollo Bravo, arzobispo de Bogotá. En octubre, los familiares de los secuestrados se reunieron con ellos en casa de Hernando Santos. Empezaron por contar las entrevistas con el presidente Gaviria. Lo único que en realidad le interesó de ellas a López Michelsen fue la posibilidad de reformar el decreto con precisiones jurídicas para abrir nuevas puertas a la política de sometimiento. «Hay que meterle cabeza», dijo. Pastrana se mostró partidario de buscar fórmulas para presionar la entrega. ¿Pero con qué armas? Hernando Santos le recordó a Montaña Cuéllar que él podía movilizar a favor la fuerza de la guerrilla.

Al cabo de un intercambio largo y bien informado, López Michelsen hizo la primera conclusión. «Vamos a seguirles el juego a los Extraditables», dijo. Y propuso, en consecuencia, hacer una carta pública para que se supiera que los Notables habían tomado la vocería de las familias de los secuestrados. El acuerdo unánime fue que la redactara López Michelsen.

A los dos días estaba listo el primer borrador que fue leído en una nueva reunión a la que asistió Guido Parra con otro abogado de Escobar. En ese documento estaba expuesta por primera vez la tesis de que el narcotráfico podía considerarse un delito colectivo, de carácter *sui generis*, que señalaba un camino inédito a la negociación. Guido Parra dio un salto.

—Un delito *sui generis* —exclamó maravillado—. ¡Eso es genial!

A partir de allí elaboró el concepto a su manera como un privilegio celestial en la frontera nebulosa del delito común y el delito político, que hacía posible el sueño de que los Extraditables tuvieran el mismo tratamiento político que las guerrillas. En la primera lectura cada uno puso algo suyo. Al final, uno de los abogados de Escobar solicitó que los Notables consiguieran una carta de Gaviria que garantizara la vida de Escobar de un modo expreso e inequívoco.

—Lo lamento —dijo Hernando Santos, escandalizado de la petición—, pero yo no me meto en eso.

—Muchísimo menos yo —dijo Turbay.

López Michelsen se negó de un modo enérgico. El abogado pidió entonces que le consiguieran una entrevista con el presidente para que les diera de palabra la garantía para Escobar.

—Ese tema no se trata aquí —concluyó López.

Antes de que los Notables se reunieran para redactar el borrador de su declaración, Pablo Escobar estaba ya informado de sus intenciones más recónditas. Sólo así se explica que le hubiera impartido orientaciones extremas a Guido Parra en una carta apremiante. «Te doy autonomía para que busques la forma de que los Notables te inviten al intercambio de ideas», le había escrito. Y enseguida enumeró una serie de decisiones ya tomadas por los Extraditables para anticiparse a cualquier iniciativa distinta.

La carta de los Notables estaba lista en veinticuatro horas, con una novedad importante con respecto a las gestiones anteriores: «Nuestros buenos oficios han adquirido una nueva dimensión que no se circunscribe a un rescate ocasional sino a la manera de alcanzar para todos los colombianos la paz global». Era una definición nueva que no podía menos que aumentar las esperanzas. Al presidente Gaviria le pareció bien, pero creyó pertinente establecer una separación de aguas para evitar cualquier equívoco sobre la posición oficial, e instruyó al ministro de Justicia para que emitiera una advertencia de que la política de sometimiento era la única del gobierno para la entrega de los terroristas.

A Escobar no le gustó ni una línea. Tan pronto como la leyó en la prensa el 11 de octubre, le mandó a Guido Parra una respuesta furibunda para que la hiciera circular en los salones de Bogotá. «La carta de los Notables es casi cínica —decía—. Que soltemos a los rehenes pronto porque el gobierno se demora para estudiar lo de nosotros. ¿Será que están creyendo que nos vamos a dejar engañar otra vez?» La posición de los Extraditables, decía, era la misma de la primera carta. «No tenía por qué cambiar, ya que no hemos obtenido respuestas positivas a las solicitudes de la primera misiva. Esto es un negocio y no un juego para saber quién es más vivo y quién es más bobo.»

La verdad era que ya para esa fecha Escobar estaba varios años luz adelante de los Notables. Su pretensión de entonces era que el gobierno le asignara un territorio propio y seguro —un campamento cárcel, como él decía— igual al que tuvo el M-19 mientras se terminaban los trámites de la entrega. Hacía más de una semana que había mandado a Guido Parra una carta detallada sobre la cárcel especial que quería para él. Decía que el lugar perfecto, a doce kilómetros de Medellín, era una finca de su propiedad que estaba a nombre de un testaferro y que el municipio de Envigado podía tomar en arriendo para acondicionarla como cárcel. «Como esto requiere gastos, los Extraditables pagarían una pensión de acuerdo a los costos», decía más adelante. Y terminaba con una parrafada despampanante: «Te estoy diciendo todo esto porque deseo que hables con el alcalde de Envigado y le digas que vas de mi parte y le explicas la idea. Pero yo quiero que hables con él para que saque una carta pública al ministro de Justicia diciéndole que él piensa que los Extraditables no se han acogido al 2047 porque temen por su seguridad, y que el municipio de Envigado, como contribución a la paz del pueblo de Colombia, está capacitado para organizar una cárcel especial que brinde protección y seguridad a la vida de quienes se entreguen. Háblales de frente y con claridad para que hablen con Gaviria y le propongan el campamento». El propósito declarado en la carta era obligar al ministro de Justicia a responder en público. «Yo sé que eso será una bomba», decía la carta de Escobar. Y terminaba con la mayor frescura: «Con esto los vamos llevando a lo que queremos».

Sin embargo, el ministro rechazó la oferta en los términos en que estaba planteada, y Escobar se vio obligado a bajar el tono con otra carta en la cual, por primera vez, ofrecía más de lo que exigía. A cambio del campamento cárcel prometía resolver los conflictos entre los distintos carteles, bandas y pandillas, asegurar la entrega de más de un centenar de traficantes conversos, y abrir por fin una trocha definitiva para la paz. «No estamos pidiendo ni indulto, ni diálogo ni nada de lo que ellos dicen que no pueden dar», decía. Era una oferta simple de rendición, «mientras todo el mundo en este país está pidiendo diálogo y trato político». Inclusive, menospreció hasta lo que le era más caro: «Yo no tengo problemas de extradición, pues sé que si me llegan a agarrar vivo me matan, como lo han hecho con todos».

Su táctica de entonces era cobrar con favores enormes el correo de los secuestrados. «Dile al señor Santos —decía en otra carta— que si quiere pruebas de supervivencia de Francisco, que publique primero el informe de America's Watch, una entrevista con Juan Méndez, su director, y un informe sobre las masacres, las torturas y las desapariciones en Medellín.» Pero ya para esas fechas Hernando Santos había aprendido a manejar la situación. Se daba cuenta de que aquel ir y venir de propuestas y contrapropuestas estaban causándole a él un gran desgaste, pero también a sus adversarios. Entre ellos, Guido Parra, que a fines de octubre estaba en un estado de nervios difícil de resistir. Su respuesta a Escobar fue que no publicaría ni una línea de nada ni volvería a recibir a su emisario mientras no tuviera una prueba terminante de que su hijo estaba vivo. Alfonso López Michelsen lo respaldó con la amenaza de renunciar a los Notables.

Fue efectivo. Al cabo de dos semanas Guido Parra le habló a Hernando Santos de alguna fonda de arrieros. «Llego por carretera con mi mujer, y estaré en su casa a las once —le dijo—. Le llevo el postre más delicioso, y usted no tiene idea lo que he gozado y lo que va a gozar usted.» Hernando se disparó pensando que le llevaba a Francisco. Pero era sólo su voz grabada en una minicasete. Necesitaron más de dos horas para oírla, porque no tenían el magnetófono apropiado, hasta que alguien descubrió que podían escucharlo en el contestador automático del teléfono.

Pacho Santos hubiera podido ser bueno para muchos oficios, menos para maestro de dicción. Quiere hablar a la misma velocidad de su pensamiento, y sus ideas son atropelladas y simultáneas. La sorpresa de aquella noche fue por lo contrario. Habló despacio, con voz impostada y una construcción perfecta. En realidad eran los dos mensajes —uno para la familia y otro para el presidente— que había grabado la semana anterior.

La astucia de los secuestradores de que Pacho grabara los titulares del periódico como prueba de la fecha de grabación, fue un error que Escobar no debió perdonarles. Al redactor judicial de *El Tiempo*, Luis Cañón, le dio en cambio la oportunidad de lucirse con un golpe de gran periodismo.

—Lo tienen en Bogotá —dijo.

En efecto, la edición que Pacho había leído tenía un titular de última hora que sólo había entrado en la edición local, cuya circulación estaba limitada al norte de la ciudad. El dato era de oro en polvo, y habría sido decisivo si Hernando Santos no hubiera sido contrario a un rescate armado.

Fue un instante de resurrección para él, sobre todo porque el contenido del mensaje le dio la certidumbre de que el hijo cautivo aprobaba su comportamiento en el manejo del secuestro. Además, en la familia se había tenido siempre la impresión de que Pacho era el más vulnerable de los hermanos por su temperamento fogoso y su ánimo inestable, y nadie podía imaginarse que estuviera en su sano juicio y con tanto dominio de sí mismo al cabo de sesenta días de cautiverio.

Hernando convocó a toda la familia en su casa y les hizo escuchar el mensaje hasta la luz del amanecer. Sólo Guido sucumbió en sus tormentos. Lloró. Hernando se le acercó a animarlo, y en el sudor de su camisa empapada reconoció el olor del pánico.

—Acuérdate que a mí no me va a matar la policía —le dijo Guido Parra a través de las lágrimas—. Me matará Pablo Escobar, porque ya sé demasiado.

María Victoria no se conmovió. Le parecía que Parra jugaba con los sentimientos de Hernando, que explotaba su debilidad y le concedía algo por un lado para sacarle más por el otro. Guido Parra debió percibirlo en algún momento de la noche, porque le dijo a Hernando: «Esa mujer es como un témpano».

En ese punto estaban las cosas el 7 de noviembre, cuando secuestraron a Maruja y a Beatriz. Los Notables se quedaron sin piso. El 22 de noviembre —tal como lo había anunciado— Diego Montaña Cuéllar planteó a sus compañeros de fórmula la liquidación del grupo, y éstos entregaron al presidente, en sesión solemne, sus conclusiones sobre las peticiones de fondo de los Extraditables.

Si el presidente Gaviria esperaba que el decreto de sometimiento provocara una rendición masiva e inmediata de los narcotraficantes, debió sufrir un desencanto. No fue así. Las reacciones de la prensa, de los medios políticos, de juristas distinguidos, y aun algunos planteamientos válidos de los abogados de los Extraditables, hicieron patente que el decreto 2047 debía ser reformado. Para empezar, dejaba demasiado abierta la posibilidad de que cualquier juez interpretara a su modo el manejo de la extradición. Otra falla era que las pruebas decisivas contra los narcos estaban en el exterior, pero todo el elemento de cooperación con los Estados Unidos se había vuelto crítico, y los plazos para obtenerlas eran demasiado estrechos. La solución —que no estaba en el decreto— era ensanchar los plazos y trasladarle a la presidencia de la república la responsabilidad de ser el interlocutor para traer las pruebas al país.

Tampoco Alberto Villamizar había encontrado en el decreto el apoyo decisivo que esperaba. Hasta ese momento, sus intercambios con Santos y Turbay y sus primeras reuniones con los abogados de Pablo Escobar le habían permitido formarse una idea global de la situación. Su impresión de primera vista fue que el decreto de sometimiento, acertado pero deficiente, le dejaba muy poco margen de acción para liberar a sus secuestradas. Mientras tanto, el tiempo pasaba sin ninguna noticia de ellas ni una ínfima prueba de supervivencia. Su única oportunidad para comunicarse había sido una carta enviada a través de Guido Parra, en la que les daba a ambas el optimismo y la seguridad de que él no volvería a hacer nada diferente de trabajar por liberarlas. «Yo sé que su situación es terrible pero esté tranquila», le escribió a Maruja.

La verdad era que Villamizar estaba en las tinieblas. Había agotado todas las puertas, y su único asidero en el largo noviembre era la promesa de Rafael Pardo de que el presidente estaba pensando en un decreto complementario y aclaratorio del 2047. «Eso ya está listo», le decía. Rafael Pardo pasaba por su casa casi todas las tardes y lo mantenía al corriente de sus gestiones, pero él mismo no estaba muy seguro de por dónde continuar. Su conclusión de las lentas conversaciones con Santos y Turbay era que las negociaciones estaban empantanadas. No creía en Guido Parra. Lo conocía desde sus merodeos por el congreso y le parecía oportunista y turbio. Sin embargo, buena o mala, era la única carta, y decidió jugársela a fondo. No había otra y el tiempo apremiaba.

A solicitud suya, el ex presidente Turbay y Hernando Santos citaron a Guido Parra, con la condición de que asistiera también el doctor Santiago Uribe, otro abogado de Escobar con una buena reputación de seriedad. Guido Parra inició la conversación con sus frases habituales de alto vuelo, pero Villamizar lo puso con los pies sobre la tierra desde la primera con un capotazo a la santandereana.

—A mí no me venga a hablar mierda —le dijo—. Vamos a lo que se trata. Usted tiene todo empantanado por andar pidiendo huevonadas y aquí no hay sino una vaina: simplemente, los tipos tienen que entregarse y confesar algún delito por el cual se les puedan meter doce años. Es lo que dice la ley y punto. A cambio de eso les dan una rebaja de penas y se les garantiza la vida. Lo demás son puras pendejadas suyas.

Guido Parra no tuvo ningún reparo para ponerse a tono.

—Mire, mi doctor —le dijo—, aquí lo que ocurre es que el gobierno dice que no los van a extraditar, todo el mundo lo dice, pero ¿dónde lo dice taxativamente el decreto?

Villamizar estuvo de acuerdo. Si el gobierno estaba diciendo que no iba a extraditar, puesto que ése era el sentido de la ley, la tarea era convencer al gobierno de que se corrigieran las ambigüedades. Lo demás —las interpretaciones amañadas del delito *sui generis*, o la negativa a confesar, o la inmoralidad de la delación— no era más que distracciones retóricas de Guido Parra. Pues era claro que para los Extraditables —como su propio nombre lo indicaba— la única exigencia real y perentoria en aquel momento era la de no ser extraditados. De modo que no le pareció imposible obtener esa precisión para el decreto. Pero antes le exigió a Guido Parra la misma franqueza y determinación que los Extraditables exigían. Quiso saber, primero, hasta dónde estaba Parra autorizado para negociar, y segundo, cuánto tiempo después de arreglado el decreto liberarían a los rehenes. Guido Parra fue formal.

—Veinticuatro horas después están fuera —dijo.
—Todos, por supuesto —dijo Villamizar.
—Todos.

5

Un mes después del secuestro de Maruja y Beatriz se había resquebrajado el régimen absurdo del cautiverio. Ya no pedían permiso para levantarse, y cada quien se servía su café o cambiaba los canales de televisión. Lo que se hablaba dentro del cuarto seguía siendo en susurros pero los movimientos se habían vuelto más espontáneos. Maruja no tenía que sofocarse con la almohada para toser, aunque tomaba las precauciones mínimas para que no la oyeran desde fuera. El almuerzo y la comida seguían iguales, con los mismos frijoles, las mismas lentejas, las mismas piltrafas de carne reseca y una sopa de paquete ordinario.

Los guardianes hablaban mucho entre ellos sin más precauciones que los susurros. Se intercambiaban noticias sangrientas, de cuánto habían ganado por cazar policías en las noches de Medellín, de sus proezas de machos y sus dramas de amor. Maruja había logrado convencerlos de que en el caso de un rescate armado era más realista que las protegieran para asegurarse al menos un tratamiento digno y un juicio compasivo. Al principio parecían indiferentes, pues eran fatalistas irredimibles, pero la táctica de ablandamiento logró que no mantuvieran encañonadas a sus cautivas mientras dormían, y que escondieran las armas envueltas en una bayetilla detrás del televisor. Esa dependencia recíproca, y el sufrimiento común, terminaron por imponer a las relaciones algunos visos de humanidad.

Maruja, por su temperamento, no se guardaba nada que pudiera amargarla. Se desahogaba con los guardianes, que estaban hechos para pelear, y los encaraba con una determinación escalofriante: «Máteme». Algunas veces se desahogó con Marina, cuyas complacencias con los guardianes la indignaban y cuyas fantasías apocalípticas la sacaban de quicio. A veces levantaba la vista, sin motivo alguno, y hacía un comentario desmoralizador o un vaticinio siniestro.

—Detrás de ese patio hay un taller para los automóviles de los sicarios —dijo alguna vez—. Allí están todos, de día y de noche, armados de escopetas, listos para venir a matarnos.

El tropiezo más grave, sin embargo, ocurrió una tarde en que Marina soltó sus improperios habituales contra los periodistas, porque no la mencionaron en un programa de televisión sobre los secuestrados.

—Todos son unos hijos de puta —dijo.

Maruja se le enfrentó.

—Eso sí que no —le replicó, enfurecida—. Respete.

Marina no replicó y más tarde, en un instante de sosiego, le pidió perdón. En realidad, estaba en un mundo aparte. Tenía unos sesenta y cuatro años, y había sido de una belleza notable, con unos hermosos ojos negros y grandes, y una cabellera plateada que conservaba su brillo aun en la desgracia. Estaba en los huesos. Cuando llegaron Beatriz y Maruja tenía casi dos meses de no hablar con nadie distinto de sus guardianes, y necesitó tiempo y trabajo para asimilarlas. El miedo había hecho estragos en ella: había perdido veinte kilos y su moral estaba por los suelos. Era un fantasma.

Se había casado muy joven con un quiropráctico muy bien calificado en el mundo deportivo, corpulento y de gran corazón, que la amó sin reservas y con el cual tuvo cuatro hijas y tres hijos. Era ella quien llevaba las riendas de todo, en su casa y en algunas ajenas, pues se sentía obligada a ocuparse de los problemas de una numerosa familia antioqueña. Era como una segunda madre de todos, tanto por su autoridad como por sus desvelos, pero además se ocupaba de cualquier extraño que le tocara el corazón.

Más por su independencia indomable que por necesidad, vendía automóviles y seguros de vida, y parecía capaz de vender todo lo que quisiera, sólo porque quería tener su plata para gastársela. Sin embargo, quienes la conocieron de cerca se dolían de que una mujer con tantas virtudes naturales estuviera al mismo tiempo bajo el sino de la desgracia. Su esposo se vio incapacitado durante casi veinte años por tratamientos siquiátricos, dos hermanos habían muerto en un terrible accidente de tránsito, otro fue fulminado por un infarto, otro aplastado por el poste de un semáforo en un confuso accidente callejero, y otro con vocación de andariego desapareció para siempre.

Su situación de secuestrada era insoluble. Ella misma compartía la idea generalizada de que sólo la habían secuestrado para tener un rehén de peso al que pudieran asesinar sin frustrar las negociaciones de la entrega. Pero el hecho de que llevara sesenta días en capilla tal vez le permitía pensar que sus verdugos vislumbraban la posibilidad de obtener algún beneficio a cambio de su vida.

Llamaba la atención, sin embargo, que aun en sus peores momentos pasaba largas horas ensimismada en el cuidado meticuloso de las uñas de sus manos y sus pies. Las limaba, las pulía, las brillaba con esmalte de color natural, de modo que parecían ser de una mujer más joven. Igual atención ponía en depilarse las cejas y las piernas. Una vez superados los escollos iniciales, Maruja y Beatriz le ayudaban. Aprendieron a manejarla. Con Beatriz sostenía conversaciones interminables sobre gente bien y mal querida, en unos cuchicheos interminables que exasperaban hasta a los guardianes. Maruja trataba de consolarla. Ambas se dolían de ser las únicas que la sabían viva, aparte de sus carceleros, y no podían contárselo a nadie.

Uno de los pocos alivios de esa época fue el regreso sorpresivo del jefe enmascarado que las había visitado el primer día. Volvió alegre y optimista, con la noticia de que podían ser liberadas antes del 9 de diciembre, fecha prevista para la elección de la Asamblea Constituyente. La noticia tuvo un significado muy especial para Maruja, pues en esa fecha era su cumpleaños, y la idea de pasarla en familia le infundió un júbilo prematuro. Pero fue una ilusión efímera: una semana después, el mismo jefe les dijo que no sólo no serían liberadas el 9 de diciembre, sino que el secuestro iba para largo: ni en Navidad ni en Año Nuevo. Fue un golpe rudo para ambas. Maruja sufrió un principio de flebitis que le causaba fuertes dolores en las piernas. Beatriz tuvo una crisis de asfixia y le sangró la úlcera gástrica. Una noche, enloquecida por el dolor, le suplicó a Lamparón que hiciera una excepción en las reglas del cautiverio y le permitiera ir al baño a esa hora. Él la autorizó después de mucho pensarlo, con la advertencia de que corría un riesgo grave. Pero fue inútil. Beatriz prosiguió con un llantito de perro herido, sintiéndose morir, hasta que Lamparón se apiadó de ella y le consiguió con el mayordomo una dosis de buscapina.

A pesar de los esfuerzos que habían hecho hasta entonces, las rehenes no tenían indicios confiables de dónde se encontraban. Por el temor de los guardianes a que los oyeran los vecinos, y por los ruidos y voces que llegaban del exterior, pensaban que era un sector urbano. El gallo loco que cantaba a cualquier hora del día o de la noche podía ser una confirmación, porque los gallos encerrados en pisos altos suelen perder el sentido del tiempo. Con frecuencia oían distintas voces que gritaban muy cerca un mismo nombre: «Rafael». Los aviones de corto vuelo pasaban rasantes y el helicóptero seguía llegando tan cerca que lo sentían encima de la casa. Marina insistía en la versión nunca probada del alto oficial del ejército que vigilaba la marcha del secuestro. Para Maruja y Beatriz era una fantasía más, pero cada vez que llegaba el helicóptero las normas militares del cautiverio recuperaban su rigor: la casa en orden como un cuartel, la puerta cerrada por dentro con falleba y por fuera con candado; los susurros, las armas siempre listas, y la comida un poco menos infame.

Los cuatro guardianes que habían estado con ellas desde el primer día fueron reemplazados por otros cuatro a principios de diciembre. Entre ellos, uno distinto y extraño, que parecía sacado de una película truculenta. Lo llamaban el Gorila, y en verdad lo parecía: enorme, de una fortaleza de gladiador y con la piel negra retinta, cubierta de vellos rizados. Su voz era tan estentórea que no lograba dominarla para susurrar, y nadie se atrevió a exigírselo. Era patente el sentimiento de inferioridad de los otros frente a él. En vez de los pantalones cortos de todos usaba una trusa de gimnasta. Tenía el pasamontañas y una camiseta apretada que mostraba el torso perfecto con la medalla del Divino Niño en el cuello, unos brazos hermosos con un cintillo brasileño en el pulso para la buena suerte y las manos enormes con las líneas del destino como grabadas a fuego vivo en las palmas descoloridas. Apenas si cabía en el cuarto, y cada vez que se movía dejaba a su paso un rastro de desorden. Para las rehenes, que habían aprendido a manejar los anteriores, fue una mala visita. Sobre todo para Beatriz, que se ganó su odio de inmediato.

El signo común de los guardianes, como el de las rehenes, por aquellos días era el aburrimiento. Como preludio de los jolgorios de Navidad, los dueños de casa hicieron una novena con algún párroco amigo, inocente o cómplice. Rezaron, cantaron villancicos a coro, repartieron dulces a los niños y brindaron con el vino de manzana que era la bebida oficial de la familia. Al final exorcizaron la casa con aspersiones de agua bendita. Necesitaron tanta, que la llevaron en galones de petróleo. Cuando el sacerdote se fue, la mujer entró en el cuarto y roció el televisor, los colchones, las paredes. Las tres rehenes, tomadas de sorpresa, no supieron qué hacer. «Es agua bendita —decía la mujer mientras rociaba con la mano—. Ayuda a que no nos pase nada.» Los guardianes se persignaron, cayeron de rodillas y recibieron el chaparrón purificador con una unción angelical.

Ese ánimo de rezo y parranda, tan propio de los antioqueños, no decayó en ningún momento de diciembre. Tanto, que Maruja había tomado precauciones para que los secuestradores no supieran que el 9 era el día de su cumpleaños: cincuenta y tres del alma. Beatriz se había comprometido a guardar el secreto, pero los carceleros se enteraron por un programa especial de televisión que los hijos de Maruja le dedicaron la víspera.

Los guardianes no ocultaban la emoción de sentirse

de algún modo dentro de la intimidad del programa. «Doña Maruja —decía uno—, cómo es de joven el doctor Villamizar, cómo está de bien, cómo la quiere.» Esperaban que Maruja les presentara a alguna de las hijas para salir con ellas. De todos modos, ver aquel programa en el cautiverio era como estar muertos y ver la vida desde el otro mundo sin participar en ella y sin que los vivos lo supieran. El día siguiente, a las once de la mañana y sin ningún anuncio, el mayordomo y su mujer entraron en el cuarto con una botella de champaña criolla, vasos para todos, y una tarta que parecía cubierta de pasta dentífrica. Felicitaron a Maruja con grandes manifestaciones de afecto y le cantaron el *Happy birthday*, a coro con los guardianes. Todos comieron y bebieron, y dejaron a Maruja con un conflicto de sentimientos cruzados.

Juan Vitta despertó el 26 de noviembre con la noticia de que saldría libre por su mal estado de salud. Lo paralizó el terror, pues justo en esos días se sentía mejor que nunca, y pensó que el anuncio era una triquiñuela para entregarle el primer cadáver a la opinión pública. De modo que cuando el guardián le anunció, horas después, que se preparara para ser libre, sufrió un ataque de pánico. «A mí me hubiera gustado morirme por mi cuenta —ha dicho— pero si mi destino era ése yo tenía que asumirlo.» Le ordenaron afeitarse y ponerse ropa limpia, y él lo hizo con la certidumbre de que estaba vistiéndose para su funeral. Le dieron las instrucciones de lo que tenía que hacer una vez libre, y sobre todo de la forma en que debía embrollar las entrevistas de prensa de modo que la policía no dedujera pistas para intentar operativos de rescate. Poco después del mediodía le dieron unas vueltas en automóvil por sectores intrincados de Medellín, y lo soltaron sin ceremonias en una esquina.

Luego de esta liberación, a Hero Buss volvieron a mudarlo solo a un buen barrio, frente a una escuela de aeróbicos para señoritas. El dueño de la casa era un mulato parrandero y gastador. Su mujer, de unos treinta y cinco años y encinta de siete meses, se adornaba desde el desayuno con joyas caras y demasiado visibles. Tenían un hijo de pocos años que vivía con la abuela en otra casa, y su dormitorio lleno de toda clase de juguetes mecánicos fue ocupado por Hero Buss. Éste, por la forma en que lo adoptaron en familia, se preparó para un largo encierro.

Los dueños de casa debieron pasarlo bien con aquel alemán como los de las películas de Marlene Dietrich, con dos metros de alto y uno de ancho, adolescente a los cincuenta años, con un sentido del humor a prueba de acreedores y un español sofrito en la jerga caribe de Carmen Santiago, su esposa. Había corrido riesgos graves como corresponsal de prensa y radio alemanas en América Latina, inclusive bajo el régimen militar de Chile, donde vivió una noche en vela con la amenaza de ser fusilado al amanecer. De modo que tenía ya el pellejo bien curtido como para disfrutar el lado folclórico de su secuestro.

No era para menos, en una casa donde cada cierto tiempo llegaba un emisario con las alforjas llenas de billetes para los gastos, y sin embargo estaban siempre en apuros. Pues los dueños se apresuraban a gastarse todo en parrandas y chucherías, y en pocos días no les quedaba ni con qué comer. Los fines de semana hacían fiestas y comilonas de hermanos, primos y amigos íntimos. Los niños se tomaban la casa. El primer día se emocionaron al reconocer al gigante alemán que trataban como a un artista de telenovela, de tanto haberlo visto en la televisión. No menos de treinta personas ajenas al secuestro le pidieron fotos y autógrafos, comieron y hasta bailaron con él a cara descubierta en aquella casa de locos donde vivió hasta el final del cautiverio.

Las deudas acumuladas terminaban por enloquecer a los dueños, y tenían que empeñar el televisor, el betamax, el tocadiscos, lo que fuera, para alimentar al secuestrado. Las joyas de la mujer iban desapareciendo del cuello, de los brazos y las orejas, hasta que no le quedaba una encima. Una madrugada, el hombre despertó a Hero Buss para que le prestara dinero, porque los dolores de parto de la esposa lo habían sorprendido sin un céntimo para pagar el hospital. Hero Buss le prestó sus últimos cincuenta mil pesos.

Lo liberaron el 11 de diciembre, quince días después de Juan Vitta. Le habían comprado para la ocasión un par de zapatos que no le sirvieron porque él calzaba del número cuarenta y seis y el más grande que encontraron después de mucho buscar era del número cuarenta y cuatro. Le compraron un pantalón y una camiseta de dos tallas menos porque había bajado dieciséis kilos. Le devolvieron el equipo de fotografía y el maletín con sus libretas de apuntes escondidas en el forro, y le pagaron los cincuenta mil pesos del parto y otros quince mil que les había prestado antes para reponer la plata que se robaban del mercado. Le ofrecieron mucho más, pero lo único que él les pidió fue que le consiguieran una entrevista con Pablo Escobar. Nunca le contestaron.

La pandilla que lo acompañó en los últimos días lo sacó de la casa en un automóvil particular, y al cabo de muchas vueltas para despistar por los mejores barrios de Medellín lo dejaron con su equipaje a cuestas a media cuadra del periódico *El Colombiano*, con un comunicado en el cual los Extraditables hacían un reconocimiento a su lucha por la defensa de los derechos humanos en Colombia y en varios países de América Latina, y reiteraban la determinación de acogerse a la política de sometimiento sin más condiciones que las garantías judiciales de seguridad para ellos y sus familias. Periodista hasta el final, Hero Buss le dio su cámara al primer peatón que pasó y le pidió que le hiciera la foto de la liberación.

Diana y Azucena se enteraron por la radio, y sus guardianes les dijeron que serían las próximas. Pero se lo habían dicho tanto que ya no lo creían. En previsión de que fuera liberada sólo una, cada una escribió una carta para sus familias para mandarla con la que saliera. Nada ocurrió para ellas desde entonces, nada volvieron a saber hasta dos días después —al amanecer del 13 de diciembre— cuando Diana fue despertada por susurros y movimientos raros en la casa. El pálpito de que iban a liberarlas la hizo saltar de la cama. Alertó a Azucena, y antes de que nadie les anunciara nada empezaron a preparar el equipaje.

Tanto Diana en su diario, como Azucena en el suyo, contaron aquel instante dramático. Diana estaba en la ducha cuando uno de los guardianes le anunció a Azucena sin ninguna ceremonia que se alistara para irse. Sólo ella. En el libro que publicaría poco después, Azucena lo relató con una sencillez admirable.

«Me fui al cuarto y me puse la muda de regreso que tenía lista en la silla mientras doña Diana continuaba en el baño. Cuando salió y me vio, se paró, me miró, y me dijo:

»—¿Nos vamos, Azu?

»Los ojos le brillaban y esperaban una respuesta ansiosa. Yo no podía decirle nada. Agaché la cabeza, respiré profundo y dije:

»—No. Me voy yo sola.

»—Cuánto me alegro —dijo Diana—. Yo sabía que iba a ser así.»

Diana anotó en su diario: «Sentí una punzada en el corazón, pero le dije que me alegraba por ella, que se fuera tranquila». Le entregó a Azucena la carta para Nydia que había escrito a tiempo para el caso de que no la liberaran a ella. En esa carta le pedía que celebrara la Navidad con sus hijos. Como Azucena lloraba, la abrazó para sosegarla. Luego la acompañó hasta el automóvil y allí se abrazaron otra vez. Azucena se volvió a mirarla a través del cristal, y Diana le dijo adiós con la mano.

Una hora después, en el automóvil que la llevaba al aeropuerto de Medellín para volar a Bogotá, Azucena oyó que un periodista de radio le preguntaba a su esposo qué estaba haciendo cuando conoció la noticia de la liberación. Él contestó la verdad:

—Estaba escribiendo un poema para Azucena.

Así se les cumplió a ambos el sueño de estar juntos el 16 de diciembre para celebrar sus cuatro años de casados.

Richard y Orlando, por su parte, cansados de dormir por los suelos en el calabozo pestilente, convencieron a sus guardianes de que los cambiaran de cuarto. Los pasaron al dormitorio donde habían tenido al mulato esposado, del cual no habían vuelto a tener noticias. Descubrieron con espanto que el colchón de la cama tenía grandes manchas de sangre reciente que bien podían ser de torturas lentas o de puñaladas súbitas.

Por la televisión y la radio se habían enterado de las liberaciones. Sus guardianes les habían dicho que los próximos serían ellos. El 17 de diciembre, muy temprano, un jefe al que conocían como el Viejo —y que resultó ser el mismo don Pacho encargado de Diana— entró sin tocar en el cuarto de Orlando.

—Póngase decente porque ya se va —le dijo.

Apenas pudo afeitarse y vestirse, y no tuvo tiempo de avisarle a Richard en la misma casa. Le dieron un comunicado para la prensa, le pusieron unas gafas de alta graduación, y el Viejo, solo, le dio las vueltas rituales por distintos barrios de Medellín y lo dejó con cinco mil pesos para el taxi en una glorieta que no identificó, porque conocía muy mal la ciudad. Eran las nueve de la mañana de un lunes fresco y diáfano. Orlando no podía creerlo: hasta ese momento —mientras hacía señales inútiles a los taxis ocupados— estuvo convencido de que a sus secuestradores les resultaba más barato matarlo que correr el riesgo de soltarlo vivo. Desde el primer teléfono que encontró llamó a su esposa.

Liliana estaba bañando al niño y corrió a contestar con las manos enjabonadas. Oyó una voz extraña y tranquila:

—Flaca, soy yo.

Ella pensó que alguien quería tomarle el pelo y estaba a punto de colgar cuando reconoció la voz. «¡Ay, Dios mío!», gritó. Orlando tenía tanta prisa, que sólo alcanzó a decirle que todavía estaba en Medellín y que llegaría esa tarde a Bogotá. Liliana no tuvo un instante de sosiego el resto del día por la preocupación de no haber reconocido la voz del esposo. Juan Vitta le había dicho cuando lo liberaron que Orlando estaba tan cambiado por el cautiverio que costaba trabajo reconocerlo, pero nunca pensó que el cambio fuera hasta en la voz. Su impresión fue más grande aún esa tarde en el aeropuerto, cuando se abrió camino a través del tropel de los periodistas y no reconoció al hombre que la besó. Pero era Orlando al cabo de cuatro meses de cautiverio, gordo, pálido y con un bigote retinto y áspero. Ambos por separado habían decidido tener el segundo hijo tan pronto como se encontraran. «Pero había tanta gente alrededor que no pudimos esa noche», ha dicho Liliana muerta de risa. «Ni el otro día tampoco por el susto.» Pero recuperaron bien las horas perdidas: nueve meses después del tercer día tuvieron otro varón, y el año siguiente un par de gemelos.

La racha de liberaciones —que fue un soplo de optimismo para los otros rehenes y sus familias— acabó de convencer a Pacho Santos de que no había ningún indicio razonable de que algo avanzara en favor suyo. Pensaba que Pablo Escobar no había hecho más que quitarse el estorbo de las barajas menores para presionar el indulto y la no extradición en la Constituyente, y se quedó con tres ases: la hija de un ex presidente, el hijo del director del periódico más importante del país, y la cuñada de Luis Carlos Galán. Beatriz y Marina, en cambio, sintieron renacer la esperanza, aunque Maruja prefirió no engañarse con interpretaciones ligeras. Su ánimo andaba decaído, y la cercanía de la Navidad acabó de postrarlo. Detestaba las fiestas obligatorias. Nunca hizo pesebres ni árboles de Navidad, ni repartió regalos ni tarjetas, y nada la deprimía tanto como las parrandas fúnebres de la Nochebuena en las que todo el mundo canta porque está triste o llora porque es feliz. El mayordomo y su mujer prepararon una cena abominable. Beatriz y Marina hicieron un esfuerzo por participar, pero Maruja se tomó dos barbitúricos arrasadores y despertó sin remordimientos.

El miércoles siguiente el programa semanal de Alexandra estuvo consagrado a la noche de Navidad en la casa de Nydia, con la familia Turbay completa en torno del ex presidente; con familiares de Beatriz, y Maruja y Alberto Villamizar. Los niños estaban en primer término: los dos hijos de Diana y el nieto de Maruja —hijo de Alexandra—. Maruja lloró de emoción, pues la última vez que lo había visto apenas balbucía algunas palabras y ya era capaz de expresarse. Villamizar explicó al final, con voz pausada y muchos detalles, el curso y el estado de sus gestiones. Maruja resumió el programa con una frase justa: «Fue muy lindo y tremendo».

El mensaje de Villamizar le levantó los ánimos a Marina Montoya. Se humanizó de pronto y reveló la grandeza de su corazón. Con un sentido político que no le conocían empezó a oír y a interpretar las noticias con gran interés. Un análisis de los decretos la llevó a la conclusión de que las posibilidades de ser liberadas eran mayores que nunca. Su salud empezó a mejorar hasta el punto de que menospreció las leyes del encierro y hablaba con su voz natural, bella y bien timbrada.

El 31 de diciembre fue su noche grande. Damaris llevó el desayuno con la noticia de que celebrarían el Año Nuevo con una fiesta en regla, con champaña criolla y un pernil de cerdo. Maruja pensó que aquélla sería la noche más triste de su vida, por primera vez lejos de su familia, y se hundió en la depresión. Beatriz acabó de derrumbarse. Los ánimos de ambas estaban para todo menos para fiestas. Marina, en cambio, recibió la noticia con alborozo, y no ahorró argumentos para darles ánimos. Inclusive a los guardianes.

—Tenemos que ser justas —les dijo a Maruja y a Beatriz—. También ellos están lejos de su familia, y a nosotras lo que nos toca es hacerles su Año Nuevo lo más grato que se pueda.

Le habían dado tres camisas de dormir la noche en que la secuestraron, pero sólo había usado una, y guardaba las otras en su talego personal. Más tarde, cuando llevaron a Maruja y a Beatriz, las tres usaban sudaderas deportivas como un uniforme de cárcel, que lavaban cada quince días.

Nadie volvió a acordarse de las camisas hasta la tarde del 31 de diciembre, cuando Marina dio un paso más en su entusiasmo. «Les propongo una cosa —les dijo—: Yo tengo aquí tres camisas de dormir que nos vamos a poner para que nos vaya bien el resto del año entrante.» Y le preguntó a Maruja:

—A ver, mijita, ¿qué color quiere?

Maruja dijo que a ella le daba lo mismo. Marina decidió que le iba mejor el color verde. A Beatriz le dio la camisa rosa y se reservó la blanca para ella. Luego sacó del bolso una cajita de cosméticos y propuso que se maquillaran unas a otras. «Para lucir bellas esta noche», dijo. Maruja, que ya tenía bastante con el disfraz de las camisas, la rechazó con un humor agrio.

—Yo llego hasta ponerme la camisa de dormir —dijo—. Pero estar aquí pintada como una loca, ¿en este estado? No, Marina, eso sí que no.

Marina se encogió de hombros.

—Pues yo sí.

Como no tenían espejo, le dio a Beatriz los útiles de belleza, y se sentó en la cama para que la maquillara. Beatriz lo hizo a fondo y con buen gusto, a la luz de la veladora: un toque de colorete para disimular la palidez mortal de la piel, los labios intensos, la sombra de los párpados. Ambas se sorprendieron de cuán bella podía ser todavía aquella mujer que había sido célebre por su encanto personal y su hermosura. Beatriz se conformó con la cola de caballo y su aire de colegiala.

Aquella noche Marina desplegó su gracia irresistible de antioqueña. Los guardianes la imitaron, y cada quien dijo lo que quiso con la voz que Dios le dio. Salvo el mayordomo, que aun en la altamar de la borrachera seguía hablando en susurros. El Lamparón, envalentonado por los tragos, se atrevió a regalarle a Beatriz una loción de hombre. «Para que estén bien perfumadas con los millones de abrazos que les van a dar el día que las suelten», les dijo. El bruto del mayordomo no lo pasó por alto y dijo que era un regalo de amor reprimido. Fue un nuevo terror entre los muchos de Beatriz.

Además de las secuestradas, estaban el mayordomo y su mujer, y los cuatro guardianes de turno. Beatriz no podía soportar el nudo en la garganta. Maruja la pasó nostálgica y avergonzada, pero aun así no podía disimular la admiración que le causó Marina, espléndida, rejuvenecida por el maquillaje, con la camisa blanca, la cabellera nevada, la voz deliciosa. Era inconcebible que fuera feliz, pero logró que lo creyeran.

Hacía bromas con los guardianes que se levantaban la máscara para beber. A veces, desesperados por el calor, les pedían a las rehenes que les dieran la espalda para respirar. A las doce en punto, cuando estallaron las sirenas de los bomberos y las campanas de las iglesias, todos estaban apretujados en el cuarto, sentados en la cama, en el colchón, sudando en el calor de fragua. En la televisión estalló el himno nacional. Entonces Maruja se levantó, y les ordenó a todos que se pusieran de pie para cantarlo con ella. Al final levantó el vaso de vino de manzana, y brindó por la paz de Colombia. La fiesta terminó media hora después, cuando se acabaron las botellas, y en el platón sólo quedaba el hueso pelado del pernil y las sobras de la ensalada de papa.

El turno de relevo fue saludado por las rehenes con un suspiro de alivio, pues eran los mismos que las habían recibido la noche del secuestro, y ya sabían cómo tratarlos. Sobre todo Maruja, cuya salud la mantenía con el ánimo decaído. Al principio el terror se le convertía en dolores erráticos por todo el cuerpo que la obligaban a asumir posturas involuntarias. Pero más tarde se volvieron concretos por el régimen inhumano impuesto por los guardianes. A principios de diciembre le impidieron ir al baño un día entero como castigo por su rebeldía, y cuando se lo permitieron no le fue posible hacer nada. Ése fue el principio de una cistitis persistente y, más tarde, de una hemorragia que le duró hasta el final del cautiverio.

Marina, que había aprendido con su esposo a hacer masajes de deportistas, se empeñó a restaurarla con sus fuerzas exiguas. Aún le sobraban los buenos ánimos del Año Nuevo. Seguía optimista, contaba anécdotas: vivía. La aparición de su nombre y su fotografía en una campaña de televisión en favor de los secuestrados le devolvió las esperanzas y la alegría. Se sintió otra vez la que era, que ya existía, que allí estaba. Apareció siempre en la primera etapa de la campaña, hasta un día en que no estuvo más sin explicaciones. Ni Maruja ni Beatriz tuvieron corazón para decirle que tal vez la borraron de la lista porque nadie creía que estuviera viva.

Para Beatriz era importante el 31 de diciembre porque se lo había fijado como plazo máximo para ser libre. La desilusión la derrumbó hasta el punto de que sus compañeras de prisión no sabían qué hacer con ella. Llegó un momento en que Maruja no podía mirarla porque perdía el control, se echaba a llorar, y llegaron a ignorarse la una a la otra dentro de un espacio no mucho más grande que un cuarto de baño. La situación se hizo insostenible.

La distracción más durable para las tres rehenes, durante las horas interminables después del baño, era darse masajes lentos en las piernas con la crema humectante que sus carceleros les suministraban en cantidades suficientes para que no enloquecieran. Un día Beatriz se dio cuenta de que estaba acabándose.

—Y cuando la crema se acabe —le preguntó a Maruja—, ¿qué vamos a hacer?

—Pues pediremos más —le respondió Maruja con un énfasis ácido. Y subrayó con más acidez aún—: O si no, ahí veremos. ¿Cierto?

—¡No me conteste así! —le gritó Beatriz en una súbita explosión de rabia—. ¡A mí, que estoy aquí por culpa suya!

Fue el estallido inevitable. En un instante dijo cuanto se había guardado en tantos días de tensiones reprimidas y noches de horror. Lo sorprendente era que no hubiera ocurrido antes y con mayor encono. Beatriz se mantenía al margen de todo, vivía frenada, y se tragaba los rencores sin saborearlos. Lo menos grave que podía suceder, por supuesto, era que una simple frase dicha al descuido le revolviera tarde o temprano la agresividad reprimida por el terror. Sin embargo, el guardián de turno no pensaba lo mismo, y ante el temor de una reyerta grande amenazó con encerrar a Beatriz y a Maruja en cuartos separados.

Ambas se alarmaron, pues el temor de las agresiones sexuales se mantenía vivo. Estaban convencidas de que mientras estuvieran juntas era difícil que los guardianes intentaran una violación, y por eso la idea de que las separaran fue siempre la más temible. Por otra parte, los guardianes estaban siempre en parejas, no eran afines, y parecían vigilarse los unos a los otros como una precaución de orden interno para evitar incidentes graves con las rehenes.

Pero la represión de los guardianes creaba un ambiente malsano en el cuarto. Los de turno en diciembre habían llevado un betamax en el que pasaban películas de violencia con una fuerte carga erótica, y de vez en cuando algunas pornográficas. El cuarto se saturaba por momentos de una tensión insoportable. Además, cuando las rehenes iban al baño debían dejar la puerta entreabierta, y en más de una ocasión sorprendieron al guardián atisbando. Uno de ellos, empecinado en sostener la puerta con la mano para que no se cerrara mientras ellas usaban el baño, estuvo a punto de perder los dedos cuando Beatriz —adrede— la cerró de un golpe. Otro espectáculo incómodo fue una pareja de guardianes homosexuales que llegó en el segundo turno, y se mantenían en un estado perpetuo de excitación con toda clase de retozos perversos. La vigilancia excesiva de Lamparón al mínimo gesto de Beatriz, el regalo del perfume, la impertinencia del mayordomo, eran factores de perturbación. Los cuentos que se intercambiaban entre ellos sobre violaciones a desconocidas, sus perversiones eróticas, sus placeres sádicos, terminaban por enrarecer el ambiente.

A petición de Maruja y Marina el mayordomo hizo venir a un médico para Beatriz, el 12 de enero, antes de la media noche. Era un hombre joven, bien vestido y mejor educado, y con una máscara de seda amarilla que hacía juego con su atuendo. Es difícil creer en la seriedad de un médico encapuchado, pero aquél demostró de entrada que conocía bien su oficio. Tenía una seguridad tranquilizante. Llevaba un estuche de cuero fino, grande como una maleta de viaje, con el fonendoscopio, el tensiómetro, un electrocardiógrafo de baterías, un laboratorio portátil para análisis a domicilio, y otros recursos para emergencias. Examinó a fondo a las tres rehenes, y les hizo análisis de orina y de sangre en el laboratorio portátil.

Mientras la examinaba, el médico le dijo en secreto a Maruja: «Me siento la persona más avergonzada del mundo por tener que verla a usted en ésta situación. Quiero decirle que estoy aquí por la fuerza. Fui muy amigo y partidario del doctor Luis Carlos Galán, y voté por él. Usted no se merece este sufrimiento, pero trate de sobrellevarlo. La serenidad es buena para su salud». Maruja apreció sus explicaciones, pero no pudo superar el asombro por su elasticidad moral. A Beatriz le repitió el discurso exacto.

El diagnóstico para ambas fue un estrés severo y un principio de desnutrición, para lo cual ordenó enriquecer y balancear la dieta. A Maruja le encontró problemas circulatorios y una infección vesical de cuidado, y le prescribió un tratamiento a base de Vasotón, diuréticos y pastillas calmantes. A Beatriz le recetó sedante para entretener la úlcera gástrica. A Marina —a quien ya había visto antes—, se limitó a darle consejos para que se preocupara más por su propia salud, pero no la encontró muy receptiva. A las tres les ordenó caminar a buen paso por lo menos una hora diaria.

A partir de entonces a cada una le dieron una caja de veinte pastillas de un tranquilizante para tomar una por la mañana, otra al mediodía y otra antes de dormir. En caso extremo podían cambiarlo por un barbitúrico fulminante que les permitió escapar a muchos horrores del encierro. Bastaba un cuarto de pastilla para quedar sin sentido antes de contar hasta cuatro.

Desde la una de aquella madrugada empezaron a caminar en el patio oscuro con los asustados guardianes que las mantenían bajo la mira de sus metralletas sin seguro. Se marearon a la primera vuelta, sobre todo Maruja, que debió sostenerse de las paredes para no caer. Con la ayuda de los guardianes, y a veces con Damaris, terminaron por acostumbrarse. Al cabo de dos semanas Maruja llegó a dar con paso rápido hasta mil vueltas contadas: dos kilómetros. El estado de ánimo de todas mejoró, y con él la concordia doméstica.

El patio fue el único lugar de la casa que conocieron además del cuarto. Estaba en tinieblas mientras duraban los paseos, pero en las noches claras se alcanzaba a ver un lavadero grande y medio en ruinas, con ropa puesta a secar en alambres y un gran desorden de cajones rotos y trastos en desuso. Sobre la marquesina del lavadero había un segundo piso con una ventana clausurada y los vidrios polvorientos tapados con cortinas de periódicos. Las secuestradas pensaban que era allí donde dormían los guardianes que no estaban de turno. Había una puerta hacia la cocina, otra hacia el cuarto de las secuestradas, y un portón de tablas viejas que no llegaba hasta el suelo. Era el portón del mundo. Más tarde se darían cuenta de que daba a un potrero apacible donde pacían corderos pascuales y gallinas desperdigadas. Parecía muy fácil de abrirlo para evadirse, pero estaba guardado por un pastor alemán de aspecto insobornable. Sin embargo, Maruja se hizo amiga de él, hasta el punto de que no ladraba cuando se acercaba a acariciarlo.

Diana se quedó a solas consigo misma cuando liberaron a Azucena. Veía televisión, oía radio, a veces leía la prensa, y con más interés que nunca, pero conocer las noticias sin tener con quién comentarlas era lo único peor que no saberlas. El trato de sus guardianes le parecía bueno, y reconocía el esfuerzo que hacían para complacerla. «No quiero ni es fácil describir lo que siento cada minuto: el dolor, la angustia y los días de terror que he pasado», escribió en su diario. Temía por su vida, en efecto, sobre todo por el miedo inagotable de un rescate armado. La noticia de su liberación se redujo a una frase insidiosa: «Ya casi». La aterrorizaba la idea de que aquélla fuera una táctica infinita en espera de que se instalara la Asamblea Constituyente y tomara determinaciones concretas sobre la extradición y el indulto. Don Pacho, que antes demoraba largas horas con ella, que discutía, que la informaba bien, se hizo cada vez más distante. Sin explicación alguna, no volvieron a llevarle los periódicos. Las noticias, y aun las telenovelas, adquirieron el ritmo del país paralizado por el éxodo del Año Nuevo.

Durante más de un mes la habían distraído con la promesa de que vería a Pablo Escobar en persona. Ensayó su actitud, sus argumentos, su tono, segura de que sería capaz de entablar con él una negociación. Pero la demora eterna la había llevado a extremos inconcebibles de pesimismo.

Dentro de aquel horror su imagen tutelar fue la de su madre, de quien heredó quizás el temperamento apasionado, la fe inquebrantable y el sueño escurridizo de la felicidad. Tenían una virtud de comunicación recíproca que se reveló en los meses oscuros del secuestro como un milagro de clarividencia. Cada palabra de Nydia en la radio o la televisión, cada gesto suyo, el énfasis menos pensado le transmitían a Diana recados imaginarios en las tinieblas del cautiverio. «Siempre la he sentido como si fuera mi ángel de la guarda», escribió. Estaba segura de que en medio de tantas frustraciones, el éxito final sería el de la devoción y la fuerza de su madre. Alentada por esa certidumbre, concibió la ilusión de que sería liberada la noche de Navidad.

Esa ilusión la sostuvo en vilo durante la fiesta que le hicieron la víspera los dueños de casa, con asado a la parrilla, discos de salsa, aguardiente, pólvora y globos de colores. Diana lo interpretó como una despedida. Más aún: había dejado listo sobre la cama el maletín que tenía preparado desde noviembre para no perder tiempo cuando llegaran a buscarla. La noche era helada y el viento aullaba entre los árboles como una manada de lobos, pero ella lo interpretaba como el augurio de tiempos mejores. Mientras repartían los regalos a los niños pensaba en los suyos, y se consoló con la esperanza de estar con ellos la noche de mañana. El sueño se hizo menos improbable porque sus carceleros le regalaron una chaqueta de cuero forrada por dentro, tal vez escogida a propósito para que soportara bien la tormenta. Estaba segura de que su madre la había esperado a cenar, como todos los años, y que había puesto la corona de muérdago en la puerta con un letrero para ella: *Bienvenida*. Así había sido, en efecto. Diana siguió tan segura de su liberación, que esperó hasta después de que se apagaron en el horizonte las últimas migajas de la fiesta y amaneció una nueva mañana de incertidumbres.

El miércoles siguiente estaba sola frente a la televisión, rastreando canales, y de pronto reconoció en la pantalla al pequeño hijo de Alexandra Uribe. Era el programa *Enfoque* dedicado a la Navidad. Su sorpresa fue mayor cuando descubrió que era la Nochebuena que ella le había pedido a su madre en la carta que le llevó Azucena. Estaba la familia de Maruja y Beatriz, y la familia Turbay en pleno: los dos niños de Diana, sus hermanos, y su padre en el centro, grande y abatido. «Nosotros no estábamos para fiestas —ha dicho Nydia—. Sin embargo, decidí cumplir con los deseos de Diana y armé en una hora el árbol de Navidad y el pesebre dentro de la chimenea.» A pesar de la buena voluntad de todos de no dejar a los secuestrados un recuerdo triste, fue más una ceremonia de duelo que una celebración. Pero Nydia estaba tan segura de que Diana sería liberada esa noche, que puso en la puerta el adorno navideño con el letrero dorado: *Bienvenida*. «Confieso mi dolor por no haber llegado ese día a compartir con todos —escribió Diana en su diario—. Pero me alentó mucho, me sentí muy cerca a todos, me dio alegría verlos reunidos.» Le encantó la madurez de María Carolina, le preocupó el retraimiento de Miguelito, y recordó con alarma que aún no estaba bautizado; la entristeció la tristeza de su padre y la conmovió su madre, que puso en el pesebre un regalo para ella y el saludo de bienvenida en la puerta.

En vez de desmoralizarse por la desilusión de la Navidad, Diana tuvo una reacción de rebeldía contra el gobierno. En su momento se había manifestado casi entusiasta por el decreto 2047, en el cual se fundaron las ilusiones de noviembre. La alentaban las gestiones de Guido Parra, la diligencia de los Notables, las expectativas de la Asamblea Constituyente, las posibilidades de ajustes en la política de sometimiento. Pero la frustración de Navidad hizo saltar los diques de su comprensión. Se preguntó escandalizada por qué al gobierno no se le ocurría alguna posibilidad de diálogo que no fuera determinada por la presión absurda de los secuestros. Dejó en claro que siempre fue consciente de la dificultad de actuar bajo chantaje. «Soy línea Turbay en eso —escribió— pero creo que con el paso del tiempo las cosas han sucedido al revés.» No entendía la pasividad del gobierno ante lo que a ella le parecieron burlas de los secuestradores. No entendía por qué no los conminaba a la entrega con mayor energía, si había fijado una política para ellos, y había satisfecho algunas peticiones razonables. «En la medida en que no se les exija —escribió en su diario— ellos se sienten más cómodos tomándose su tiempo y sabiendo que tienen en su poder el arma de presión más importante.» Le parecía que las mediaciones de buen oficio se habían convertido en una partida de ajedrez en la que cada quien movía sus piezas hasta ver quién daba el jaque mate. «¿Pero qué ficha seré yo?», se preguntó. Y se contestó sin evasivas: «No dejo de pensar que seamos desechables». Al grupo de los Notables —ya extinto— le dio el tiro de gracia: «Empezaron con una labor eminentemente humanitaria y acabaron prestándoles un servicio a los Extraditables».

Uno de los guardianes que terminaban el turno de enero irrumpió en el cuarto de Pacho Santos.

—Esta vaina se jodió —le dijo—. Van a matar rehenes.

Según él, sería una represalia por la muerte de los Priscos. El comunicado estaba listo y saldría en las próximas horas. Matarían primero a Marina Montoya y luego uno cada tres días en su orden: Richard Becerra, Beatriz, Maruja y Diana.

—El último será usted —concluyó el guardián a manera de consuelo—. Pero no se preocupe, que este gobierno no aguanta ya más de dos muertos.

Pacho, aterrorizado, hizo sus cuentas según los datos del guardián: le quedaban dieciocho días de vida. Entonces decidió escribir a su esposa y a sus hijos, sin borrador, una carta de seis hojas completas de cuaderno escolar, con su caligrafía de minúsculas separadas, como letras de imprenta, pero más legibles que de costumbre, y con el pulso firme y la conciencia de que no sólo era una carta de adiós, sino su testamento.

«Sólo deseo que este drama, no importa cuál sea el final, acabe lo más pronto posible para que todos podamos tener por fin la paz», empezaba. Su gratitud más grande era para María Victoria —decía—, con quien había crecido como hombre, como ciudadano y como padre, y lo único que lamentaba era haberle dado mayor importancia a su oficio de periodista que a la vida doméstica. «Con ese remordimiento bajo a la tumba», escribió. En cuanto a sus hijos casi recién nacidos lo tranquilizaba la seguridad de que quedaban en las mejores manos. «Háblales de mí cuando puedan entender a cabalidad lo que sucedió y así asimilen sin dramatismo los dolores innecesarios de mi muerte.» A su padre le agradecía lo mucho que había hecho por él en la vida, y sólo le pedía «que arregles todo antes de venir a unirte conmigo para evitarles a mis hijos los grandes dolores de cabeza en esa rapiña que se avecina». De este modo entró en materia sobre un punto que consideraba «aburrido pero fundamental» para el futuro: la solvencia de sus hijos y la unidad familiar dentro de *El Tiempo*. Lo primero dependía en gran parte de los seguros de vida que el diario había comprado para su esposa y sus hijos. «Te pido exigir que te den lo que nos ofrecieron —decía— pues es apenas justo que mis sacrificios por el periódico no sean del todo en vano.» En cuanto al futuro profesional, comercial o político del diario, su única preocupación eran las rivalidades y discrepancias internas, consciente de que las grandes familias no tienen pleitos pequeños. «Sería muy triste que después de este sacrificio *El Tiempo* acabe dividido o en otras manos.» La carta terminaba con un último reconocimiento a Mariavé por el recuerdo de los buenos tiempos que vivieron juntos.

El guardián la recibió conmovido.

—Tranquilo, papito —le dijo—, yo me encargo de que llegue.

La verdad era que a Pacho Santos no le quedaban entonces los dieciocho días calculados sino unas pocas horas. Era el primero de la lista, y la orden de asesinato había sido dada el día anterior. Martha Nieves Ochoa se enteró a última hora por una casualidad afortunada —a través de terceras personas— y le envió a Escobar una súplica de perdón, convencida de que aquella muerte terminaría de incendiar el país. Nunca supo si la recibió, pero el hecho fue que la orden contra Pacho Santos no se conoció nunca, y en su lugar se impartió otra irrevocable contra Marina Montoya.

Marina parecía haberlo presentido desde principios de enero. Por razones que nunca explicó, había decidido hacer las caminatas acompañada por el Monje, su viejo amigo, que había vuelto en el primer relevo del año. Caminaban una hora desde que terminaba la televisión, y después salían Maruja y Beatriz con sus guardianes. Una de esas noches Marina regresó muy asustada, porque había visto un hombre vestido de negro y con una máscara negra, que la miraba en la oscuridad desde el lavadero. Maruja y Beatriz pensaron que debía ser una más de sus alucinaciones recurrentes, y no le hicieron caso. Confirmaron esa impresión el mismo día, pues no había ninguna luz para ver un hombre de negro en las tinieblas del lavadero. De ser cierto, además, debía tratarse de alguien muy conocido en la casa para no alebrestar al pastor alemán que se espantaba de su propia sombra. El Monje dijo que debía ser un aparecido que sólo ella veía.

Sin embargo, dos o tres noches después regresó del paseo en un verdadero estado de pánico. El hombre había vuelto, siempre de negro absoluto, y la había observado largo rato con una atención pavorosa sin importarle que también ella lo mirara. A diferencia de las noches anteriores, aquélla era de luna llena y el patio estaba iluminado por un verde fantástico. Marina lo contó delante del Monje, y éste la desmintió, pero con razones tan enrevesadas que Maruja y Beatriz no supieron qué pensar. Desde entonces no volvió Marina a caminar. Las dudas entre sus fantasías y la realidad eran tan impresionantes, que Maruja sufrió una alucinación real, una noche en que abrió los ojos y vio al Monje a la luz de la veladora, acuclillado como siempre, y vio su máscara convertida en una calavera. La impresión de Maruja fue mayor, porque relacionó la visión con el aniversario de la muerte de su madre el próximo 23 de enero.

Marina pasó el fin de semana en la cama, postrada por un viejo dolor de la columna vertebral que parecía olvidado. Le volvió el humor turbio de los primeros días. Como no podía valerse de sí misma, Maruja y Beatriz se pusieron a su servicio. La llevaban al baño casi en vilo. Le daban la comida y el agua en la boca, le acomodaban una almohada en la espalda para que viera la televisión desde la cama. La mimaban, la querían de veras, pero nunca se sintieron tan menospreciadas.

—Miren lo enferma que estoy y ustedes ni me ayudan —les decía Marina—. Yo, que las he ayudado tanto.

A veces sólo conseguía aumentar el justo sentimiento de abandono que la atormentaba. En realidad, el único alivio de Marina en aquella crisis de postrimerías fueron los rezos encarnizados que murmuraba sin tregua durante horas, y el cuidado de sus uñas. Al cabo de varios días, cansada de todo, se tendió exhausta en la cama y suspiró:

—Bueno, que sea lo que Dios quiera.

En la tarde del 22 las visitó también el *Doctor* de los primeros días. Conversó en secreto con sus guardianes y oyó con atención los comentarios de Maruja y Beatriz sobre la salud de Marina. Al final se sentó a conversar con ella en el borde de la cama. Debió ser algo serio y confidencial, pues los susurros de ambos fueron tan tenues que nadie descifró una palabra. El *Doctor* salió del cuarto con mejor humor que cuando llegó, y prometió volver pronto.

Marina se quedó deprimida en la cama. Lloraba a ratos. Maruja trató de alentarla, y ella se lo agradecía con gestos por no interrumpir sus oraciones, y casi siempre le correspondía con afecto, le apretaba la mano con su mano yerta. A Beatriz, con quien tenía una relación más cálida, la trataba con el mismo cariño. El único hábito que la mantuvo viva fue el de limarse las uñas.

A las diez y media de la noche del 23, miércoles, empezaban a ver en la televisión el programa *Enfoque*, pendientes de cualquier palabra distinta, de cualquier chiste familiar, del gesto menos pensado, de cambios sutiles en la letra de una canción que pudieran esconder mensajes cifrados. Pero no hubo tiempo. Apenas iniciado el tema musical, la puerta se abrió a una hora insólita y entró el Monje, aunque no estaba de turno esa noche.

—Venimos por la abuela para llevarla a otra finca —dijo.

Lo dijo como si fuera una invitación dominical. Marina en la cama quedó como tallada en mármol, con una palidez intensa, hasta en los labios, y con el cabello erizado. El Monje se dirigió entonces a ella con su afecto de nieto.

—Recoja sus cosas, abuela —le dijo—. Tiene cinco minutos.

Quiso ayudarla a levantarse. Marina abrió la boca para decir algo pero no lo logró. Se levantó sin ayuda, cogió el talego de sus cosas personales, y salió para el baño con una levedad de sonámbula que no parecía pisar el suelo. Maruja enfrentó al Monje con la voz impávida.

—¿La van a matar?

El Monje se crispó.

—Esas vainas no se preguntan —dijo. Pero se recuperó enseguida—: Ya le dije que va para una finca mejor. Palabra.

Maruja trató de impedir a toda costa que se la llevaran. Como no había allí ningún jefe, cosa insólita en una decisión tan importante, pidió que llamaran a uno de parte de ella para discutirlo. Pero la disputa fue interrumpida por otro guardián que entró a llevarse el radio y el televisor. Los desconectó sin más explicaciones, y el último destello de la fiesta se desvaneció en el cuarto. Maruja les pidió que les dejaran al menos terminar el programa. Beatriz se mostró aún más agresiva, pero fue inútil. Se fueron con el radio y el televisor, y dejaron dicho a Marina que volvían por ella en cinco minutos. Maruja y Beatriz, solas en el cuarto, no sabían qué creer, ni a quién creérselo, ni hasta qué punto aquella decisión inescrutable formaba parte de sus destinos.

Marina se demoró en el baño mucho más de cinco minutos. Volvió al dormitorio con la sudadera rosada completa, las medias marrones de hombre y los zapatos que llevaba el día del secuestro. La sudadera estaba limpia y recién planchada. Los zapatos tenían el verdín de la humedad y parecían demasiado grandes, porque los pies habían disminuido dos números en cuatro meses de sufrimientos. Marina seguía descolorida y empapada por un sudor glacial, pero todavía le quedaba una brizna de ilusión.

—¡Quién sabe si me van a liberar! —dijo.

Sin ponerse de acuerdo, Maruja y Beatriz decidieron que cualquiera que fuese la suerte de Marina, lo más cristiano era engañarla.

—Seguro que sí —le dijo Beatriz.

—Así es —dijo Maruja con su primera sonrisa radiante—. ¡Qué maravilla!

La reacción de Marina fue sorprendente. Les preguntó entre broma y de veras qué recados querían mandar a sus familias. Ellas los improvisaron lo mejor que pudieron. Marina, riéndose un poco de sí misma, le pidió a Beatriz que le prestara la loción de hombre que Lamparón le había regalado en el Año Nuevo. Beatriz se la prestó, y Marina se perfumó detrás de las orejas con una elegancia legítima, se arregló sin espejo con leves toques de los dedos la hermosa cabellera de nieves marchitas, y al final pareció dispuesta para ser libre y feliz.

En realidad, estaba al borde del desmayo. Le pidió un cigarrillo a Maruja, y se sentó a fumárselo en la cama mientras iban por ella. Se lo fumó despacio, con grandes bocanadas de angustia, mientras repasaba milímetro a milímetro la miseria de aquel antro en el que no encontró un instante de piedad, y en el que no le concedieron al final ni siquiera la dignidad de morir en su cama.

Beatriz, para no llorar, le repitió en serio el mensaje para su familia: «Si tiene oportunidad de ver a mi marido y a mis hijos, dígales que estoy bien y que los quiero mucho». Pero Marina no era ya de este mundo.

—No me pida eso —le contestó sin mirarla siquiera—. Yo sé que nunca tendré esa oportunidad.

Maruja le llevó un vaso de agua con dos pastillas barbitúricas que habrían bastado para dormir tres días. Tuvo que darle el agua, porque Marina no acertaba a encontrarse la boca con el vaso por el temblor de las manos. Entonces le vio el fondo de los ojos radiantes, y eso le bastó para darse cuenta de que Marina no se engañaba ni a sí misma. Sabía muy bien quién era, cuánto debían por ella y para dónde la llevaban, y si les había seguido la corriente a las últimas amigas que le quedaron en la vida había sido también por compasión.

Le llevaron una capucha nueva, de lana rosada que hacía juego con la sudadera. Antes de que se la pusieran se despidió de Maruja con un abrazo y un beso. Maruja le dio la bendición y le dijo: «Tranquila». Se despidió de Beatriz con otro abrazo y otro beso, y le dijo: «Que Dios la bendiga». Beatriz, fiel a sí misma hasta el último instante, se mantuvo en la ilusión.

—Qué rico que va a ver a su familia —le dijo.

Marina se entregó a los guardianes sin una lágrima. Le pusieron la capucha al revés, con los agujeros de los ojos y la boca en la nuca, para que no pudiera ver. El Monje la tomó de las dos manos y la sacó de la casa caminando hacia atrás. Marina se dejó llevar con pasos seguros. El otro guardián cerró la puerta desde fuera.

Maruja y Beatriz se quedaron inmóviles frente a la puerta cerrada, sin saber por dónde retomar la vida, hasta que oyeron los motores en el garaje, y se desvaneció su rumor en el horizonte. Sólo entonces entendieron que les habían quitado el televisor y el radio para que no conocieran el final de la noche.

6

Al amanecer del día siguiente, jueves 24, el cadáver de Marina Montoya fue encontrado en un terreno baldío al norte de Bogotá. Estaba casi sentada en la hierba todavía húmeda por una llovizna temprana, recostada contra la cerca de alambre de púas y con los brazos extendidos en cruz. El juez 78 de instrucción criminal que hizo el levantamiento la describió como una mujer de unos sesenta años, con abundante cabello plateado, vestida con una sudadera rosada y medias marrones de hombre. Debajo de la sudadera tenía un escapulario con una cruz de plástico. Alguien que había llegado antes que la justicia le había robado los zapatos.

El cadáver tenía la cabeza cubierta por una capucha acartonada por la sangre seca, puesta al revés, con los agujeros de la boca y los ojos en la nuca, y casi desbaratada por los orificios de entrada y salida de seis tiros disparados desde más de cincuenta centímetros, pues no habían dejado tatuajes en la tela y en la piel. Las heridas estaban repartidas en el cráneo y el lado izquierdo de la cara, y una muy nítida como un tiro de gracia en la frente. Sin embargo, junto al cuerpo empapado por la hierba silvestre sólo se encontraron cinco cápsulas de nueve milímetros. El cuerpo técnico de la policía judicial le había tomado ya cinco juegos de huellas digitales.

Algunos estudiantes del colegio San Carlos, en la acera de enfrente, habían merodeado por allí con otros curiosos. Entre los que presenciaron el levantamiento del cuerpo se encontraba una vendedora de flores del Cementerio del Norte, que había madrugado para matricular una hija en una escuela cercana. El cadáver la impresionó por la buena calidad de la ropa interior, por la forma y el cuidado de sus manos y la distinción que se le notaba a pesar del rostro acribillado. Esa tarde, la mayorista de flores que la abastecía en su puesto del Cementerio del Norte —a cinco kilómetros de distancia— la encontró con un fuerte dolor de cabeza y en un estado de depresión alarmante.

—Usted ni se imagina lo triste que fue ver a esa pobre señora botada en el pasto —le dijo la florista—. Había que ver su ropa interior, su figura de gran dama, su cabello blanco, las manos tan finas con las uñas tan bien arregladas.

La mayorista, alarmada por su postración, le dio un analgésico para el dolor de cabeza, le aconsejó no pensar en cosas tristes y, sobre todo, no sufrir por los problemas ajenos. Ni la una ni la otra se darían cuenta hasta una semana después de que habían vivido un episodio inverosímil. Pues la mayorista era Marta de Pérez, la esposa de Luis Guillermo Pérez, el hijo de Marina.

El Instituto de Medicina Legal recibió el cuerpo a las cinco y media de la tarde del jueves, y lo dejaron en depósito hasta el día siguiente, pues a los muertos con más de un balazo no les practican la autopsia durante la noche. Allí esperaban para identificación y necropsia otros dos cadáveres de hombres recogidos en la calle durante la mañana. En el curso de la noche llegaron otros dos de adultos varones, también encontrados a la intemperie, y el de un niño de cinco años.

La doctora Patricia Álvarez, que practicó la autopsia de Marina Montoya desde las siete y media de la mañana del viernes, le encontró en el estómago restos de alimentos reconocibles, y dedujo que la muerte había ocurrido en la madrugada del jueves. También a ella la impresionó la calidad de la ropa interior y las uñas pulidas y pintadas. Llamó al doctor Pedro Morales, su jefe, que practicaba otra autopsia dos mesas más allá, y éste la ayudó a descubrir otros signos inequívocos de la condición social del cadáver. Le hicieron la carta dental y le tomaron fotografías y radiografías, y tres pares más de huellas digitales. Por último le hicieron una prueba de absorción atómica y no encontraron restos de sicofármacos, a pesar de los dos barbitúricos que Maruja Pachón le había dado unas horas antes de la muerte.

Cumplidos los trámites primarios mandaron el cuerpo al Cementerio del Sur, donde tres semanas antes había sido excavada una fosa común para sepultar unos doscientos cadáveres. Allí la enterraron junto con los otros cuatro desconocidos y el niño.

Era evidente que en aquel enero atroz el país había llegado a la peor situación concebible. Desde 1984, cuando el asesinato del ministro Rodrigo Lara Bonilla, habíamos padecido toda clase de hechos abominables, pero ni la situación había llegado a su fin, ni lo peor había quedado atrás. Todos los factores de violencia estaban desencadenados y agudizados.

Entre los muchos graves que habían convulsionado al país, el narcoterrorismo se definió como el más virulento y despiadado. Cuatro candidatos presidenciales habían sido asesinados antes de la campaña de 1990. A Carlos Pizarro, candidato del M-19, lo mató un asesino solitario a bordo de un avión comercial, a pesar de que había cambiado cuatro veces sus reservaciones de vuelo, en absoluto secreto y con toda clase de argucias para despistar. El precandidato Ernesto Samper sobrevivió a una ráfaga de once tiros, y llegó a la presidencia de la república cinco años después, todavía con cuatro proyectiles dentro del cuerpo que sonaban en las puertas magnéticas de los aeropuertos. Al general Maza Márquez le habían hecho estallar a su paso un carrobomba de trescientos cincuenta kilos de dinamita, y había escapado de su automóvil de bajo blindaje arrastrando a uno de sus escoltas heridos. «De pronto me sentí como suspendido en vilo por la cresta de un oleaje», contó el general. Fue tal la conmoción, que debió acudir a la ayuda siquiátrica para recobrar el equilibrio emocional. Aún no había terminado el tratamiento, al cabo de siete meses, cuando un camión con dos toneladas de dinamita desmanteló con una explosión apocalíptica el enorme edificio del DAS, con un saldo de setenta muertos, setecientos veinte heridos, y estragos materiales incalculables. Los terroristas habían esperado el momento exacto en que el general entrara en su oficina, pero no sufrió ni un rasguño en medio del cataclismo. Ese mismo año, una bomba estalló en un avión de pasajeros cinco minutos después del despegue, y causó ciento siete muertos, entre ellos Andrés Escabí —el cuñado de Pacho Santos—, y el tenor colombiano Gerardo Arellano. La versión general fue que estaba dirigida al candidato César Gaviria. Error siniestro, pues Gaviria no tuvo nunca el propósito de viajar en ese avión. Más aún: la seguridad de su campaña le había prohibido volar en aviones de línea, y en alguna ocasión que quiso hacerlo tuvo que desistir, ante el espanto de otros pasajeros que trataron de desembarcar para no correr el riesgo de volar con él.

La verdad era que el país estaba condenado dentro de un círculo infernal. Por un lado, los Extraditables se negaban a entregarse o a moderar la violencia, porque la policía no les daba tregua. Escobar había denunciado por todos los medios que la policía entraba a cualquier hora a las comunas de Medellín, agarraba diez menores al azar, y los fusilaba sin más averiguaciones en cantinas y potreros. Suponían a ojo que la mayoría estaba al servicio de Pablo Escobar, o eran sus partidarios, o iban a serlo en cualquier momento por la razón o por la fuerza. Los terroristas no daban tregua en las matanzas de policías a mansalva, ni en los atentados y los secuestros. Por su parte, los dos movimientos guerrilleros más antiguos y fuertes, el Ejército de Liberación Nacional (ELN) y las Fuerzas Armadas Revolucionarias (FARC), acababan de replicar con toda clase de actos terroristas a la primera propuesta de paz del gobierno de César Gaviria.

Uno de los gremios más afectados por aquella guerra ciega fueron los periodistas, víctimas de asesinatos y secuestros, aunque también de deserción por amenazas y corrupción. Entre setiembre de 1983 y enero de 1991 fueron asesinados por los carteles de la droga veintiséis periodistas de distintos medios del país. Guillermo Cano, director de *El Espectador*, el más inerme de los hombres, fue acechado y asesinado por dos pistoleros en la puerta de su periódico el 17 de diciembre de 1986. Manejaba su propia camioneta, y a pesar de ser uno de los hombres más amenazados del país por sus editoriales suicidas contra el comercio de drogas, se negaba a usar un automóvil blindado o a llevar una escolta. Con todo, sus enemigos trataron de seguir matándolo después de muerto. Un busto erigido en memoria suya fue dinamitado en Medellín. Meses después, hicieron estallar un camión con trescientos kilos de dinamita que redujeron a escombros las máquinas del periódico.

Una droga más dañina que las mal llamadas heroicas se introdujo en la cultura nacional: el dinero fácil. Prosperó la idea de que la ley es el mayor obstáculo para la felicidad, que de nada sirve aprender a leer y a escribir, que se vive mejor y más seguro como delincuente que como gente de bien. En síntesis: el estado de perversión social propio de toda guerra larvada.

El secuestro no era una novedad en la historia reciente de Colombia. Ninguno de los cuatro presidentes de los años anteriores había escapado a la prueba de un secuestro desestabilizador. Y por cierto, hasta donde se sabe, ninguno de los cuatro había cedido a las exigencias de los secuestradores. En febrero de 1976, bajo el gobierno de Alfonso López Michelsen, el M-19 había secuestrado al presidente de la Confederación de Trabajadores de Colombia, José Raquel Mercado. Fue juzgado y condenado a muerte por sus captores por traición a la clase obrera, y ejecutado con dos tiros en la nuca ante la negativa del gobierno a cumplir una serie de condiciones políticas.

Dieciséis miembros de élite del mismo movimiento armado se tomaron la embajada de la República Dominicana en Bogotá cuando celebraban su fiesta nacional, el 27 de febrero de 1980, bajo el gobierno de Julio César Turbay. Durante sesenta y un días mantuvieron en rehenes a casi todo el cuerpo diplomático acreditado en Colombia, incluidos los embajadores de los Estados Unidos, Israel y el Vaticano. Exigían un rescate de cin-

cluidos, por supuesto, los más calientes: la extradición de nacionales y el indulto. Pero el problema de fondo, tanto para el gobierno como para el narcotráfico y las guerrillas, era que mientras Colombia no tuviera un sistema de justicia eficiente era casi imposible articular una política de paz que colocara al Estado del lado de los buenos, y dejara del lado de los malos a los delincuentes de cualquier color. Pero nada era simple en esos días, y mucho menos informar sobre nada con objetividad desde ningún lado, ni era fácil educar niños y enseñarles la diferencia entre el bien y el mal.

La credibilidad del gobierno no estaba a la altura de sus notables éxitos políticos, sino a la muy baja de sus organismos de seguridad, fustigados por la prensa mundial y los organismos internacionales de derechos humanos. En cambio, Pablo Escobar había logrado una credibilidad que no tuvieron nunca las guerrillas en sus mejores días. La gente llegó a creer más en las mentiras de los Extraditables que en las verdades del gobierno.

El 14 de diciembre se proclamó el decreto 3030, que modificó el 2047 y anuló todos los anteriores. Se introdujo, entre otras novedades, la acumulación jurídica de penas. Es decir: a una persona juzgada por varios delitos, ya fuera en un mismo juicio o en juicios posteriores, no se le sumarían los años por distintas condenas sino que sólo purgaría la más larga. También se fijó una serie de procedimientos y plazos relacionados con el traslado de pruebas del exterior a procesos en Colombia. Pero se mantuvieron firmes los dos grandes escollos para la entrega: las condiciones un tanto inciertas para la no extradición y el plazo fijo para los delitos perdonables. Mejor dicho: se cuenta millones de dólares y la liberación de trescientos once de sus militantes detenidos. El presidente Turbay se negó a negociar, pero los rehenes fueron liberados el 28 de abril sin ninguna condición expresa, y los secuestradores salieron del país bajo la protección del gobierno de Cuba, solicitada por el gobierno de Colombia. Los secuestradores aseguraron en privado que habían recibido por el rescate cinco millones de dólares en efectivo, recaudados por la colonia judía de Colombia entre sus cofrades del mundo entero.

El 6 de noviembre de 1985, un comando del M-19 se tomó el multitudinario edificio de la Corte Suprema de Justicia en su hora de mayor actividad, con la exigencia de que el más alto tribunal de la república juzgara al presidente Belisario Betancur por no cumplir con su promesa de paz. El presidente no negoció, y el ejército rescató el edificio a sangre y fuego al cabo de diez horas, con un saldo indeterminado de desaparecidos y noventa y cinco muertos civiles, entre ellos nueve magistrados de la Corte Suprema de Justicia, y su presidente, Alfonso Reyes Echandía.

Por su parte, el presidente Virgilio Barco, casi al final de su mandato, dejó mal resuelto el secuestro de Álvaro Diego Montoya, el hijo de su secretario general. La furia de Pablo Escobar le estalló en las manos siete meses después a su sucesor, César Gaviria, que iniciaba su gobierno con el problema mayor de diez notables secuestrados.

Sin embargo, en sus primeros cinco meses, Gaviria había conseguido un ambiente menos turbulento para capear la tormenta. Había logrado un acuerdo político para convocar una Asamblea Constituyente, investida por la Corte Suprema de Justicia del poder suficiente para decidir sobre cualquier tema sin límite alguno. In-

mantenían la entrega y la confesión como requisitos indispensables para la no extradición y para las rebajas de penas, pero siempre sujetas a que los delitos se hubieran cometido antes del 5 de setiembre de 1990. Pablo Escobar expresó su desacuerdo con un mensaje enfurecido. Su reacción tenía esta vez un motivo más que se cuidó de no denunciar en público: la aceleración del intercambio de pruebas con los Estados Unidos, que agilizaba los procesos de extradición.

Alberto Villamizar fue el más sorprendido. Por sus contactos diarios con Rafael Pardo tenía motivos para esperar un decreto de manejo más fácil. Por el contrario, le pareció más duro que el primero. Y no estaba solo en esa idea. El inconformismo estaba tan generalizado, que desde el día mismo de la proclamación del segundo decreto empezó a pensarse en un tercero.

Una conjetura fácil sobre las razones que endurecieron el 3030 era que el sector más radical del gobierno —ante la ofensiva de los comunicados conciliadores y las liberaciones gratuitas de cuatro periodistas— había convencido al presidente de que Escobar estaba acorralado. Cuando, en realidad, no estuvo nunca tan fuerte como entonces con la presión tremenda de los secuestros y la posibilidad de que la Asamblea Constituyente eliminara la extradición y proclamara el indulto.

En cambio, los tres hermanos Ochoa se acogieron de inmediato a la opción del sometimiento. Esto se interpretó como una fisura en la cúspide del cartel. Aunque, en realidad, el proceso de su entrega había empezado desde el primer decreto, en setiembre, cuando un conocido senador antioqueño le pidió a Rafael Pardo recibir a una persona que no identificó de antemano. Era Martha Nieves Ochoa, quien inició con ese paso audaz los trámites para la entrega de sus tres hermanos con intervalos de un mes. Así sería. Fabio, el menor, se entregó el 18 de diciembre; el 15 de enero, cuando menos parecía posible, se entregó Jorge Luis, y el 16 de febrero se entregaría Juan David. Cinco años después, un grupo de periodistas norteamericanos le hicieron la pregunta a Jorge Luis en la cárcel y su respuesta fue terminante: «Nos entregamos para salvar el pellejo». Reconoció que detrás estaba la presión irresistible de las mujeres de su familia, que no tuvieron paz hasta que los pusieron a salvo en la cárcel blindada de Itagüí, un suburbio industrial de Medellín. Fue un acto familiar de confianza en el gobierno, que todavía en aquel momento habría podido extraditarlos de por vida a los Estados Unidos.

Doña Nydia Quintero, siempre atenta a sus presagios, no menospreció la importancia del sometimiento de los Ochoa. Apenas tres días después de la entrega de Fabio fue a verlo a la cárcel, con su hija María Victoria y su nieta María Carolina, la hija de Diana. En la casa donde se alojaba la habían recogido cinco miembros de la familia Ochoa, fieles al protocolo tribal de los paisas: la madre, Martha Nieves y otra hermana, y dos varones jóvenes. La llevaron a la cárcel de Itagüí, un edificio acorazado, al fondo de una callecita cuesta arriba, adornada ya con las guirnaldas de papel de colores de la Navidad.

En la celda de la cárcel, además de Fabio el joven, las esperaba el padre, Don Fabio Ochoa, un patriarca de ciento cincuenta kilos con facciones de niño a los setenta años, criador de caballos colombianos de paso fino, y guía espiritual de una vasta familia de hombres intrépidos y mujeres de riendas firmes. Le gustaba presidir las visitas de la familia sentado en un sillón tronal, el eterno sombrero de caballista, y un talante ceremonioso que iba bien a su habla lenta y arrastrada, y a su sabiduría popular. A su lado estaba el hijo, que es vivaz y dicharachero, pero que apenas si interpuso una palabra aquel día mientras hablaba su padre.

Don Fabio hizo en primer lugar un elogio de la valentía con que Nydia removía cielo y tierra por salvar a Diana. La posibilidad de ayudarla con Pablo Escobar la formuló con una retórica magistral: haría con el mayor gusto lo que pudiera hacer, pero no creía que pudiera hacer algo. Al final de la visita, Fabio el joven le pidió a Nydia el favor de explicarle al presidente la importancia de aumentar el plazo de la entrega en el decreto de sometimiento. Nydia le explicó que ella no podía hacerlo, pero ellos sí, con una carta a las autoridades competentes. Era su manera de no permitir que la usaran como recadera ante el presidente. Fabio el joven lo comprendió, y se despidió de ella con una frase reconfortante: «Mientras haya vida hay esperanza».

Al regreso de Nydia a Bogotá, Azucena le entregó la carta de Diana en la cual le pedía que celebrara la Navidad con sus hijos, y Hero Buss la urgió por teléfono de ir a Cartagena para una conversación personal. El buen estado físico y moral en que encontró al alemán después de tres meses de cautiverio tranquilizó un poco a Nydia sobre la salud de su hija. Hero Buss no veía a Diana desde la primera semana del secuestro, pero entre los guardianes y la gente de servicio había un intercambio constante de noticias que se filtraban a los rehenes, y sabía que Diana estaba bien. Su único riesgo grave y siempre inminente era el de un rescate armado. «Usted no se imagina lo que es el peligro constante de que lo maten a uno —dijo Hero Buss—. No sólo porque llegue la ley, como dicen ellos, sino porque están siempre tan asustados que hasta el menor ruido lo confunden con un operativo.» Sus únicos consejos eran impedir a toda costa un rescate armado y lograr que cambiaran en el decreto el plazo para la entrega.

El mismo día de su regreso a Bogotá, Nydia le expresó sus inquietudes al ministro de Justicia. Visitó al ministro de Defensa, general Óscar Botero, acompañada por su hijo, el parlamentario Julio César Turbay Quintero, y le pidió angustiada, en nombre de todos los secuestrados, que usaran los servicios de inteligencia y no los operativos de rescate. Su desgaste era vertiginoso y su intuición de la tragedia cada vez más lúcida. Le dolía el corazón. Lloraba a todas horas. Hizo un esfuerzo supremo por dominarse, pero las malas noticias no le dieron tregua. Oyó por radio un mensaje de los Extraditables con la amenaza de botar frente al Palacio Presidencial los cadáveres de los secuestrados envueltos en costales, si no se modificaban los términos del segundo decreto. Nydia llamó al presidente de la república en un estado de desesperación mortal. Como estaba en Consejo de Seguridad la atendió Rafael Pardo.

—Le ruego que le pregunte al presidente y a los del Consejo de Seguridad si lo que necesitan para cambiar el decreto es que le tiren en la puerta los secuestrados muertos y encostalados.

En ese mismo estado de exaltación estaba horas después cuando le pidió al presidente en persona que cambiara el plazo del decreto. A él le habían llegado ya noticias de que Nydia se quejaba de su insensibilidad ante el dolor ajeno, e hizo un esfuerzo por ser más paciente y explícito. Le explicó que el decreto 3030 acababa de expedirse, y que lo menos que podía dársele era el tiempo de ver cómo se comportaba. Pero a Nydia le parecía que los argumentos del presidente no eran más que justificaciones para no hacer lo que debió haber hecho en el momento oportuno.

—El cambio de la fecha límite no sólo es necesario para salvar la vida de los rehenes —replicó Nydia cansada de raciocinios— sino que es lo único que falta para lograr la entrega de los terroristas. Muévala, y a Diana la devuelven.

Gaviria no cedió. Estaba ya convencido de que el plazo fijo era el escollo mayor de su política de entregas, pero se resistía a cambiarlo para que los Extraditables no consiguieran lo que perseguían con los secuestros. La Asamblea Constituyente iba a reunirse en los próximos días en medio de una expectativa incierta, y no podía permitirse que por una debilidad del gobierno le concediera el indulto al narcotráfico. «La democracia nunca estuvo en peligro por los asesinatos de cuatro candidatos presidenciales ni por ningún secuestro —diría Gaviria más tarde—. Cuando lo estuvo de veras fue en aquellos momentos en que existió la tentación o el riesgo, o el rumor de que se estaba incubando la posibilidad del indulto.» Es decir: el riesgo inconcebible de que secuestraran también la conciencia de la Asamblea Constituyente. Gaviria lo tenía ya decidido: si eso ocurría, su determinación serena e irrevocable era hundir la Constituyente.

Nydia andaba desde hacía algún tiempo con la idea de que el doctor Turbay hiciera algo que estremeciera al país en favor de los secuestrados: una manifestación multitudinaria frente al Palacio Presidencial, un paro cívico, una protesta formal ante las Naciones Unidas. Pero el doctor Turbay la apaciguaba. «Él siempre fue así, por su responsabilidad y su mesura —ha dicho Nydia—. Pero uno sabía que por dentro estaba muriéndose de dolor.» Esa certidumbre, en lugar de aliviarla, le aumentaba la angustia. Fue entonces cuando tomó la determinación de escribirle al presidente de la república una carta privada «que lo motivara a moverse en lo que él sabía que era necesario».

El doctor Gustavo Balcázar, preocupado por la postración de su esposa Nydia, la convenció el 24 de enero de que se fueran unos días a su casa de Tabio —a una hora de carretera en la sabana de Bogotá— para buscarle un alivio a su angustia. No había vuelto allá desde el secuestro de la hija, así que se llevó su Virgen de bulto y dos velones para quince días cada uno, y todo lo que pudiera hacerle falta para no desconectarse de la realidad. Pasó una noche interminable en la soledad helada de la sabana, pidiéndole de rodillas a la Virgen que protegiera a Diana con una campana de cristal invulnerable para que nadie le faltara al respeto, para que no sintiera miedo, para que rebotaran las balas. A las cinco de la mañana, después de un sueño breve y azaroso, empezó a escribir en la mesa del comedor la carta de su alma para el presidente de la república. El amanecer la sorprendió garrapateando ideas fugitivas, llorando, rompiendo borradores sin dejar de llorar, sacándolos en limpio en un mar de lágrimas.

Al contrario de lo que ella misma había previsto, estaba escribiendo su carta más juiciosa y drástica. «No pretendo hacer un documento público —empezó—. Quiero llegar al presidente de mi país y, con el respeto que me merece, hacerle unas comedidas reflexiones y una angustiada y razonable súplica.» A pesar de la reiterada promesa presidencial de que nunca se intentaría un operativo armado para liberar a Diana, Nydia dejó la constancia escrita de una súplica premonitoria: «Lo sabe el país y lo saben ustedes, que si en uno de esos allanamientos tropiezan con los secuestrados se podría producir una horrible tragedia». Convencida de que los escollos del segundo decreto habían interrumpido el proceso de liberaciones iniciado por los Extraditables antes de Navidad, Nydia alertó al presidente con un temor nuevo y lúcido: si el gobierno no tomaba alguna determinación inmediata para remover esos escollos, los rehenes corrían el riesgo de que el tema quedara en manos de la Asamblea Constituyente. «Esto haría que la zozobra y la angustia, que no sólo padecemos los familiares sino el país entero, se prolongara por interminables meses más», escribió. Y concluyó con una reverencia elegante: «Por mis convicciones, por el respeto que le profeso como Primer Magistrado de la Nación, sería incapaz de sugerirle alguna iniciativa de mi propia cosecha, pero sí me siento inclinada a suplicarle que en defensa de unas vidas inocentes no desestime el peligro que representa el factor tiempo». Una vez terminada y transcrita con buena letra, fueron dos hojas y un cuarto de tamaño oficio. Nydia dejó un mensaje en la secretaría privada de la presidencia para que le indicara dónde debía mandarlas.

Esa misma mañana se precipitó la tormenta con la noticia de que habían sido muertos los cabecillas de la banda de los Priscos: los hermanos David Ricardo y Armando Alberto Prisco Lopera, acusados de los siete magnicidios de aquellos años, y de ser los cerebros de los secuestros, entre ellos el de Diana Turbay y su equipo. Uno había muerto con la falsa identidad de Francisco Muñoz Serna, pero cuando Azucena Liévano vio la foto en los periódicos reconoció en él a Don Pacho, el hombre que se ocupaba de Diana y de ella durante el cautiverio. Su muerte, y la de su hermano, justo en aquellos momentos de confusión, fueron una pérdida irreparable para Escobar, y no tardaría en hacerlo saber con hechos.

Los Extraditables dijeron en un comunicado amenazante que David Ricardo no había sido muerto en combate, sino acribillado por la policía delante de sus pequeños hijos y de la esposa embarazada. Sobre su hermano Armando, el comunicado aseguró que tampoco había muerto en combate, como dijo la policía, sino asesinado en una finca de Rionegro, a pesar de que se encontraba paralítico como consecuencia de un atentado anterior. La silla de ruedas, decía el comunicado, se veía con claridad en el noticiero de la televisión regional.

Éste era el comunicado del cual le habían hablado a Pacho Santos. Se conoció el 25 de enero con el anuncio de que serían ejecutados dos rehenes en un intervalo de ocho días, y la primera orden había sido ya impartida contra Marina Montoya. Noticia sorprendente, pues se suponía que Marina había sido asesinada tan pronto como la secuestraron en setiembre.

«A eso me refería cuando le mandé al presidente el mensaje de los encostalados —ha dicho Nydia recordando aquella jornada atroz—. No es que fuera impulsiva, ni temperamental, ni que necesitara tratamiento siquiátrico. Es que a quien iban a matar era a mi hija, porque quizás no fui capaz de mover a quienes pudieron impedirlo.»

La desesperación de Alberto Villamizar no podía ser menor. «Ese día fue el más horrible que pasé en mi vida», dijo entonces, convencido de que las ejecuciones no se harían esperar. Quién sería: ¿Diana, Pacho, Maruja, Beatriz, Richard? Era una rifa de muerte que no quería imaginar siquiera. Enfurecido llamó al presidente Gaviria.

—Usted tiene que parar estos operativos —le dijo.

—No, Alberto —le contestó Gaviria con su tranquilidad escalofriante—. A mí no me eligieron para eso.

Villamizar colgó el teléfono, ofuscado por su propio

ímpetu. «¿Y ahora qué hago?», se preguntó. Para empezar pidió ayuda a los ex presidentes Alfonso López Michelsen y Misael Pastrana y a monseñor Darío Castrillón, obispo de Pereira. Todos hicieron declaraciones públicas de repudio a los métodos de los Extraditables y pidieron preservación de la vida de los rehenes. López Michelsen hizo por RCN un llamado al gobierno y a Escobar para que detuvieran la guerra y se buscara una solución política.

En aquel momento ya la tragedia estaba consumada. Minutos antes de la madrugada del 21 de enero, Diana había escrito la última hoja de su diario. «Estamos próximos a los cinco meses y sólo nosotros sabemos lo que es esto —escribió—. No quiero perder la fe y la esperanza de regresar a casa sana y salva.»

Ya no estaba sola. Después de la liberación de Azucena y Orlando había pedido que la reunieran con Richard, y fue complacida después de Navidad. Fue una fortuna para ambos. Conversaban hasta el agotamiento, escuchaban la radio hasta el amanecer, y así adquirieron la costumbre de dormir de día y vivir de noche. Se habían enterado de la muerte de los Priscos por una conversación de los guardianes. Uno lloraba. Otro, convencido de que aquél era el final, y refiriéndose sin duda a los secuestrados, preguntó: «¿Y ahora qué hacemos con la mercancía?». El que lloraba no lo pensó siquiera.

—Acabemos con ellos —dijo.

Diana y Richard no conciliaron el sueño después del desayuno. Días antes les habían anunciado que los cambiarían de casa. No les había llamado la atención, pues en el mes corto que llevaban juntos los habían mudado dos veces a refugios cercanos, previendo ataques reales o imaginarios de la policía. Poco antes de las once de la mañana del 25 estaban en el cuarto de Diana comentando en susurros el diálogo de los guardianes, cuando oyeron ruidos de helicópteros por el rumbo de Medellín.

Los servicios de inteligencia de la policía habían recibido en los últimos días numerosas llamadas anónimas sobre movimiento de gente armada en la vereda de Sabaneta —municipio de Copacabana—, y en especial en las fincas del Alto de la Cruz, Villa del Rosario y La Bola. Tal vez los carceleros de Diana y Richard planeaban trasladarlos al Alto de la Cruz, que era la finca más segura, porque estaba en una cumbre empinada y boscosa desde donde se dominaba todo el valle hasta Medellín. Como consecuencia de esas denuncias telefónicas y otros indicios propios, la policía estaba a punto de allanar la casa. Era un operativo de guerra grande: dos capitanes, nueve oficiales, siete suboficiales y noventa y nueve agentes, parte por tierra y parte en cuatro helicópteros artillados. Sin embargo, los guardianes ya no les hacían caso a los helicópteros porque pasaban a menudo sin que nada sucediera. De pronto uno de ellos se asomó a la puerta y lanzó el grito temible:

—¡Nos cayó la ley!

Diana y Richard se demoraron a propósito lo más que pudieron porque el momento era propicio para que llegara la policía: los cuatro guardianes eran de los menos duros, y parecían demasiado asustados para defenderse. Diana se cepilló los dientes y se puso una camisa blanca que había lavado el día anterior, se puso sus zapatos de tenis y los bluejeans que llevaba puestos el día del secuestro y que le quedaban demasiado grandes por la pérdida de peso. Richard se cambió de camisa y recogió el equipo de camarógrafo que le habían devuelto en esos días. Los guardianes parecían enloquecidos por el ruido creciente de los helicópteros que sobrevolaron la casa, se alejaron hacia el valle y volvieron casi a ras de los árboles. Los guardianes apuraban a gritos y empujaban a los secuestrados hacia la puerta de salida. Les dieron sombreros blancos para que los confundieran desde el aire con campesinos de la región. A Diana le echaron encima un pañolón negro y Richard se puso su chaqueta de cuero. Los guardianes les ordenaron correr hacia la montaña y ellos mismos lo hicieron también por separado con las armas montadas para disparar cuando los helicópteros estuvieran a su alcance. Diana y Richard empezaron a trepar por una trocha de piedras. La pendiente era muy pronunciada, y el sol ardiente caía a plomo desde el centro del cielo. Diana se sintió exhausta a los pocos metros cuando ya los helicópteros estaban a la vista. A la primera ráfaga, Richard se tiró al suelo. «No se mueva —le gritó Diana—. Hágase el muerto.» Al instante cayó a su lado, bocabajo.

—Me mataron —gritó—. No puedo mover las piernas.

No podía, en efecto, pero tampoco sentía ningún dolor, y le pidió a Richard que le examinara la espalda porque antes de caer había sentido en la cintura una especie de descarga eléctrica. Richard le levantó la camisa y vio a la altura de la cresta ilíaca izquierda un agujero minúsculo, nítido y sin sangre.

Como el tiroteo continuaba, cada vez más cerca, Diana insistía desesperada en que Richard la dejara allí y escapara, pero él permaneció a su lado esperando una ayuda para ponerla a salvo. Mientras tanto, le puso en la mano una Virgen que llevaba siempre en el bolsillo, y rezó con ella. El tiroteo cesó de pronto y aparecieron en la trocha dos agentes del Cuerpo Élite con sus armas en ristre.

Richard, arrodillado junto a Diana, levantó los brazos, y dijo: «¡No disparen!». Uno de los agentes lo miró con una cara de gran sorpresa y le preguntó:

—¿Dónde está Pablo?

—No sé —dijo Richard—. Soy Richard Becerra, el periodista. Aquí está Diana Turbay y está herida.

—Compruébelo —dijo un agente.

Richard le mostró la cédula de identidad. Ellos y algunos campesinos que surgieron de las breñas ayudaron a transportar a Diana en una hamaca improvisada con una sábana, y la acostaron dentro del helicóptero. El dolor se le había vuelto insoportable, pero estaba tranquila y lúcida, y sabía que iba a morir.

Media hora después, el ex presidente Turbay recibió una llamada de una fuente militar, para decirle que su hija Diana y Francisco Santos habían sido rescatados en Medellín mediante un operativo del Cuerpo Élite. De inmediato llamó a Hernando Santos, que lanzó un alarido de victoria, y ordenó a los telefonistas de su periódico que dieran la noticia a toda la familia dispersa. Luego llamó al apartamento de Alberto Villamizar, y le retransmitió la noticia tal como se la habían dado. «¡Qué maravilla!», gritó Villamizar. Su júbilo era sincero, pero enseguida cayó en la cuenta de que una vez liberados Pacho y Diana los únicos ejecutables que quedaban en manos de Escobar eran Maruja y Beatriz.

Mientras hacía llamadas de urgencia encendió el radio y comprobó que la noticia no estaba todavía en el aire. Iba a marcar el número de Rafael Pardo, cuando el teléfono volvió a timbrar. Era otra vez Hernando Santos para decirle descorazonado que Turbay había corregido la primera noticia. El liberado no era Francisco Santos sino el camarógrafo Richard Becerra, y Diana estaba malherida. Sin embargo, a Hernando Santos no lo perturbaba tanto el error, como la consternación de Turbay por haberle causado una falsa alegría.

Martha Lupe Rojas no estaba en su casa cuando la llamaron del noticiero para darle la noticia de que su hijo Richard había sido liberado. Ella había ido a casa de sus hermanos, y estaba tan pendiente de las noticias que se llevó su radio portátil inseparable. Pero aquel día, por primera vez desde el secuestro, no funcionó.

En el taxi que la llevaba al noticiero cuando alguien le dijo que su hijo estaba a salvo, la voz familiar del periodista Juan Gossaín la puso en la realidad: las informaciones de Medellín eran todavía muy confusas. Se había comprobado que Diana Turbay estaba muerta, pero no había nada claro sobre Richard Becerra. Martha Lupe empezó a rezar en voz baja: «Dios mío haz que las balas le pasen por un lado y no lo toquen». En ese momento, Richard llamó a su casa desde Medellín para contarle que estaba a salvo, y no la encontró. Pero el grito emocionado de Gossaín le devolvió el alma a Martha Lupe:

—¡Extra! ¡Extra! ¡El camarógrafo Richard Becerra está vivo!

Martha Lupe se echó a llorar, y no pudo controlarse hasta tarde en la noche, cuando recibió a su hijo en la redacción del noticiero *Criptón*. Hoy lo recuerda: «Estaba en los puros huesos, pálido y barbudo, pero vivo».

Rafael Pardo había recibido la noticia minutos antes en su oficina por una llamada de un periodista amigo que quería confirmar una versión del rescate. Llamó al general Maza Márquez y luego al director de la policía, general Gómez Padilla, y ninguno sabía de operativos de rescate. Al rato lo llamó Gómez Padilla y le informó que había sido un encuentro fortuito con el Cuerpo Élite en el curso de una operación de búsqueda de Escobar. Las unidades que operaban, dijo Gómez Padilla, no tenían ninguna información previa de que hubiera secuestradores en el lugar.

Desde que recibió la noticia de Medellín, el doctor Turbay había tratado de comunicarse con Nydia en la casa de Tabio, pero el teléfono estaba descompuesto. Mandó en una camioneta a su jefe de escolta con la noticia de que Diana estaba a salvo y la tenían en el hospital de Medellín para los exámenes de rutina. Nydia la recibió a las dos de la tarde, y en vez del grito de júbilo que había dado la familia, adoptó una actitud de dolor y asombro, y exclamó:

—¡Mataron a Diana!

En el camino de regreso a Bogotá, mientras escuchaba las noticias de la radio, se le acentuó la incertidumbre. «Seguí llorando —diría más tarde—. Pero entonces mi llanto no era a gritos, como antes, sino sólo de lágrimas.» Hizo una escala en su casa para cambiarse de ropa antes de ir al aeropuerto, donde esperaba a la familia el decrépito Fokker presidencial que volaba por la gracia divina después de casi treinta años de trabajos forzados. La noticia en ese momento era que Diana estaba bajo cuidados intensivos, pero Nydia no le creía nada a nadie más que a sus instintos. Fue derecho al teléfono, y pidió hablar con el presidente de la república.

—Mataron a Diana, señor presidente —le dijo—. Y eso es obra suya, es su culpa, es la consecuencia de su alma de piedra.

El presidente se alegró de poder contradecirla con una buena noticia.

—No, señora —dijo con su voz más calmada—. Parece ser que hubo un operativo y todavía no se tiene nada claro. Pero Diana está viva.

—No —replicó Nydia—. La mataron.

El presidente, que estaba en comunicación directa con Medellín, no tenía duda.

—¿Y por qué lo sabe?

Nydia contestó con una convicción absoluta:

—Porque me lo dice mi corazón de madre.

Su corazón fue certero. Una hora después, María Emma Mejía, la consejera presidencial para Medellín, subió al avión que llevó a la familia Turbay y les dio la mala noticia. Diana había muerto desangrada, después de varias horas de esfuerzos médicos que de todos modos habrían sido inútiles. Había perdido el conocimiento en el helicóptero que la transportó a Medellín desde el lugar del encuentro con la policía, y no lo había recobrado. Tenía la columna vertebral fracturada al nivel de la cintura por una bala explosiva de alta velocidad y mediano calibre que estalló en esquirlas dentro de su cuerpo y le produjo una parálisis general de la que no se habría repuesto jamás.

Nydia sufrió un impacto mayor cuando la vio en el hospital, desnuda en la mesa de cirugía, pero cubierta con una sábana ensangrentada, con el rostro sin expresión y la piel sin color por el desangre completo. Tenía una enorme incisión quirúrgica en el pecho por donde los médicos habían introducido el puño para darle masajes al corazón.

Tan pronto como salió del quirófano, ya más allá del dolor y la desesperanza, Nydia convocó en el mismo hospital una conferencia de prensa feroz. «Ésta es la historia de una muerte anunciada», empezó. Convencida de que Diana había sido víctima de un operativo ordenado desde Bogotá —según las informaciones que le dieron desde su llegada a Medellín— hizo un recuento minucioso de las súplicas que la familia y ella misma habían hecho al presidente de la república para que la policía no lo intentara. Dijo que la insensatez y la criminalidad de los Extraditables eran los culpables de la muerte de su hija, pero que en igual proporción lo eran el gobierno y el presidente de la república en persona. Pero sobre todo el presidente, «que con indolencia y casi con frialdad e indiferencia desoyó las súplicas que se le hacían para que no fuesen rescatados y no fuesen puestas en peligro las vidas de los secuestrados».

Esta declaración terminante, divulgada en directo por todos los medios, provocó una reacción de solidaridad en la opinión pública, e indignación en el gobierno. El presidente convocó a Fabio Villegas, su secretario general; a Miguel Silva, su secretario privado; a Rafael Pardo, su consejero de Seguridad, y a Mauricio Vargas, su consejero de Prensa. El propósito era elaborar un rechazo enérgico a la declaración de Nydia. Pero una reflexión más a fondo los condujo a la conclusión de que el dolor de una madre no se controvierte. Gaviria lo entendió así, y canceló el propósito de la reunión e impartió la orden:

—Vamos al entierro.

No sólo él sino el gobierno en pleno.

El encono de Nydia no le dio una tregua. Con alguien cuyo nombre no recordaba le había mandado la carta tardía al presidente —cuando ya sabía que Diana había muerto—, tal vez para que llevara siempre en la conciencia su carga premonitoria. «Obviamente, no esperé que me respondiera», dijo.

Al final de la misa de cuerpo presente en la catedral —concurrida como pocas— el presidente se levantó de su silla y recorrió solo la desierta nave central, seguido por todas las miradas, por los relámpagos de los fotógrafos, por las cámaras de televisión, y le tendió la mano a Nydia con la seguridad de que se la dejaría tendida. Nydia se la estrechó con un desgano glacial. En realidad, para ella fue un alivio, pues lo que temía era que el presidente la abrazara. En cambio, apreció el beso de condolencia de Ana Milena, su esposa.

Todavía no fue el final. Apenas aliviada de los compromisos del duelo, Nydia solicitó una nueva audiencia con el presidente para informarlo de algo importante que debía saber antes de su discurso de aquel día sobre la muerte de Diana. Silva transmitió el mensaje al pie de la letra, y el presidente hizo entonces la sonrisa que Nydia no le vería jamás.

—A lo que viene es a vaciarme —dijo—. Pero que venga, claro.

La recibió como siempre. Nydia, en efecto, entró en la oficina, vestida de negro y con un talante distinto: sencilla y adolorida. Fue directo a lo que iba, y se lo dejó ver al presidente desde la pimera frase:

—Vengo a prestarle un servicio.

La sorpresa fue que, en efecto, empezó con sus excusas por haber creído que el presidente había ordenado el operativo en que murió Diana. Ahora sabía que ni siquiera había sido informado. Y quería decirle además que también en aquel momento lo estaban engañando, pues tampoco era cierto que el operativo fuera para buscar a Pablo Escobar sino para rescatar a los rehenes, cuyo paradero había sido revelado bajo tortura por uno de los sicarios capturados por la policía. El sicario —explicó Nydia— había aparecido después como uno de los muertos en combate.

El relato fue dicho con energía y precisión, y con la esperanza de despertar el interés del presidente, pero no descubrió ni una señal de compasión. «Era como un bloque de hielo», diría más tarde evocando aquel día. Sin saber por qué ni en qué instante, y sin poder evitarlo, empezó a llorar. Entonces se le revolvió el temperamento que había logrado dominar, y cambió por completo de tema y de modo. Le reclamó al presidente su indiferencia y su frialdad por no cumplir con la obligación constitucional de salvar las vidas de los secuestrados.

—Póngase a pensar —concluyó—, si la niña suya hubiera estado en estas circunstancias. ¿Qué habría hecho usted?

Lo miró directo a los ojos, pero estaba ya tan exaltada que el presidente no pudo interrumpirla. Él mismo lo contaría más tarde: «Me preguntaba, pero no me daba tiempo de contestar». Nydia, en efecto, le cerró el paso con otra pregunta: «¿Usted no cree, señor presidente, que se equivocó en el manejo que le dio a este problema?». El presidente dejó ver por primera vez una sombra de duda. «Nunca había sufrido tanto», diría años después. Pero sólo pestañeó, y dijo con su voz natural:

—Es posible.

Nydia se puso de pie, le dio la mano en silencio, y salió de la oficina antes de que él pudiera abrirle la puerta. Miguel Silva entró entonces en el despacho y encontró al presidente muy impresionado con la historia del sicario muerto. Sin pérdida de tiempo, Gaviria le escribió una carta privada al procurador general para que investigara el caso y se hiciera justicia.

La mayoría de las personas coincidían en que la acción había sido para capturar a Escobar o a un capo importante, pero que aun dentro de esa lógica fue una estupidez y un fracaso irreparable. Según la versión inmediata de la policía, Diana había muerto en desarrollo de un operativo de búsqueda con apoyo de helicópteros y personal de tierra. Sin proponérselo se encontraron con el comando que llevaba a Diana Turbay y al camarógrafo Richard Becerra. En la huida, uno de los secuestradores le disparó a Diana por la espalda y le fracturó la espina dorsal. El camarógrafo salió ileso. Diana fue trasladada al Hospital General de Medellín en un helicóptero de la policía, y allí murió a las cuatro y treinta y cinco de la tarde.

La versión de Pablo Escobar era muy distinta y coincidía en sus puntos esenciales con la que Nydia le contó al presidente. Según él, la policía había hecho el operativo a sabiendas de que los secuestrados estaban en el lugar. La información se la habían arrancado bajo tortura a dos sicarios suyos que identificó con sus nombres reales y números de cédula. Éstos, según el comunicado, habían sido aprehendidos y torturados por la policía, y uno de ellos había guiado desde un helicóptero a los jefes del operativo. Dijo que Diana fue muerta por la policía cuando huía del combate, ya liberada por sus captores. Dijo, por último, que en la escaramuza habían muerto también tres campesinos inocentes que la policía presentó a la prensa como sicarios caídos en combate. Este informe debió darle a Escobar las satisfacciones que esperaba en cuanto a sus denuncias de violaciones de derechos humanos por parte de la policía.

Richard Becerra, el único testigo disponible, fue asediado por los periodistas la misma noche de la tragedia en un salón de la Dirección General de Policía en Bogotá. Estaba todavía con la chamarra de cuero negro con que lo habían secuestrado y con el sombrero de paja que le habían dado sus captores para que pasara por campesino. Su estado de ánimo no era el mejor para dar algún dato esclarecedor.

La impresión que dejó en sus colegas más comprensivos fue que la confusión de los hechos no le había permitido formarse un juicio de la noticia. Su declaración de que el proyectil que mató a Diana lo disparó a propósito uno de los secuestradores, no encontró piso firme en ninguna evidencia. La creencia general, por encima de todas las conjeturas, fue que Diana murió por accidente entre los fuegos cruzados. Sin embargo, la investigación definitiva quedaba a cargo del procurador general en atención a la carta que le envió el presidente Gaviria después de las revelaciones de Nydia Quintero.

El drama no había terminado. Ante la incertidumbre pública sobre la suerte de Marina Montoya, los Extraditables emitieron un nuevo comunicado el 30 de enero, en el que reconocían haber dado la orden de ejecutarla desde el día 23. Pero: «por motivos de clandestinidad y de comunicación, no tenemos información —a la fecha— si la ejecutaron o la liberaron. Si la ejecutaron no entendemos los motivos por los cuales la policía aún no ha reportado su cadáver. Si la liberaron, sus familiares tienen la palabra». Sólo entonces, siete días después de ordenado el asesinato, se emprendió la búsqueda del cadáver.

El médico legista Pedro Morales, que había colaborado en la autopsia, leyó el comunicado en la prensa y se imaginó que el cadáver de Marina Montoya era el de la señora de la ropa fina y las uñas impecables. Así fue. Sin embargo, tan pronto como se estableció la identidad, alguien que dijo ser del Ministerio de Justicia presionó por teléfono al Instituto de Medicina Legal para que no se supiera que el cadáver estaba en la fosa común.

Luis Guillermo Pérez Montoya, el hijo de Marina, salía a almorzar cuando la radio transmitió la primicia. En el Instituto de Medicina Legal le mostraron el retrato de la mujer desfigurada por los balazos y le costó trabajo reconocerla. En el Cementerio del Sur tuvieron que preparar un dispositivo especial de policía, porque ya la noticia estaba en el aire y tuvieron que abrirle paso a Luis Guillermo Pérez para que llegara hasta la fosa por entre una muchedumbre de curiosos.

De acuerdo con los reglamentos de Medicina Legal, el cuerpo de un NN debe ser enterrado con el número de serie impreso en el torso, los brazos y las piernas, para que se le pueda reconocer aun en caso de ser desmembrado. Debe envolverse en una tela de plástico negro, como las que se usan para la basura y atada por los tobillos y las muñecas con cuerdas resistentes. El cuerpo de Marina Montoya —según lo comprobó su hijo— estaba desnudo y cubierto de lodo, tirado de cualquier modo en la fosa común, y sin los tatuajes de identificación ordenados por la ley. A su lado estaba el cadáver del niño que habían enterrado al mismo tiempo, envuelto en la sudadera rosada.

Ya en el anfiteatro, después de que la lavaron con una manguera a presión, el hijo le revisó la dentadura, y tuvo un instante de vacilación. Le parecía recordar que a Marina le faltaba el premolar izquierdo, y el cadáver tenía la dentadura completa. Pero cuando le examinó las manos y las puso sobre las suyas no le quedó rastro de dudas: eran iguales. Otra sospecha había de persistir, quizás para siempre: Luis Guillermo Pérez estaba convencido de que el cadáver de su madre había sido identificado cuando se hizo el levantamiento, y de que fue enviado a la fosa común sin más trámites para que no quedara ningún rastro que pudiera inquietar a la opinión pública o perturbar al gobierno.

La muerte de Diana —aun antes del hallazgo del cadáver de Marina— fue definitiva para el estado del país. Cuando Gaviria se había negado a modificar el segundo decreto no había cedido ante las asperezas de Villamizar y las súplicas de Nydia. Su argumento, en síntesis, era que los decretos no podían juzgarse en función de los secuestros sino en función del interés público, así como Escobar no secuestraba para presionar la entrega sino para forzar la no extradición y conseguir el indulto. Esas reflexiones lo condujeron a una modificación final del decreto. Era difícil después de haber resistido a las súplicas de Nydia y a tantos otros dolores ajenos para cambiar la fecha, pero resolvió afrontarlo.

Villamizar recibió esta noticia a través de Rafael Pardo. El tiempo de la espera le parecía infinito. No había tenido un minuto de paz. Vivía pendiente del radio y del teléfono, y su alivio era inmenso cuando no era una mala noticia. Llamaba a Pardo a cualquier hora. «¿Cómo va la cosa?», le preguntaba. «¿Hasta dónde va a llegar esta situación?» Pardo lo calmaba con cucharaditas de racionalismo. Todas las noches volvía a casa en el mismo estado. «Hay que sacar ese decreto o aquí van a matar a todo el mundo», decía. Pardo lo calmaba. Por fin, el 28 de enero, fue Pardo quien lo llamó para decirle que ya estaba para la firma del presidente el decreto definitivo. La demora se debía a que todos los ministros debían firmarlo, y no encontraban por ninguna parte al de Comunicaciones, Alberto Casas Santamaría. Al fin lo ubicó Rafael Pardo por teléfono, y lo conminó con su buen talante de viejo amigo.

—Señor ministro —le dijo—. O usted está aquí en media hora para firmar el decreto, o no es más ministro.

El 29 de enero fue promulgado el decreto 303 en el cual se resolvieron todos los escollos que habían impedido hasta entonces la entrega de los narcotraficantes. Tal como lo habían supuesto en el gobierno, nunca lograrían recoger la creencia generalizada de que fue un acto de mala conciencia por la muerte de Diana. Esto, como siempre, daba origen a otras divergencias: los que pensaban que era una concesión a los narcos por la presión de una opinión pública conmocionada, y los que lo entendieron como un acto presidencial insoslayable, aunque tardío de cualquier modo para Diana Turbay. En todo caso, el presidente Gaviria lo firmó por convicción, a sabiendas de que la demora podía interpretarse como una prueba de inclemencia, y la decisión tardía proclamada como un acto de debilidad.

El día siguiente, a las siete de la mañana, el presidente le correspondió a Villamizar una llamada que le había hecho la víspera para agradecerle el decreto. Gaviria escuchó en absoluto silencio sus razones, y compartió su angustia del 25 de enero.

—Fue un día terrible para todos —dijo.

Villamizar llamó entonces a Guido Parra con la conciencia aliviada. «Usted no se pondrá a joder ahora con que este decreto no es el bueno», le dijo. Guido Parra ya lo había leído a fondo.

—Listo —dijo—, aquí no hay ningún problema. ¡Mire cuánto nos hubiéramos evitado desde antes!

Villamizar quiso saber cuál sería el paso siguiente.

—Nada —dijo Guido Parra—. Esto es cuestión de cuarenta y ocho horas.

Los Extraditables hicieron saber de inmediato en un comunicado que desistían de las ejecuciones anunciadas en vista de las solicitudes de varias personalidades del país. Se referían quizás a los mensajes radiales que les habían hecho llegar López Michelsen, Pastrana y Castrillón. Pero en el fondo podía interpretarse como una aceptación del decreto. «Respetaremos la vida de los rehenes que permanecen en nuestro poder», decía el comunicado. Como concesión especial, anunciaban también que en las primeras horas de ese mismo día iban a liberar un secuestrado. Villamizar, que estaba con Guido Parra, tuvo un sobresalto de sorpresa.

—Cómo así que uno —le gritó—. Usted me había dicho que salían todos.

Guido Parra no se alteró.

—Tranquilo, Alberto —le dijo—. Esto es cuestión de ocho días.

7

Maruja y Beatriz no se habían enterado de las muertes. Sin televisor ni radio, y sin más informaciones que las del enemigo, era imposible adivinar la verdad. Las contradicciones de los propios guardianes desbarataron la versión de que a Marina la habían llevado a una finca, de modo que cualquier otra conjetura conducía al mismo callejón sin salida: o estaba libre o estaba muerta. Es decir: antes eran ellas las únicas que la sabían viva, y ahora eran las únicas que no sabían que estaba muerta.

La cama sola se había convertido en un fantasma ante la incertidumbre de lo que habían hecho con Marina. El Monje había regresado media hora después de que se la llevaran. Entró como una sombra y se enroscó en un rincón. Beatriz le preguntó a quemarropa:

—¿Qué hicieron con Marina?

El Monje le contó que cuando salió con ella lo habían esperado en el garaje dos jefes nuevos que no entraron en el cuarto. Que él les preguntó para dónde la llevaban, y uno de ellos le contestó enfurecido: «Grandísimo hijueputa, aquí no se hacen preguntas». Que después le ordenaron que volviera a casa y dejara a Marina en manos de Barrabás, el otro guardián de turno.

La versión parecía creíble a primera oída. No era fácil que el Monje tuviera tiempo de ir y volver en tan poco tiempo si hubiera participado en el crimen, ni que tuviera corazón para matar a una mujer en ruinas a la que parecía querer como a su abuela y que lo mimaba como a un nieto. En cambio, Barrabás tenía fama de ser un sanguinario sin corazón que además se vanagloriaba de sus crímenes. La incertidumbre se hizo más inquietante por la madrugada, cuando Maruja y Beatriz se despertaron por un lamento de animal herido, y era que el Monje estaba sollozando. No quiso el desayuno, y varias veces se le oyó suspirar: «¡Qué dolor que se hayan llevado a la abuela!». Sin embargo, nunca dejó entender que estuviera muerta. Hasta la tenacidad con que el mayordomo se negaba a devolver el televisor y el radio aumentaba la sospecha del asesinato.

Damaris, después de varios días fuera de casa, regresó en un estado de ánimo que sumó un elemento más a la confusión. En uno de los paseos de madrugada, Maruja le preguntó dónde había ido, y ella le contestó con la misma voz con que hubiera dicho la verdad: «Estoy cuidando a doña Marina». Sin darle a Maruja una pausa para pensar, agregó: «Siempre las recuerda y les manda muchos saludos». Y enseguida, en un tono aún más casual, dijo que Barrabás no había regresado porque era el responsable de su seguridad. A partir de entonces, cada vez que Damaris salía a la calle por cualquier motivo, regresaba con noticias tanto menos creíbles cuanto más entusiastas. Todas terminaban con una fórmula ritual:

—Doña Marina está divinamente.

Maruja no tenía una razón para creerle más a Damaris que al Monje, o a cualquier otro de los guardianes, pero tampoco la tenía para no creerles en unas circunstancias en que todo parecía posible. Si en realidad Marina estaba viva, no tenían razones para mantener a las rehenes sin noticias ni distracciones, como no fuera para ocultarles otras verdades peores.

No había nada que pareciera descabellado para la imaginación desmandada de Maruja. Hasta entonces había ocultado sus inquietudes a Beatriz, temerosa de que no pudiera resistir la verdad. Pero Beatriz estaba a salvo de toda contaminación. Había rechazado desde el principio cualquier sospecha de que Marina estuviera muerta. Sus sueños la ayudaban. Soñaba que su hermano Alberto, tan real como en la vida, le hacía recuentos puntuales de sus gestiones, de lo bien que iban, de lo poco que les faltaba a ellas para ser libres. Soñaba que su padre la tranquilizaba con la noticia de que las tarjetas de crédito olvidadas en el bolso estaban a salvo. Eran visiones tan vívidas que en el recuerdo no podía distinguirlas de la realidad.

Por esos días estaba terminando su turno con Maruja y Beatriz un muchacho de diecisiete años que se hacía llamar Jonás. Oía música desde las siete de la mañana en una grabadora gangosa. Tenía canciones favoritas que repetía hasta el agotamiento a un volumen enloquecedor. Mientras tanto, como parte del coro, gritaba: «Vida hija de puta, malparida, yo no sé por qué me metí en esto». En momentos de calma hablaba de su familia con Beatriz. Pero sólo llegaba al borde del abismo con un suspiro insondable: «¡Si ustedes supieran quién es mi papá!». Nunca lo dijo, pero ese y otros muchos enigmas de los guardianes contribuían a enrarecer aún más el ambiente del cuarto.

El mayordomo, custodio del bienestar doméstico, debió de informar a sus jefes sobre la inquietud reinante, pues dos de ellos aparecieron por esos días con ánimo conciliador. Negaron una vez más el radio y el televisor, pero en cambio trataron de mejorar la vida diaria. Prometieron libros, pero les llevaron muy pocos, y entre ellos una novela de Corín Tellado. Les llegaron revistas de entretenimiento pero ninguna de actualidad. Hicieron poner un foco grande donde antes estuvo el azul, y ordenaron encenderlo por una hora a las siete de la mañana y otra a las siete de la noche para que se pudiera leer, pero Beatriz y Maruja estaban tan acostumbradas a la penumbra que no podían resistir una claridad intensa. Además, la luz recalentaba el aire del cuarto hasta volverlo irrespirable.

Maruja se dejó llevar por la inercia de los desahuciados. Permanecía día y noche haciéndose la dormida en el colchón, de cara a la pared para no tener que hablar. Apenas si comía. Beatriz ocupó la cama vacía y se refugió en los crucigramas y acertijos de las revistas. La realidad era cruda y dolorosa, pero era la realidad: había más espacio en el cuarto para cuatro que para cinco, menos tensiones, más aire para respirar.

Jonás terminó su turno a fines de enero y se despidió de las rehenes con una prueba de confianza. «Quiero contarles algo con la condición de que nadie sepa quién se lo dijo», advirtió. Y soltó la noticia que lo carcomía por dentro:

—A doña Diana Turbay la mataron.

El golpe las despertó. Para Maruja fue el instante más terrible del cautiverio. Beatriz trataba de no pensar en lo que le parecía irremediable: «Si mataron a Diana, la que sigue soy yo». A fin de cuentas, desde el primero de enero, cuando el año viejo se fue sin que las liberaran, se había dicho: «O me sueltan o me dejo morir».

Un día de ésos, mientras Maruja jugaba una partida de dominó con otro guardián, el Gorila se tocó distintos puntos del pecho con el índice, y dijo: «Siento algo muy feo por aquí. ¿Qué será?». Maruja interrumpió la jugada, lo miró con todo el desprecio de que fue capaz, y le dijo: «O son gases o es un infarto». Él soltó la metralleta en el piso, se levantó aterrorizado, se puso en el pecho la mano abierta con todos los dedos extendidos, y lanzó un grito colosal:

—¡Me duele el corazón, carajo!

Se derrumbó sobre los trastos del desayuno, y quedó tendido boca abajo. Beatriz, que se sabía odiada por él, sintió el impulso profesional de auxiliarlo, pero en ese momento entraron el mayordomo y su mujer, asustados por el grito y el estropicio de la caída. El otro guardián, que era pequeño y frágil, había tratado de hacer algo, pero se lo impidió el estorbo de la metralleta, y se la entregó a Beatriz.

—Usted me responde por doña Maruja —le dijo.

Él, el mayordomo y Damaris, juntos, no pudieron cargar al caído. Lo agarraron como pudieron, y lo arrastraron hasta la sala. Beatriz, con la metralleta en la mano, y Maruja, atónita, vieron la metralleta del otro guardián abandonada en el piso, y a las dos las estremeció la misma tentación. Maruja sabía disparar un revólver, y alguna vez le habían explicado cómo manejar la metralleta, pero una lucidez providencial le impidió recogerla. Beatriz, por su parte, estaba familiarizada con las prácticas militares. En un entrenamiento de cinco años, dos veces por semana, pasó por los grados de subteniente y teniente, y alcanzó el de capitán asimilado en el Hospital Militar. Había hecho un curso especial de artillería de cañón. Sin embargo, también ella se dio cuenta de que llevaban todas las de perder. Ambas se consolaron con la idea de que el Gorila no volvería jamás. No volvió, en efecto.

Cuando Pacho Santos vio por televisión el entierro de Diana y la exhumación de Marina Montoya, se dio cuenta de que no le quedaba otra alternativa que fugarse. Ya para entonces tenía una idea aproximada de dónde se encontraba. Por las conversaciones y los descuidos de los guardianes, y por otras artes de periodista logró establecer que estaba en una casa de esquina en algún barrio vasto y populoso del occidente de Bogotá. Su cuarto era el principal del segundo piso con la ventana exterior clausurada con tablas. Se dio cuenta de que era una casa alquilada, y tal vez sin contrato legal, porque la propietaria iba a principios de cada mes a cobrar el arriendo. Era el único extraño que entraba y salía, y antes de abrirle la puerta de la calle subían a encadenar a Pacho en la cama, lo obligaban con amenazas a permanecer en absoluto silencio, y apagaban el radio y el televisor.

Había establecido que la ventana clausurada en el cuarto daba sobre el antejardín, y que había una puerta de salida al final del corredor estrecho donde estaban los servicios sanitarios. El baño podía utilizarlo a discreción sin ninguna vigilancia con sólo atravesar el corredor, pero antes tenía que pedir que lo desencadenaran. Allí la única ventilación era una ventana por donde podía verse el cielo. Tan alta, que no sería fácil alcanzarla, pero tenía un diámetro suficiente para salir por ella. Hasta entonces no tenía una idea de adónde podía conducir. En el cuarto vecino, dividido en camarotes de metal rojo, dormían los guardianes que no estaban de turno. Como eran cuatro se relevaban de dos en dos cada seis horas. Sus armas no estuvieron nunca a la vista en la vida cotidiana, aunque siempre las llevaban consigo. Sólo uno dormía en el suelo junto a la cama matrimonial.

Estableció que estaban cerca de una fábrica, cuyo silbato se escuchaba varias veces al día, y por los coros diarios y la algarabía de los recreos sabía que estaba cerca de un colegio. En cierta ocasión pidió una pizza y se la llevaron en menos de cinco minutos, todavía caliente, y así supo que la preparaban y vendían tal vez en la misma cuadra. Los periódicos los compraban sin duda al otro lado de la calle y en una tienda grande, porque vendían también las revistas *Time* y *Newsweek*. Durante la noche lo despertaba la fragancia del pan recién horneado de una panadería. Con preguntas tramposas logró saber por los guardianes que a cien metros a la redonda había una farmacia, un taller de automóvil, dos cantinas, una fonda, un zapatero remendón y dos paraderos de buses. Con esos y muchos otros datos recogidos a pedazos trató de armar el rompecabezas de sus vías de escape.

Uno de los guardianes le había dicho que en caso de que llegara la ley tenían la orden de entrar antes en el cuarto y dispararle tres tiros a quemarropa: uno en la cabeza, otro en el corazón y otro en el hígado. Desde que lo supo consiguió quedarse con una botella de gaseosa de a litro, que mantenía al alcance de la mano para blandirla como un mazo. Era la única arma posible.

El ajedrez —que un guardián le enseñó a jugar con un talento notable— le había dado una nueva medida del tiempo. Otro del turno de octubre era un experto en telenovelas y lo inició en el vicio de seguirlas sin preocuparse si eran buenas o malas. El secreto era no preocuparse mucho por el episodio de hoy sino aprender a imaginarse las sorpresas del episodio de mañana. Veían juntos los programas de Alexandra, y compartían los noticieros de radio y televisión.

Otro guardián le había quitado veinte mil pesos que

llevaba en el bolsillo el día del secuestro, pero en compensación le prometió llevarle todo lo que él le pidiera. Sobre todo, libros: varios de Milan Kundera, *Crimen y Castigo*, la biografía del general Santander de Pilar Moreno de Ángel. Él fue quizás el único colombiano de su generación que oyó hablar de José María Vargas Vila, el escritor colombiano más popular en el mundo a principios del siglo, y se apasionó con sus libros hasta las lágrimas. Los leyó casi todos, escamoteados por uno de los guardianes en la biblioteca de su abuelo. Con la madre de otro guardián mantuvo una entretenida correspondencia durante varios meses hasta que se la prohibieron los responsables de su seguridad. La ración de lectura se completaba con los periódicos del día que le llevaban por la tarde sin desdoblar. El guardián encargado de llevárselos tenía una inquina visceral contra los periodistas. En especial contra un conocido presentador de televisión, al cual apuntaba con su metralleta cuando aparecía en pantalla.

—A ése me lo cargo de gratis —decía.

Pacho no vio nunca a los jefes. Sabía que iban de vez en cuando, aunque nunca subieron al dormitorio, y que hacían reuniones de control y trabajo en un café de Chapinero. Con los guardianes, en cambio, logró establecer una relación de emergencia. Tenían el poder sobre la vida y la muerte, pero le reconocieron siempre el derecho de negociar algunas condiciones de vida. Casi a diario ganaba unas o perdía otras. Perdió hasta el final la de dormir encadenado, pero se ganó su confianza jugando al *remis*, un juego pueril de trampas fáciles que consiste en hacer tríos y escaleras con diez cartas. Un jefe invisible les mandaba cada quince días cien mil pesos prestados que se repartían entre todos para jugar. Pacho perdió siempre. Sólo al cabo de seis meses le confesaron que todos le hacían trampas, y si acaso lo dejaron ganar algunas veces fue para que no perdiera el entusiasmo. Eran juegos de mano con maestría de prestidigitadores.

Ésa había sido su vida hasta el Año Nuevo. Desde el primer día había previsto que el secuestro sería largo, y su relación con los guardianes le había hecho pensar que podría sobrellevarlo. Pero las muertes de Diana y Marina le derrotaron el optimismo. Los mismos guardianes que antes lo alentaban, volvían de la calle con los ánimos caídos. Parecía ser que todo estaba detenido a la espera de que la Constituyente se pronunciara sobre la extradición y el indulto. Entonces no tuvo duda de que la opción de la fuga era posible. Con una condición: sólo la intentaría cuando viera cerrada cualquier otra alternativa.

Para Maruja y Beatriz también se había cerrado el horizonte después de las ilusiones de diciembre, pero volvió a entreabrirse a fines de enero por los rumores de que serían liberados dos rehenes. Ellas ignoraban entonces cuántos quedaban o si había algunos más recientes. Maruja dio por hecho que la liberada sería Beatriz. La noche del 2 de febrero, durante la caminata en el patio, Damaris lo confirmó. Tan segura estaba, que compró en el mercado un lápiz de labios, colorete, sombras para los párpados, y otras minucias de tocador para el día que salieran. Beatriz se afeitó las piernas en previsión de que no tuviera tiempo a última hora.

Sin embargo, dos jefes que las visitaron el día siguiente no dieron ninguna precisión sobre quién sería la liberada, ni si en realidad habría alguna. Se les notaba el rango. Eran distintos y más comunicativos que todos los anteriores. Confirmaron que un comunicado de los Extraditables había anunciado la liberación de dos, pero podían haber surgido algunos obstáculos imprevistos. Esto les recordó a las cautivas la promesa anterior de liberarlas el 9 de diciembre, que tampoco cumplieron.

Los nuevos jefes empezaron por crear un ambiente de optimismo. Entraban a cualquier hora con un alborozo sin fundamentos serios. «Esto va como bien», decían. Comentaban las noticias del día con un entusiasmo infantil, pero se negaban a devolver el televisor y el radio para que las secuestradas pudieran conocerlas en directo. Uno de ellos, por maldad o por estupidez, se despidió una noche con una frase que pudo matarlas de terror por su doble sentido: «Tranquilas, señoras, la cosa va a ser muy rápida».

Fue una tensión de cuatro días en los que fueron dando poco a poco los pedazos dispersos de la noticia. El tercer día dijeron que soltarían sólo un rehén. Que podía ser Beatriz, porque a Francisco Santos y a Maruja los tenían reservados para destinos más altos. Lo más angustioso para ellas era no poder confrontar esas noticias con las de la calle. Y sobre todo con Alberto, que tal vez conociera mejor que los mismos jefes la causa real de las incertidumbres.

Por fin, el día 7 de febrero llegaron más temprano que de costumbre y destaparon el juego: salía Beatriz. Maruja tendría que esperar una semana más. «Faltan todavía unos detallitos», dijo uno de los encapuchados. Beatriz sufrió una crisis de locuacidad que dejó a los jefes agotados, y al mayordomo y su mujer, y por último a los guardianes. Maruja no le puso atención, herida por un rencor sordo contra su marido, por la idea peregrina de que había preferido liberar a la hermana antes que a ella. Fue presa del encono durante toda la tarde, y sus rescoldos se mantuvieron tibios durante varios días.

Aquella noche la pasó aleccionando a Beatriz sobre

cómo debía contarle a Alberto Villamizar los pormenores del secuestro, y el modo como debía manejarlos para mayor seguridad de todos. Cualquier error, por inocente que pareciera, podía costar una vida. Así que Beatriz debía hacerle a su hermano un relato escueto y veraz de la situación sin atenuar ni exagerar nada que pudiera hacerlo sufrir menos o preocuparse más: la verdad cruda. Lo que no debía decirle era cualquier dato que permitiera identificar el lugar donde ellas estaban. Beatriz lo resintió.

—¿Es que usted no confía en mi hermano?

—Más que en nadie en este mundo —dijo Maruja—, pero este compromiso es entre usted y yo, y nadie más. Usted me responde de que nadie lo sepa.

Su temor era fundado. Conocía el carácter impulsivo de su esposo, y quería evitar por el bien de ambos y de todos que intentara un rescate con la fuerza pública. Otro mensaje a Alberto era que consultara si la medicina que tomaba ella para la circulación no tenía efectos secundarios. El resto de la noche se les fue preparando un sistema más eficaz para cifrar los mensajes por radio y televisión, y para el caso de que en el futuro autorizaran la correspondencia escrita. Sin embargo, en el fondo de su alma estaba dictando un testamento: qué debía hacerse con los hijos, con sus antigüedades, con las cosas comunes que merecían una atención especial. Fue tan vehemente, que uno de los guardianes que la oyó se apresuró a decirle:

—Tranquila. A usted no le va a pasar nada.

Al día siguiente esperaron con mayor ansiedad, pero nada pasó. Siguieron conversando durante la tarde. Por fin, a las siete de la noche, la puerta se abrió de golpe y entraron los dos jefes conocidos, y uno nuevo, y se dirigieron de frente a Beatriz:

—Venimos por usted, alístese.

Beatriz se aterrorizó con aquella repetición terrorífica de la noche en que se llevaron a Marina: la misma puerta que se abrió, la misma frase que podía servir por igual para ser libre que para morir, el mismo enigma sobre su destino. No entendía por qué a Marina, como a ella, le habían dicho: «Venimos por usted», en vez de lo que ella ansiaba oír: «Vamos a liberarla». Tratando de provocar la respuesta con un golpe de astucia, preguntó:

—¿Me van a liberar con Marina?

Los dos jefes se crisparon.

—¡No haga preguntas! —le respondió uno de ellos con un gruñido áspero—. ¡Yo qué voy a saber de eso!

Otro, más persuasivo, remató:

—Una cosa no tiene nada que ver con la otra. Esto es político.

La palabra que Beatriz ansiaba —*liberación*— se quedó sin ser dicha. Pero el ambiente era alentador. Los jefes no tenían prisa. Damaris, con una minifalda de colegiala, les llevó gaseosas y un ponqué para la despedida. Hablaron de la noticia del día que las cautivas ignoraban: habían secuestrado en Bogotá, en operaciones separadas, a los industriales Lorenzo King Mazuera y Eduardo Puyana, al parecer por los Extraditables. Pero también les contaron que Pablo Escobar estaba ansioso por entregarse al cabo de tanto tiempo de vivir al azar. Inclusive, se decía, en las alcantarillas. Prometieron llevar el televisor y el radio esa misma noche para que Maruja pudiera ver a Beatriz rodeada por su familia.

El análisis de Maruja parecía razonable. Hasta entonces sospechaba que Marina había sido ejecutada, pero aquella noche no le quedó duda alguna por la diferencia del ceremonial en ambos casos. Para Marina no habían ido jefes a aclimatar los ánimos con varios días de anticipación. Tampoco habían ido a buscarla, sino que mandaron a dos matones rasos sin ninguna autoridad y con sólo cinco minutos para cumplir la orden. La despedida con tarta y vino que le hicieron a Beatriz habría sido un homenaje macabro si fueran a matarla. En el caso de Marina les habían quitado el televisor y el radio para que ellas no se enteraran de su ejecución, y ahora ofrecían devolverlos para atenuar con una buena noticia los estragos de la mala. Maruja concluyó entonces sin más vueltas que Marina había sido ejecutada y que Beatriz se iba libre.

Los jefes le concedieron diez minutos para arreglarse mientras ellos iban a tomar un café. Beatriz no podía conjurar la idea de que estaba volviendo a vivir la última noche de Marina. Pidió un espejo para maquillarse. Damaris le llevó uno grande con un marco de hojas doradas. Maruja y Beatriz, al cabo de tres meses sin espejo, se apresuraron a verse. Fue una de las experiencias más sobrecogedoras del cautiverio. Maruja tuvo la impresión de que no se hubiera reconocido si se hubiera encontrado consigo misma en la calle. «Me morí de pánico», ha dicho después. «Me vi flaca, desconocida, como si me hubiera maquillado para una caracterización de teatro.» Beatriz se vio lívida, con diez kilos menos y el cabello largo y marchito, y exclamó espantada: «¡Ésta no soy yo!». Muchas veces, entre bromas y veras, había sentido la vergüenza de que algún día la liberaran en tan mal estado, pero nunca se imaginó que en realidad fuera tan malo. Luego fue peor, porque uno de los jefes encendió el foco central, y la atmósfera del cuarto se hizo aún más siniestra.

Uno de los guardianes sostuvo el espejo para que

Beatriz se peinara. Ella quiso maquillarse pero Maruja se lo impidió. «¡Cómo se le ocurre! —le dijo, escandalizada—. ¿Usted piensa echarse eso, con esta palidez? Va a quedar terrible.» Beatriz le hizo caso. También ella se perfumó con la loción de hombre que Lamparón le había regalado. Por último se tragó sin agua una pastilla tranquilizante.

En el talego, junto con sus otras cosas, estaba la ropa que llevaba puesta la noche del secuestro, pero prefirió la sudadera rosada con menos uso. Dudó de ponerse sus zapatos planos que estaban enmohecidos debajo de la cama, y que además no le iban bien con la sudadera. Damaris quiso darle unos zapatos de tenis que usaba para hacer gimnasia. Eran de su número exacto, pero con un aspecto tan indigente que Beatriz los rechazó con el pretexto de que le quedaban apretados. De modo que se puso sus zapatos planos, y se hizo una cola de caballo con una cinta elástica. Al final, por obra y gracia de tantas penurias, quedó con el aspecto de una colegiala.

No le pusieron una capucha como a Marina, sino que trataron de vendarle los ojos con esparadrapos para que no pudiera reconocer el camino ni las caras. Ella se opuso, consciente de que al quitárselos iban a arrancarle las cejas y las pestañas. «Espérense —les dijo—. Yo los ayudo.» Entonces se puso un buen copo de algodón sobre cada párpado y se los fijaron con esparadrapos.

La despedida fue rápida y sin lágrimas. Beatriz estaba a punto de llorar pero Maruja se lo impidió con una frialdad calculada para darle ánimos. «Dígale a Alberto que esté tranquilo, que lo quiero mucho, y que quiero mucho a mis hijos», dijo. Se despidió con un beso. Ambas sufrieron. Beatriz, porque a la hora de la verdad la asaltó el terror de que tal vez fuera más fácil matarla que dejarla libre. Maruja, por el terror doble de que mataran a Beatriz, y por quedarse sola con los cuatro guardianes. Lo único que no se le ocurrió fue que la ejecutaran una vez liberada Beatriz.

La puerta se cerró, y Maruja permaneció inmóvil, sin saber por dónde seguir, hasta que oyó los motores en el garaje, y el rastro de los automóviles que se perdía en la noche. Una sensación de inmenso abandono se apoderó de ella. Sólo entonces recordó que no le habían cumplido la promesa de devolverle el televisor y el radio para conocer el final de la noche.

El mayordomo se había ido con Beatriz, pero su mujer prometió hacer una llamada para que se los llevaran antes de los noticieros de las nueve y media. No llegaron. Maruja suplicó a los guardianes que le permitieran ver el televisor de la casa, pero ni ellos ni el mayordomo se atrevieron a contrariar el régimen en materia tan grave. Damaris entró antes de dos horas a contarle alborozada que Beatriz había llegado bien a su casa y que había sido muy cuidadosa en sus declaraciones, pues no había dicho nada que pudiera perjudicar a nadie. Toda la familia, con Alberto, por supuesto, estaba alrededor de ella. No cabía la gente en la casa.

A Maruja le quedó el reconcomio de que no fuera cierto. Insistió en que le llevaran un radio prestado. Perdió el control, y se enfrentó a los guardianes sin medir las consecuencias. No fueron graves, porque ellos habían sido testigos del trato que le dieron sus jefes a Maruja, y prefirieron calmarla con una nueva gestión para que les prestaran un radio. Más tarde se asomó el mayordomo y le dio su palabra de que habían dejado a Beatriz sana y salva en lugar seguro, y que ya todo el país la había visto y oído con su familia. Pero lo que Maruja quería era un radio para oír con sus propios oídos la voz de Beatriz. El mayordomo prometió llevárselo, pero no cumplió. A las doce de la noche, demolida por el cansancio y la rabia, Maruja se tomó dos pastillas del barbitúrico fulminante, y no despertó hasta las ocho de la mañana del día siguiente.

Las versiones de los guardianes eran ciertas. Beatriz había sido llevada al garaje a través del patio. La acostaron en el suelo de un automóvil que sin duda era un jeep, porque tuvieron que ayudarla para que alcanzara el pescante. Al principio dieron tumbos en los tramos escabrosos. Tan pronto como empezaron a deslizarse por una pista asfaltada, un hombre que viajaba junto a Beatriz le hizo amenazas sin sentido. Ella se dio cuenta por la voz de que el hombre estaba en un estado de nervios que su dureza no lograba disimular, y que no era ninguno de los jefes que habían estado en la casa.

—A usted van a estar esperándola una cantidad de periodistas —dijo el hombre—. Pues tenga mucho cuidado. Cualquier palabra de más puede costarle la vida a su cuñada. Recuerde que nunca hemos hablado con usted, que nunca nos vio, y que este viaje duró más de dos horas.

Beatriz escuchó las amenazas en silencio, y muchas otras que el hombre parecía repetir sin necesidad, sólo por calmarse a sí mismo. En una conversación que sostuvieron a tres voces descubrió que ninguno era conocido, salvo el mayordomo, que apenas habló. La estremeció una ráfaga de escalofrío: todavía era posible el más siniestro de los presagios.

—Quiero pedirles un favor —dijo a ciegas y con pleno dominio de su voz—. Maruja tiene problemas circulatorios, y quisiéramos mandarle una medicina. ¿Ustedes se la harían llegar?

—Afirmativo —dijo el hombre—. Pierda cuidado.

—Mil gracias —dijo Beatriz—. Yo seguiré las instrucciones de ustedes. No los voy a perjudicar.

Hubo una pausa larga con un fondo de automóviles raudos, camiones pesados, retazos de músicas y gritos. Los hombres hablaron entre ellos en susurros. Uno se dirigió a Beatriz.

—Por aquí hay muchos retenes —le dijo—. Si nos paran en algunos les vamos a decir que usted es mi esposa y con lo pálida que está podemos decir que la llevamos a una clínica.

Beatriz, ya más tranquila, no resistió la tentación de jugar:

—¿Con estos parches en los ojos?

—La operaron de la vista —dijo el hombre—. La siento al lado mío y le echo un brazo encima.

La inquietud de los secuestradores no era infundada. En aquel mismo momento ardían siete buses de servicio público en barrios distintos de Bogotá por bombas incendiarias colocadas por comandos de guerrillas urbanas. Al mismo tiempo, las FARC dinamitaron la torre de energía del municipio de Cáqueza, en las goteras de la capital, y trataron de tomarse la población. Por ese motivo hubo algunos operativos de orden público en Bogotá, pero casi imperceptibles. Así que el tráfico urbano de las siete fue el de un jueves cualquiera: denso y ruidoso, con semáforos lentos, gambetas imprevistas para no ser embestidos, y mentadas de madre. Hasta en el silencio de los secuestradores se notaba la tensión.

—Vamos a dejarla en un sitio —dijo uno de ellos—. Usted se baja rapidito y cuenta despacio hasta treinta. Después se quita la careta, camina sin mirar para atrás, y coge el primer taxi que pase.

Sintió que le pusieron en la mano un billete enrollado. «Para su taxi —dijo el hombre—. Es de cinco mil.» Beatriz se lo metió en el bolsillo del pantalón, donde encontró sin buscarla otra pastilla tranquilizante, y se la tragó. Al cabo de una media hora de viaje el carro se detuvo. La misma voz dijo entonces la sentencia final:

—Si usted llega a decirle a la prensa que estuvo con doña Marina Montoya, matamos a doña Maruja.

Habían llegado. Los hombres se ofuscaron tratando de bajar a Beatriz sin quitarle la venda. Estaban tan nerviosos que se adelantaban unos a otros, se enredaban en órdenes y maldiciones. Beatriz sintió la tierra firme.

—Ya —dijo—. Así estoy bien.

Permaneció inmóvil en la acera hasta que los hombres volvieron al automóvil y arrancaron de inmediato. Sólo entonces oyó que detrás de ellos había otro automóvil que arrancó al mismo tiempo. No cumplió la orden de contar. Caminó dos pasos con los brazos extendidos, y entonces tomó conciencia de que debía de estar en plena calle. Se quitó la venda de un tirón, y reconoció enseguida el barrio Normandía, porque en otros tiempos solía ir por allí a casa de una amiga que vendía joyas. Miró las ventanas encendidas tratando de elegir una que le ofreciera confianza, pues no quería tomar un taxi con lo mal vestida que se sentía, sino llamar a su casa para que fueran a buscarla. No había acabado de decidirse cuando un taxi amarillo muy bien conservado se detuvo frente a ella. El chofer, joven y apuesto, le preguntó:

—¿Taxi?

Beatriz lo tomó, y sólo cuando estaba dentro cayó en la cuenta de que un taxi tan oportuno no podía ser una casualidad. Sin embargo, la misma certidumbre de que aquél era un último eslabón de sus secuestradores le infundió un raro sentimiento de seguridad. El chofer le preguntó la dirección, y ella se la dijo en susurros. No entendió por qué no la oía hasta que el chofer le preguntó la dirección por tercera vez. Entonces la repitió con su voz natural.

La noche era fría y despejada, con algunas estrellas. El chofer y Beatriz sólo cruzaron las palabras indispensables, pero él no la perdió de vista en el espejo retrovisor. A medida que se acercaban a casa, Beatriz sentía los semáforos más frecuentes y lentos. Dos cuadras antes le pidió al chofer que fuera despacio por si tenían que despistar a los periodistas anunciados por los secuestradores. No estaban. Reconoció su edificio, y se sorprendió de que no le causara la emoción que esperaba.

El taxímetro marcaba setecientos pesos. Como el chofer no tenía cambio para el billete de cinco mil, Beatriz entró en la casa en busca de ayuda, y el viejo portero lanzó un grito y la abrazó enloquecido. En los días interminables y las noches pavorosas del cautiverio Beatriz había prefigurado aquel instante como una conmoción sísmica que le dispararía todas las fuerzas del cuerpo y del alma. Fue todo lo contrario: una especie de remanso en el que apenas percibía, lento y profundo, su corazón amordazado por los tranquilizantes. Entonces dejó que el portero se hiciera cargo del taxi, y tocó el timbre de su apartamento.

Le abrió Gabriel, el hijo menor. Su grito se oyó en toda la casa: «¡Mamaaaaá!». Catalina, la hija de quince años, acudió gritando, y se le colgó del cuello. Pero la soltó enseguida, asustada.

—Pero mami, ¿por qué hablas así?

Fue el detalle feliz que rompió el tremendismo. Beatriz iba a necesitar varios días, en medio de las muchedumbres que la visitaron, para perder la costumbre de hablar en susurros.

La esperaban desde la mañana. Tres llamadas anónimas —sin duda de los secuestradores— habían anunciado que sería liberada. Habían llamado incontables periodistas por si sabían la hora. Poco después del mediodía lo confirmó Alberto Villamizar, a quien Guido Parra se lo anunció por teléfono. La prensa estaba en vilo. Una periodista que había llamado tres minutos antes de que Beatriz llegara, le dijo a Gabriel con una voz convencida y sedante: «Tranquilo, hoy la sueltan». Gabriel acababa de colgar cuando sonó el timbre de la puerta.

El doctor Guerrero la había esperado en el apartamento de los Villamizar, pensando que también Maruja sería liberada y que ambas llegarían allí. Esperó con tres vasos de whisky hasta el noticiero de las siete. En vista de que no llegaron creyó que se trataba de otra noticia falsa como tantas de aquellos días, y volvió a su casa. Se puso la piyama, se sirvió otro vaso de whisky, se metió en la cama y sintonizó *Radio Recuerdos* para dormirse al arrullo de los boleros. Desde que empezó su calvario no había vuelto a leer. Ya medio en sueños oyó el grito de Gabriel.

Salió del dormitorio con un dominio ejemplar. Beatriz y él —con veinticinco años de casados— se abrazaron sin prisa, como de regreso de un corto viaje, y sin una lágrima. Ambos habían pensado tanto en aquel momento, que a la hora de vivirlo fue como una escena de teatro mil veces ensayada, capaz de convulsionar a todos, menos a sus protagonistas.

Tan pronto como Beatriz entró en la casa se acordó de Maruja, sola y sin noticias en el cuarto miserable. Llamó al teléfono de Alberto Villamizar, y él mismo contestó al primer timbrazo con una voz preparada para todo. Beatriz lo reconoció.

—Hola —le dijo—. Soy Beatriz.

Se dio cuenta de que el hermano la había reconocido desde antes de que ella se identificara. Oyó un suspiro hondo y áspero, como el de un gato, y enseguida la pregunta sin una mínima alteración de la voz:

—¿Dónde está?

—En mi casa —dijo Beatriz.

—Perfecto —dijo Villamizar—. Estoy ahí en diez minutos. Mientras tanto, no hable con nadie.

Llegó puntual. La llamada de Beatriz lo sorprendió cuando estaba por rendirse. Además de la alegría de ver a la hermana y de tener la primera y única noticia directa de la esposa cautiva, lo movía la urgencia de preparar a Beatriz antes de que llegaran los periodistas y la policía. Su hijo Andrés, que tiene una vocación irresistible de corredor de automóviles, lo llevó en el tiempo justo.

Los ánimos se habían serenado. Beatriz estaba en la sala, con su marido y sus hijos, y con su madre y sus dos hermanas, que escuchaban ávidos su relato. A Alberto le pareció pálida por el largo encierro y más joven que antes, y con un aire de colegiala por la sudadera deportiva, la cola de caballo y los zapatos planos. Trató de llorar, pero él se lo impidió, ansioso por saber de Maruja. «Tenga por seguro que está bien —le dijo Beatriz—. La cosa allá es difícil pero se aguanta, y Maruja es muy valiente.» Y enseguida trató de resolver la preocupación que la atormentaba desde hacía quince días.

—¿Sabes el teléfono de Marina? —preguntó.

Villamizar pensó que tal vez lo menos brutal sería la verdad.

—La mataron —dijo.

El dolor de la mala noticia se le confundió a Beatriz con un pavor retroactivo. Si lo hubiera sabido dos horas antes tal vez no habría resistido el viaje de la liberación. Lloró hasta saciarse. Mientras tanto, Villamizar tomó precauciones para que no entrara nadie mientras se ponían de acuerdo sobre una versión pública del secuestro que no pusiera en riesgo a los otros secuestrados.

Los detalles del cautiverio permitían formarse una idea de la casa donde estaba la prisión. Para proteger a Maruja, Beatriz debía decir a la prensa que el viaje de regreso había durado más de tres horas desde algún lugar de tierra templada. Aunque la verdad era otra: la distancia real, las cuestas del camino, la música de los altoparlantes que los fines de semana tronaba casi hasta el amanecer, el ruido de los aviones, el clima, todo indicaba que era un barrio urbano. Por otra parte, habría bastado con interrogar a cuatro o cinco curas del sector para descubrir cuál fue el que exorcizó la casa.

Otros errores aún más torpes revelaban pistas para intentar un rescate armado con el mínimo de riesgos. La hora debía ser las seis de la mañana, después del cambio de turno, pues los guardianes de reemplazo no dormían bien durante la noche y caían rendidos por los suelos sin preocuparse de sus armas. Otro dato importante era la geografía de la casa, y en especial la puerta del patio, donde alguna vez vieron un guardián armado, y el perro era más sobornable de lo que hacían creer sus ladridos. Era imposible prever si alrededor del lugar no había además un cinturón de seguridad, aunque el desorden del régimen interno no inducía a creerlo, y en todo caso habría sido fácil averiguarlo una vez localizada la casa. Después de la desgracia de Diana Turbay se confiaba menos que nunca en el éxito de los rescates armados, pero Villamizar lo tuvo en cuenta por si se llegaba al punto de que no hubiera otra alternativa. En todo caso, fue tal vez el único secreto que no compartió con Rafael Pardo.

Estos datos le crearon a Beatriz un problema de conciencia. Se había comprometido con Maruja a no dar pistas que permitieran intentar un asalto a la casa, pero tomó la grave decisión de dárselos a su hermano, al comprobar que éste estaba tan consciente como Maruja, y como ella misma, de la inconveniencia de una solución armada. Y menos cuando la liberación de Beatriz demostraba que, con todos sus tropiezos, estaba abierto el camino de la negociación. Fue así como al día siguiente, ya fresca, reposada y con una noche de buen sueño, concedió una conferencia de prensa en la casa de su hermano, donde apenas se podía caminar por entre un bosque de flores. Les dio a los periodistas y a la opinión pública una idea real de lo que fue el horror de su cautiverio, sin ningún dato que pudiera alentar a quienes quisieran actuar por su cuenta con riesgos para la vida de Maruja.

El miércoles siguiente, con la seguridad de que Maruja conocía ya el nuevo decreto, Alexandra decidió improvisar un programa de júbilo. En las últimas semanas, a medida que avanzaban las negociaciones, Villamizar había hecho cambios notables en su apartamento para que la esposa liberada lo encontrara a su gusto. Habían puesto una biblioteca donde ella la quería, habían cambiado algunos muebles, algunos cuadros. Habían puesto en un lugar visible el caballo de la dinastía Tang que Maruja había traído de Yakarta como el trofeo de su vida. A última hora recordaron que ella se quejaba de no tener un buen tapete en el baño, y se apresuraron a comprarlo. La casa transformada, luminosa, fue el escenario de un programa de televisión excepcional que le permitió a Maruja conocer la nueva decoración desde antes del regreso. Quedó muy bien, aunque no supieron siquiera si Maruja lo vio.

Beatriz se restableció muy pronto. Guardó en su talego de cautiva la ropa que llevaba puesta al salir, y allí quedó encerrado el olor deprimente del cuarto que todavía la despertaba de pronto en mitad de la noche. Recobró el equilibrio del ánimo con la ayuda del esposo. El único fantasma que alguna vez le llegó del pasado fue la voz del mayordomo, que la llamó dos veces por teléfono. La primera vez fue el grito de un desesperado:

—¡La medicina! ¡La medicina!

Beatriz reconoció la voz y la sangre se le heló en las venas, pero el aliento le alcanzó para preguntar en el mismo tono.

—¡Cuál medicina! ¡Cuál medicina!

—La de la señora —gritó el mayordomo.

Entonces se aclaró que quería el nombre de la medicina que Maruja tomaba para la circulación.

—*Vasotón* —dijo Beatriz. Y enseguida, ya repuesta, preguntó—: ¿Y cómo está?

—Yo bien —dijo el mayordomo—. Muchas gracias.

—Usted no —corrigió Beatriz—. Ella.

—Ah, tranquila —dijo el mayordomo—. La señora está bien.

Beatriz colgó en seco y se echó a llorar con la náusea de los recuerdos atroces: la comida infame, el muladar del baño, los días siempre iguales, la soledad espantosa de Maruja en el cuarto pestilente. De todos modos, en la sección deportiva de un noticiero de televisión insertaron un anuncio misterioso: *Tome Basotón*. Pues le habían cambiado la ortografía para evitar que algún laboratorio despistado protestara por el uso de su producto con propósitos inexplicables.

La segunda llamada del mayordomo, varias semanas después, fue muy distinta. Beatriz tardó en identificar la voz enrarecida por algún artificio. Pero el estilo era más bien paternal.

—Recuerde lo que hablamos —dijo—. Usted no estuvo con doña Marina. Con nadie.

—Tranquilo —dijo Beatriz, y colgó.

Guido Parra, embriagado por el primer éxito de su diligencia, le anunció a Villamizar que la liberación de Maruja era cuestión de unos tres días. Villamizar se lo transmitió a Maruja en una rueda de prensa por radio y televisión. Por otra parte, los relatos de Beatriz sobre las condiciones del cautiverio le dieron a Alexandra la seguridad de que sus mensajes llegaban a su destino. Así que le hizo una entrevista de media hora en la cual Beatriz contó todo lo que Maruja quería saber: cómo la habían liberado, cómo estaban los hijos, la casa, los amigos, y qué esperanzas de ser libre podía sustentar.

A partir de entonces harían el programa con toda clase de detalles, con la ropa que se ponían, las cosas que compraban, las visitas que recibían. Alguien decía: «Manuel ya preparó el pernil». Sólo para que Maruja se diera cuenta de que aún seguía intacto el orden que ella había dejado en su casa. Todo esto, por frívolo que pudiera parecer, tenía un sentido alentador para Maruja: la vida seguía.

Sin embargo, los días pasaban y no se veían indicios de liberación. Guido Parra se enredaba en explicaciones vagas y pretextos pueriles; se negaba al teléfono; desapareció. Villamizar lo llamó al orden. Parra se extendió en preámbulos. Dijo que las cosas se habían complicado por el incremento de la masacre que la policía estaba haciendo en las comunas de Medellín. Alegaba que mientras el gobierno no pusiera término a aquellos métodos salvajes era muy difícil la liberación de nadie. Villamizar no lo dejó llegar al final.

—Esto no hacía parte del acuerdo —le dijo—. Todo

se fundaba en que el decreto fuera explícito, y lo es. Es una deuda de honor, y conmigo no se juega.

—Usted no sabe lo jodido que es ser abogado de estos tipos —dijo Parra—. El problema mío no es que cobre o no cobre, sino que la cosa me sale bien o me matan. ¿Qué quiere que haga?

—Aclaremos esto sin más paja —dijo Villamizar—. ¿Qué es lo que está pasando?

—Que mientras la policía no pare la matanza y castiguen a los culpables no hay ninguna posibilidad de que suelten a doña Maruja. Ésa es la vaina.

Ciego de furia, Villamizar se desató en improperios contra Escobar, y concluyó:

—Y usted piérdase, porque el que lo va a matar a usted soy yo.

Guido Parra desapareció. No sólo por la reacción violenta de Villamizar, sino también por la de Pablo Escobar, que al parecer no le perdonó el haberse excedido en sus poderes de negociador. Esto pudo apreciarlo Hernando Santos por el pavor con que Guido Parra lo llamó por teléfono para decirle que tenía para él una carta tan terrible de Escobar que ni siquiera se atrevía a leérsela.

—Ese hombre está loco —le dijo—. No lo calma nadie, y a mí no me queda más remedio que borrarme del mundo.

Hernando Santos, consciente de que aquella determinación interrumpía su único canal con Pablo Escobar, trató de convencerlo de que se quedara. Fue inútil. El último favor que Guido Parra le pidió fue que le consiguiera una visa para Venezuela y una gestión para que su hijo terminara el bachillerato en el Gimnasio Moderno de Bogotá. Por rumores nunca confirmados se cree que fue a refugiarse en un convento de Venezuela donde una hermana suya era monja. No volvió a saberse nada de él, hasta que fue encontrado muerto en Medellín, el 16 de abril de 1993, junto con su hijo bachiller, en el baúl de un automóvil sin placas.

Villamizar necesitó tiempo para reponerse de un terrible sentimiento de derrota. Lo abrumaba el arrepentimiento de haber creído en la palabra de Escobar. Todo le pareció perdido. Durante la negociación había mantenido al corriente al doctor Turbay y a Hernando Santos, que también se habían quedado sin canales con Escobar. Se veían casi a diario, y él había terminado por no contarles sus contratiempos sino las noticias que los alentaran. Acompañó durante largas horas al ex presidente, que había soportado la muerte de su hija con un estoicismo desgarrador; se encerró en sí mismo y se negó a cualquier clase de declaración: se hizo invisible. Hernando Santos, cuya única esperanza de liberar al hijo se fundaba en la mediación de Parra, cayó en un profundo estado de derrota.

El asesinato de Marina, y sobre todo la forma brutal de reivindicarlo y anunciarlo, provocó una reflexión ineludible sobre qué hacer en adelante. Toda posibilidad de intermediación al estilo de los Notables estaba agotada, y sin embargo ningún otro intermediario parecía eficaz. La buena voluntad y los métodos indirectos carecían de sentido.

Consciente de su situación, Villamizar se desahogó con Rafael Pardo. «Imagínese cómo me siento —le dijo—. Escobar ha sido mi martirio y el de mi familia todos estos años. Primero me amenaza. Luego me hace un atentado del cual me salvé de milagro. Me sigue amenazando. Asesina a Galán. Secuestra a mi señora y a mi hermana y ahora pretende que le defienda sus derechos.» Sin embargo era un desahogo inútil, porque su suerte estaba echada: el único camino cierto para la liberación de los secuestrados era irse a buscar el león en su guarida. Dicho sin más vueltas: lo único que le quedaba por hacer —y tenía que hacerlo sin remedio— era volar a Medellín y buscar a Pablo Escobar donde estuviera para discutir el asunto frente a frente.

8

El problema era cómo encontrar a Pablo Escobar en una ciudad martirizada por la violencia. En los primeros dos meses del año de 1991 se habían cometido mil doscientos asesinatos —veinte diarios— y una masacre cada cuatro días. Un acuerdo de casi todos los grupos armados había decidido la escalada más feroz de terrorismo guerrillero en la historia del país, y Medellín fue el centro de la acción urbana. Cuatrocientos cincuenta y siete policías habían sido asesinados en pocos meses. El DAS había dicho que dos mil personas de las comunas estaban al servicio de Escobar, y que muchos de ellos eran adolescentes que vivían de cazar policías. Por cada oficial muerto recibían cinco millones de pesos, por cada agente recibían un millón y medio, y ochocientos mil por cada herido. El 16 de febrero de 1991 murieron tres suboficiales y ocho agentes de la policía por la explosión de un automóvil con ciento cincuenta kilos de dinamita frente a la plaza de toros de Medellín. De pasada murieron nueve civiles y fueron heridos otros ciento cuarenta y tres que no tenían nada que ver con la guerra.

El Cuerpo Élite, encargado de la lucha frontal contra el narcotráfico, estaba señalado por Pablo Escobar como la encarnación de todos los males. Lo había creado el presidente Virgilio Barco en 1989, desesperado por la imposilidad de establecer responsabilidades exactas en cuerpos tan grandes como el ejército y la policía. La misión de formarlo se le encomendó a la Policía Nacional para mantener al ejército lo más lejos posible de los efluvios perniciosos del narcotráfico y el paramilitarismo. En su origen no fueron más de trescientos, con una escuadrilla especial de helicópteros a su disposición, y entrenados por el Special Air Service (SAS) del gobierno británico.

El nuevo cuerpo había empezado a actuar en el sector medio del río Magdalena, al centro del país, durante el apogeo de los grupos paramilitares creados por los terratenientes para luchar contra la guerrilla. De allí se desprendió más tarde un grupo especializado en operaciones urbanas, y se estableció en Medellín como un cuerpo legionario de rueda libre que sólo dependía de la Dirección Nacional de Policía de Bogotá, sin instancias intermedias, y que por su naturaleza misma no era demasiado meticuloso en los límites de su mandato. Esto sembró el desconcierto entre los delincuentes, y también entre las autoridades locales que asimilaron de mala gana una fuerza autónoma que escapaba a su poder. Los Extraditables se encarnizaron contra ellos, y los señalaron como los autores de toda clase de atropellos contra los derechos humanos.

La gente de Medellín sabía que no eran infundadas todas las denuncias de los Extraditables sobre asesinatos y atropellos de la fuerza pública, porque los veían suceder en las calles, aunque en la mayoría de los casos no hubiera reconocimiento oficial. Las organizaciones de derechos humanos nacionales e internacionales protestaban, y el gobierno no tenía respuestas convincentes. Meses después se decidió no hacer allanamientos sin la presencia de un agente de la Procuraduría General con la inevitable burocratización de los operativos.

Era poco lo que la justicia podía hacer. Jueces y magistrados, cuyos sueldos escuálidos les alcanzaban apenas para vivir pero no para educar a sus hijos, se encontraron con un dilema sin salida: o los mataban, o se vendían al narcotráfico. Lo admirable y desgarrador es que muchos prefirieron la muerte.

Tal vez lo más colombiano de la situación era la asombrosa capacidad de la gente de Medellín para acostumbrarse a todo, lo bueno y lo malo, con un poder de recuperación que quizás sea la fórmula más cruel de la temeridad. La mayor parte no parecía consciente de vivir en una ciudad que fue siempre la más bella, la más activa, la más hospitalaria del país, y que en aquellos años se había convertido en una de las más peligrosas del mundo. El terrorismo urbano había sido hasta entonces un ingrediente raro en la cultura centenaria de la violencia colombiana. Las propias guerrillas históricas —que ya lo practicaban— lo habían condenado con razón como una forma ilegítima de la lucha revolucionaria. Se había aprendido a vivir con el miedo de lo que sucedía, pero no a vivir con la incertidumbre de lo que podía suceder: una explosión que despedazara a los hijos en la escuela, o se desintegrara el avión en pleno vuelo, o estallaran las legumbres en el mercado. Las bombas al garete que mataban inocentes y las amenazas anónimas por teléfono habían llegado a superar a cualquier otro factor de perturbación de la vida cotidiana. Sin embargo, la situación económica de Medellín no fue afectada en términos estadísticos.

Años antes los narcotraficantes estaban de moda por una aureola fantástica. Gozaban de una completa impunidad, e incluso de un cierto prestigio popular, por las obras de caridad que hacían en las barriadas donde pasaron sus infancias de marginados. Si alguien hubiera querido ponerlos presos podía mandarlos a buscar con el policía de la esquina. Pero buena parte de la sociedad colombiana los veía con una curiosidad y un interés que se parecían demasiado a la complacencia. Políticos, industriales, comerciantes, periodistas, y aun simples lagartos, asistían a la parranda perpetua de la hacienda Nápoles, cerca de Medellín, donde Pablo Escobar mantenía un jardín zoológico con jirafas e hipopótamos de carne y hueso llevados desde el África, y en cuyo portal se exhibía como un monumento nacional la avioneta en que se exportó el primer cargamento de cocaína.

Con la fortuna y la clandestinidad, Escobar quedó dueño del patio y se convirtió en una leyenda que lo dominaba todo desde la sombra. Sus comunicados de estilo ejemplar y cautelas perfectas llegaron a parecerse tanto a la verdad que se confundían con ella. En la cumbre de su esplendor se erigieron altares con su retrato y les pusieron veladoras en las comunas de Medellín. Llegó a creerse que hacía milagros. Ningún colombiano en toda la historia había tenido y ejercido un talento como el suyo para condicionar la opinión pública. Ningún otro tuvo mayor poder de corrupción. La condición más inquietante y devastadora de su personalidad era que carecía por completo de la indulgencia para distinguir entre el bien y el mal.

Ése era el hombre invisible e improbable que Alberto Villamizar se propuso encontrar a mediados de febrero para que le devolviera a su esposa. Empezó por buscar contacto con los tres hermanos Ochoa en la cárcel de alta seguridad de Itagüí. Rafael Pardo —de acuerdo con el presidente— le dio la luz verde, pero le recordó sus límites: su gestión no era una negociación en nombre del gobierno sino una tarea de exploración. Le dijo que no se podía hacer ningún acuerdo a cambio de contraprestaciones por parte del gobierno, pero que éste estaba interesado en la entrega de los Extraditables en el ámbito de la política de sometimiento. Fue a partir de esa concepción nueva como se le ocurrió cambiar también la perspectiva de la gestión, de modo que no se centrara en la liberación de los rehenes —como había sido hasta entonces— sino en la entrega de Pablo Escobar. La liberación sería una simple consecuencia.

Así empezó un segundo secuestro de Maruja y una guerra distinta para Villamizar. Es probable que Escobar hubiera tenido la intención de soltarla con Beatriz, pero la tragedia de Diana Turbay debió trastornarle los planes. Aparte de cargar con la culpa de una muerte que no ordenó, el asesinato de Diana debió ser un desastre para él, porque le quitó una pieza de un valor inestimable y acabó de complicarle la vida. Además, la acción de la policía se recrudeció entonces con tal intensidad que lo obligó a sumergirse hasta el fondo.

Muerta Marina, se había quedado con Diana, Pacho, Maruja y Beatriz. Si entonces hubiera resuelto asesinar a uno tal vez hubiera sido Beatriz. Libre Beatriz y muerta Diana, le quedaban dos: Pacho y Maruja. Quizás él hubiera preferido preservar a Pacho por su valor de cambio, pero Maruja había adquirido un precio imprevisto e incalculable por la persistencia de Villamizar para mantener vivos los contactos hasta que el gobierno se decidió a hacer un decreto más explícito. También para Escobar la única tabla de salvación desde entonces fue la mediación de Villamizar, y lo único que podía garantizarla era la retención de Maruja. Estaban condenados el uno al otro.

Villamizar empezó por visitar a doña Nydia Quintero para conocer detalles de su experiencia. La encontró generosa, resuelta, con un luto sereno. Ella le contó sus conversaciones con las hermanas Ochoa, con el viejo patriarca, con Fabio en la cárcel. Daba la impresión de haber asimilado la muerte atroz de la hija y no la recordaba por dolor ni por venganza sino para que fuera útil en el logro de la paz. Con ese espíritu le dio a Villamizar una carta para Pablo Escobar en la que expresaba su deseo de que la muerte de Diana pudiera servir para que ningún otro colombiano volviera a sentir el dolor que ella sentía. Empezaba por admitir que el gobierno no podía detener los allanamientos contra la delincuencia, pero sí podía evitar que se intentara el rescate de los rehenes, pues los familiares sabían, el gobierno sabía y todo el mundo sabía que si en un allanamiento tropezaban con los secuestrados se podía producir una tragedia irreparable, como ya había sucedido con su hija. «Por eso vengo ante usted —decía la carta— a suplicarle con el corazón inundado de dolor, de perdón y de bondad, que libere a Maruja y a Francisco.» Y terminó con una solicitud sorprendente: «Deme a mí la razón de que usted no quería que Diana muriera». Meses después, desde la cárcel, Escobar hizo público su asombro de que Nydia le hubiera escrito aquella carta sin recriminaciones ni rencores. «Cuánto me duele —escribió Escobar— no haber tenido el valor para responderle.»

Villamizar se fue a Itagüí para visitar a los tres hermanos Ochoa, con la carta de Nydia y los poderes no escritos del gobierno. Lo acompañaron dos escoltas de DAS, y la policía de Medellín los reforzó con otros seis. Encontró a los Ochoa apenas instalados en la cárcel de alta seguridad con tres controles escalonados, lentos y repetitivos, cuyos muros de adobes pelados daban la impresión de una iglesia sin terminar. Los corredores desiertos, las escaleras angostas con barandas de tubos amarillos, las alarmas a la vista, terminaban en un pabellón del tercer piso donde los tres hermanos Ochoa descontaban los años de sus condenas fabricando primores de talabarteros: sillas de montar y toda clase de arneses de caballería. Allí estaba la familia en pleno: los hijos, los cuñados, las hermanas. Martha Nieves, la más activa, y María Lía, la esposa de Jorge Luis, hacían los honores con la hospitalidad ejemplar de los paisas.

La llegada coincidió con la hora del almuerzo, que se sirvió en un galpón abierto al fondo del patio, con carteles de artistas de cine en las paredes, un equipo profesional de cultura física y un mesón de comer para doce personas. Por un acuerdo de seguridad la comida se preparaba en la cercana hacienda de La Loma, residencia oficial de la familia, y aquel día fue un muestrario suculento de la cocina criolla. Mientras comían, como es de rigor en Antioquia, no se habló de nada más que de la comida.

En la sobremesa, con todos los formalismos de un consejo de familia, se inició el diálogo. No fue tan fácil como pudo suponerse por la armonía del almuerzo. Lo inició Villamizar con su modo lento, calculado, explicativo, que deja poco margen para las preguntas porque todo parece contestado de antemano. Hizo el relato minucioso de sus negociaciones con Guido Parra y de su ruptura violenta, y terminó con su convicción de que sólo el contacto directo con Pablo Escobar podía salvar a Maruja.

—Tratemos de parar esta barbarie —dijo—. Hablemos en lugar de cometer más errores. Para empezar, sepan que no hay la más mínima posibilidad de que intentemos un rescate por la fuerza. Prefiero conversar, saber qué es lo que pasa, qué es lo que pretenden.

Jorge Luis, el mayor, tomó la voz cantante. Contó las penurias de la familia en la confusión de la guerra sucia, las razones y las dificultades de su entrega, y la preocupación insoportable de que la Constituyente no prohibiera la extradición.

—Ésta ha sido una guerra muy dura para nosotros —dijo—. Usted no se imagina lo que hemos sufrido, lo que ha sufrido la familia, los amigos. Nos ha pasado de todo.

Sus datos eran precisos: Martha Nieves, su hermana, secuestrada; Alonso Cárdenas, su cuñado, secuestrado y asesinado en 1986; Jorge Iván Ochoa, su tío, secuestrado en 1983 y sus primos Mario Ochoa y Guillermo León Ochoa, secuestrados y asesinados.

Villamizar, a su turno, trató de mostrarse tan víctima de la guerra como ellos, y hacerles entender que lo que sucediera de allí en adelante iban a pagarlo todos por igual. «Lo mío ha sido por lo menos igual de duro que lo de ustedes —dijo—. Los Extraditables intentaron asesinarme en el 86, tuve que irme al otro lado del mundo y hasta allá me persiguieron, y ahora me secuestran a mi esposa y a mi hermana.» Sin embargo, no se quejaba, sino que se ponía al nivel de sus interlocutores.

—Es un abuso —concluyó—, y ya es hora de que empecemos a entendernos.

Sólo ellos hablaban. El resto de la familia escuchaba en un silencio triste de funeral, mientras las mujeres asediaban al visitante con sus atenciones sin intervenir en la conversación.

—Nosotros no podemos hacer nada —dijo Jorge Luis—. Aquí estuvo doña Nydia. Entendimos su situación, pero le dijimos lo mismo. No queremos problemas.

—Mientras la guerra siga todos ustedes están en peligro, aun dentro de estas cuatro paredes blindadas —insistió Villamizar—. En cambio, si se acaba ahora tendrán a su papá y a su mamá, y a toda su familia intacta. Eso no sucederá mientras Escobar no se entregue a la justicia y Maruja y Francisco vuelvan sanos y salvos a sus casas. Pero tengan por seguro que si los matan la pagarán también ustedes, la pagarán sus familias, todo el mundo.

En las tres horas largas de la entrevista en la cárcel cada quien demostró su dominio para llegar hasta el borde mismo del precipicio. Villamizar apreció en Ochoa su realismo paisa. A los Ochoa les impresionó la manera directa y franca con que el visitante desmenuzaba los temas. Habían vivido en Cúcuta —la tierra de Villamizar—, conocían mucha gente de allá y se entendían bien con ella. Al final, los otros dos Ochoa intervinieron, y Martha Nieves descargaba el ambiente con sus gracejos criollos. Los hombres parecían firmes en su negativa a intervenir en una guerra de la cual ya se sentían a salvo, pero poco a poco se hicieron más reflexivos.

—Está bien, pues —concluyó Jorge Luis—. Nosotros le mandamos el mensaje a Pablo y le decimos que usted estuvo aquí. Pero lo que le aconsejo es que hable con mi papá. Está en la hacienda de La Loma y le dará mucho gusto hablar con usted.

De modo que Villamizar fue a la hacienda con la familia en pleno, y sólo con los dos escoltas que había llevado de Bogotá, pues a los Ochoa les pareció demasiado visible el aparato de seguridad. Llegaron hasta el portal, y caminaron a pie como un kilómetro hacia la casa por un sendero de árboles frondosos y bien cuidados. Varios hombres sin armas a la vista les cerraron el paso a los escoltas y los invitaron a cambiar de rumbo. Hubo un instante de zozobra, pero los de la casa calmaron a los forasteros con buenas maneras y mejores razones.

—Caminen y coman algo por aquí —les dijeron—, que el doctor tiene que hablar con don Fabio.

Al final de la arboleda estaba la plazoleta y al fondo la casa grande y en orden. En la terraza, que dominaba las praderas hasta el horizonte, el viejo patriarca esperaba la visita. Con él estaba el resto de la familia, todas mujeres y casi todas de luto por sus muertos en la guerra. Aunque era la hora de la siesta, habían preparado toda clase de cosas de comer y de beber.

Villamizar se dio cuenta desde el saludo de que don Fabio tenía ya un informe completo de la conversación en la cárcel. Eso abrevió los preámbulos. Villamizar se limitó a repetir que el recrudecimiento de la guerra podría perjudicar mucho más a su familia, numerosa y próspera, que no estaba acusada de homicidio ni terrorismo. Por lo pronto tres de sus hijos estaban a salvo, pero el porvenir era impredecible. Así que nadie debería estar más interesado que ellos en el logro de la paz, y eso no sería posible mientras Escobar no siguiera el ejemplo de sus hijos.

Don Fabio lo escuchó con una atención plácida, aprobando con leves movimientos de cabeza lo que le parecía acertado. Luego, con frases breves y contundentes como epitafios, dijo en cinco minutos lo que pensaba. Cualquier cosa que se hiciera —dijo— se encontraría al final con que faltaba lo más importante: hablar con Escobar en persona. «De modo que lo mejor es empezar por ahí», dijo. Pensaba que Villamizar era el adecuado para intentarlo, porque Escobar sólo creía en hombres cuya palabra fuera de oro.

—Y usted lo es —concluyó don Fabio—. El problema es demostrárselo.

La visita había empezado en la cárcel a las diez de la mañana y terminó a las seis de la tarde en La Loma. Su mayor logro fue romper el hielo entre Villamizar y los Ochoa para el propósito común —ya acordado con el gobierno— de que Escobar se entregara a la justicia. Esa certidumbre le dio ánimos a Villamizar para transmitirle sus impresiones al presidente. Pero al llegar a Bogotá se encontró con la mala noticia de que también el presidente estaba sufriendo en carne propia el dolor de un secuestro.

Así era: Fortunato Gaviria Botero, su primo hermano y amigo más querido desde la infancia, había sido raptado en su finca de Pereira por cuatro encapuchados con fusiles. El presidente no canceló el compromiso de un consejo regional de gobernadores en la isla de San Andrés, y se fue la tarde del viernes aún sin confirmar si los secuestradores de su primo eran los Extraditables. El sábado por la mañana madrugó a bucear, y cuando salió a flote le contaron que Fortunato había sido asesinado por sus captores —que no eran narcotraficantes— y sepultado a escondidas y sin ataúd en campo abierto. La autopsia reveló que tenía tierra en los pulmones, lo cual fue interpretado como indicio de que había sido enterrado vivo por sus secuestradores.

La primera reacción del presidente fue cancelar el consejo regional y regresar de inmediato a Bogotá, pero los médicos se lo impidieron. No era recomendable volar antes de veinticuatro horas después de permanecer una hora a sesenta pies de profundidad. Gaviria obedeció, y el país lo vio en la televisión presidiendo el consejo con su cara más lúgubre. Pero a las cuatro de la tarde pasó por encima del criterio médico, y regresó a Bogotá para organizar los funerales. Tiempo después, evocando aquel día como uno de los más duros de su vida, dijo con un humor ácido:

—Yo era el único colombiano que no tenía un presidente ante quien quejarse.

Tan pronto como terminó el almuerzo con Villamizar en la cárcel, Jorge Luis Ochoa le había mandado una carta a Escobar para inducir su ánimo en favor de la entrega. Le pintó a Villamizar como un santandereano serio al cual se le podía creer y hacer confianza. La respuesta de Escobar fue inmediata: «Dígale a ese hijo de puta que ni me hable». Villamizar se enteró por una llamada telefónica de Martha Nieves y María Lía, quienes le pidieron, sin embargo, que volviera a Medellín para seguir buscando caminos. Esta vez se fue sin escoltas. Tomó un taxi en el aeropuerto hasta el Hotel Intercontinental, y unos quince minutos después lo recogió un chofer de los Ochoa. Era un paisa de unos veinte años, simpático y burlón, que lo observó un largo rato por el espejo retrovisor. Por fin le preguntó:

—¿Está muy asustado?

Villamizar le sonrió por el espejo.

—Tranquilo, doctor —prosiguió el muchacho. Y agregó con un buen granito de ironía—: Con nosotros no le va a pasar nada. ¡Cómo se le ocurre!

La broma le dio a Villamizar la seguridad y la confianza que no perdió en ningún momento durante los viajes que haría después. Nunca supo si lo siguieron, inclusive en una etapa más avanzada, pero siempre se sintió a la sombra de un poder sobrenatural.

Al parecer, Escobar no sentía que le debiera nada a Villamizar por el decreto que le abrió una puerta segura contra la extradición. Sin duda, con sus cuentas milimétricas de tahúr duro, consideraba que el favor estaba pagado con la liberación de Beatriz, pero que la deuda histórica seguía intacta. Sin embargo, los Ochoa pensaban que Villamizar debía insistir.

Así que pasó por alto los insultos, y se propuso seguir adelante. Los Ochoa lo apoyaron. Volvió dos o tres veces y establecieron juntos una estrategia de acción. Jorge Luis le escribió otra carta a Escobar, en la cual le planteaba que las garantías para su entrega estaban dadas, y que se le respetaría la vida y no sería extraditado por ninguna causa. Pero Escobar no respondió. Entonces decidieron que el mismo Villamizar le explicara por escrito a Escobar su situación y su propuesta.

La carta fue escrita el 4 de marzo en la celda de los Ochoa, con la asesoría de Jorge Luis, quien le decía qué convenía y qué podía ser inoportuno. Villamizar empezó por reconocer que el respeto de los derechos humanos era fundamental para lograr la paz. «Hay un hecho, sin embargo, que no puede desconocerse: las personas que violan los derechos humanos no tienen mejor excusa para seguir haciéndolo que señalar esas mismas violaciones por parte de otros.» Lo cual obstaculizaba las acciones de ambos lados, y lo que él mismo había logrado en ese sentido en sus meses de lucha por la liberación de la esposa. La familia Villamizar era víctima de una violencia empecinada, en la cual no tenía ninguna responsabilidad: el atentado contra él, el asesinato de su concuñado Luis Carlos Galán, y el secuestro de su esposa y su hermana. «Mi cuñada Gloria Pachón de Galán y yo —agregaba— no comprendemos ni podemos aceptar tantas agresiones injustificadas e inexplicables.» Al contrario: la liberación de Maruja y los otros periodistas era indispensable para recorrer el camino hacia la verdadera paz en Colombia.

La respuesta de Escobar, dos semanas después, empezaba con un latigazo: «Distinguido doctor, me da muchísima pena, pero no puedo complacerlo». Enseguida llamaba la atención sobre la noticia de que algunos constituyentes del sector oficial, con la anuencia de las familias de los secuestrados, propondrían no abordar el tema de la extradición si éstos no salían libres. Escobar lo consideraba inapropiado pues los secuestros no podían considerarse como una presión a los constituyentes porque eran anteriores a su elección. En todo caso, se permitió hacer sobre el tema una advertencia sobrecogedora: «Recuerde, doctor Villamizar, que la extradición ha cobrado muchas víctimas, y sumarle dos nuevas no alterará mucho el proceso ni la lucha que se ha venido desarrollando».

Fue una advertencia lateral, pues Escobar no había vuelto a mencionar la extradición como argumento de guerra después del decreto que la dejó sin piso para quien se entregara y se había centrado en el tema de la violación de los derechos humanos por las fuerzas especiales que lo combatían. Era su táctica maestra: ganar terreno con victorias parciales, y proseguir la guerra con otros motivos que podía multiplicar hasta el infinito sin necesidad de entregarse.

En su carta, en efecto, se mostraba comprensivo en el sentido de que la guerra de Villamizar era la misma que él hacía para proteger a su familia, pero insistía y persistía una vez más en que el Cuerpo Élite había matado a unos cuatrocientos muchachos de las comunas de Medellín y nadie lo había castigado. Esas acciones, decía, justificaban los secuestros de los periodistas como instrumentos de presión para que fueran sancionados los policías responsables. Se mostraba también sorprendido de que ningún funcionario público hubiera intentado un contacto directo con él en relación con los secuestros. En todo caso, concluía, las llamadas y súplicas para que se liberara a los rehenes serían inútiles, porque lo que estaba en juego era la vida de las familias y los socios de los Extraditables. Y terminaba: «Si el gobierno no interviene y no escucha nuestros planteamientos, procederemos a ejecutar a Maruja y a Francisco, de eso no le quepa ninguna duda».

La carta demostraba que Escobar buscaba contactos con funcionarios públicos. Su entrega no estaba descartada, pero iba a costar más cara de lo que podía pensarse y estaba dispuesto a cobrarla sin descuentos sentimentales. Villamizar lo comprendió, y esa misma semana visitó al presidente de la república y lo puso al corriente. El presidente se limitó a tomar atenta nota.

Villamizar visitó también por esos días al procurador general tratando de encontrar una manera diferente de actuar dentro de la nueva situación. Fue una visita muy fructífera. El procurador le anunció que a fines de esa semana publicaría un informe sobre la muerte de Diana Turbay, en el cual responsabilizaba a la policía por actuar sin órdenes y sin prudencia, y abría pliego de cargos contra tres oficiales del Cuerpo Élite. Le reveló también que había investigado a once agentes acusados por Escobar con nombre propio, y había abierto pliego de cargos contra ellos.

Cumplió. El presidente de la república recibió el 3 de abril un estudio evaluativo de la Procuraduría General de la Nación sobre los hechos en que había muerto Diana Turbay. El operativo —dice el estudio— había empezado a gestarse el 23 de enero cuando los servicios de inteligencia de la policía de Medellín recibieron llamadas anónimas de carácter genérico sobre la presencia de hombres armados en la parte alta del municipio de Copacabana. La actividad se centraba —según las llamadas— en la región de Sabaneta, y sobre todo en las fincas Villa del Rosario, La Bola y Alto de la Cruz. Por lo menos en una de las llamadas se dio a entender que allí tenían a los periodistas secuestrados, y que inclusive podía estar el Doctor. Es decir: Pablo Escobar. Este dato se mencionó en el análisis que sirvió de base para los operativos del día siguiente, pero no se mencionó la probabilidad de que estuvieran los periodistas secuestrados. El mayor general Miguel Gómez Padilla, director de la Policía Nacional, declaró haber sido informado el 24 de enero en la tarde de que al día siguiente iba a realizarse un operativo de verificación, búsqueda y registro, «y la posible captura de Pablo Escobar y un grupo de narcotraficantes». Pero, al parecer, tampoco se mencionó entonces la posibilidad de encontrar a los dos últimos rehenes, Diana Turbay y Richard Becerra.

El operativo se inició a las once de la mañana del 25 de enero, cuando salió de la Escuela Carlos Holguín de Medellín el capitán Jairo Salcedo García con siete oficiales, cinco suboficiales y cuarenta agentes. Una hora después salió el capitán Eduardo Martínez Solanilla con dos oficiales, dos suboficiales y sesenta y un agentes. El estudio señalaba que en el oficio correspondiente no había sido registrada la salida del capitán Helmer Ezequiel Torres Vela, que fue el encargado del operativo en la finca de La Bola, donde en realidad estaban Diana y Richard. Pero en su exposición posterior ante la Procuraduría Nacional, el propio capitán confirmó que había salido a las once de la mañana con seis oficiales, cinco suboficiales y cuarenta agentes. Para toda la operación se destinaron cuatro helicópteros artillados.

Los allanamientos de Villa del Rosario y Alto de la Cruz se cumplieron sin contratiempos. Hacia la una de la tarde se emprendió el operativo en La Bola. El subteniente Iván Díaz Álvarez contó que estaba descendiendo de la planicie en que lo había dejado el helicóptero, cuando oyó detonaciones en la falda de la montaña. Corriendo en esa dirección, alcanzó a ver unos nueve o diez hombres con fusiles y subametralladoras que huían en estampida. «Nos quedamos allí unos minutos para ver de dónde salía el ataque —declaró el subteniente— cuando escuchamos muy abajo a una persona que pedía auxilio.» El subteniente dijo que se había apresurado hacia abajo y se había encontrado con un hombre que le gritó: «Por favor, ayúdeme». El subteniente le gritó a su vez: «Alto, ¿quién es usted?». El hombre le contestó que era Richard, el periodista, y que necesitaba auxilio porque allí estaba herida Diana Turbay. El suboficial contó que en ese momento, sin explicar por qué, le salió la frase: «¿Dónde está Pablo?». Richard le contestó: «Yo no sé. Pero por favor, ayúdeme». Entonces el militar se le acercó con todas las seguridades, y aparecieron en el lugar otros hombres de su grupo. El subteniente concluyó: «Para nosotros fue una sorpresa encontrar allí a los periodistas puesto que el objetivo de nosotros no era ése».

El relato de este encuentro coincide casi punto por punto con el que Richard Becerra hizo a la Procuraduría. Más tarde, éste amplió su declaración en el sentido de que había visto al hombre que les disparaba a él y a Diana, y que estaba de pie, con las dos manos hacia adelante y hacia el lado izquierdo, y a una distancia promedio de unos quince metros. «Cuando acabaron de sonar los disparos —concluyó Richard— ya yo me había tirado al suelo.»

En relación con el único proyectil que le causó la muerte a Diana, la prueba técnica demostró que había entrado por la región ilíaca izquierda y seguido hacia arriba y hacia la derecha. Las características de los daños micrológicos demostraron que fue un proyectil de alta velocidad, entre dos mil y tres mil pies por segundo, o sea unas tres veces más que la velocidad del sonido. No pudo ser recuperado, pues se fragmentó en tres partes, lo que disminuyó su peso y alteró su forma, y quedó reducido a una fracción irregular que continuó su trayectoria con destrozos de naturaleza esencialmente mortal. Fue casi de seguro un proyectil de calibre 5.56, quizás disparado por un fusil de condiciones técnicas similares, si no iguales, a un AUG austríaco hallado en el lugar de los hechos, que no era de uso reglamentario de la policía. Como una anotación al margen, el informe de la necropsia señaló: «La esperanza de vida de Diana se calculaba en quince años más».

El hecho más intrigante del operativo fue la presencia de un civil esposado que viajó en el mismo helicóptero en que se transportó a Diana herida hasta Medellín. Dos agentes de la policía coincidieron en que era un hombre de apariencia campesina, de unos treinta y cinco a cuarenta años, tez morena, pelo corto, algo robusto, de un metro setenta más o menos, que aquel día llevaba una gorra de tela. Dijeron que lo habían detenido en el curso del operativo, y estaban tratando de que se identificara cuando empezaron los tiros, de modo que tuvieron que esposarlo y llevarlo consigo hasta los helicópteros. Uno de los agentes agregó que lo había dejado en manos de su subteniente, que éste lo interrogó en presencia de ellos y lo dejó en libertad cerca del sitio donde lo habían encontrado. «El señor no tenía nada que ver —dijeron— puesto que los disparos sonaron abajo y el señor estaba arriba con nosotros.» Estas versiones descartaban que el civil hubiera estado a bordo del helicóptero, pero la tripulación de la nave confirmó lo contrario. Otras declaraciones fueron más específicas. El cabo primero Luis Carlos Ríos Ramírez, técnico artillero del helicóptero, no dudaba de que el hombre iba a bordo, y había sido devuelto ese mismo día a la zona de operaciones.

El misterio continuaba el 26 de enero, cuando apareció el cadáver de un llamado José Humberto Vázquez Muñoz en el municipio de Girardota, cerca de Medellín. Había sido muerto por tres tiros de 9 mm en el tórax y dos en la cabeza. En los archivos de los servicios de inteligencia estaba reseñado con graves antecedentes como miembro del cartel de Medellín. Los investigadores marcaron su fotografía con un número cinco, la mezclaron con otras de delincuentes reconocidos, y las mostraron juntas a los que estuvieron cautivos con Diana Turbay. Hero Buss dijo: «No reconozco a ninguno, pero creo que la persona que aparece en la foto número cinco tiene cierto parecido con un sicario que yo vi días después del secuestro». Azucena Liévano declaró también que el hombre de la foto número cinco, pero sin bigote, se parecía a uno que hacía turnos de noche en la casa en que estaban Diana y ella en los primeros días del secuestro. Richard Becerra también reconoció al número cinco como uno que iba esposado en el helicóptero, pero aclaró: «Se me parece por la forma de la cara pero no estoy seguro». Orlando Acevedo también lo reconoció.

Por último, la esposa de Vázquez Muñoz reconoció el cadáver, y dijo en declaración jurada que el día 25 de enero de 1991 a las ocho de la mañana su marido había salido de la casa a buscar un taxi, cuando lo agarraron en la calle dos motorizados vestidos de policía y dos vestidos de civil y lo metieron en un carro. Él alcanzó a llamarla con un grito: «Ana Lucía». Pero ya se lo habían llevado. Esta declaración, sin embargo, no pudo tomarse en cuenta, porque no hubo más testigos del secuestro.

«En conclusión —dijo el informe—, y teniendo en cuenta las pruebas aportadas, es dable afirmar que antes de realizar el operativo de la finca La Bola algunos miembros de la policía nacional encargados del operativo tenían conocimiento por el señor Vázquez Muñoz, civil a quien tenían en su poder, que unos periodistas se encontraban cautivos en esos lugares, y muy seguramente, luego de los acontecimientos, le dieron muerte.» Otras dos muertes inexplicables en el lugar de los hechos fueron también comprobadas.

La oficina de Investigaciones Especiales, en consecuencia, concluyó que no existían motivos para afirmar que el general Gómez Padilla, ni otros de los altos directivos de la Policía Nacional estaban enterados. Que el arma que causó las lesiones de Diana no fue accionada por ninguno de los miembros del cuerpo especial de la Policía Nacional de Medellín. Que miembros del grupo de las operaciones de La Bola debían responder por las muertes de tres personas cuyos cuerpos fueron encontrados allí. Que contra el juez 93 de Instrucción Penal Militar, doctor Diego Rafael de Jesús Coley Nieto, y su secretaria, se abriera formal investigación disciplinaria por irregularidades de tipo sustancial y procedimental, así como contra los peritos del DAS en Bogotá.

Publicado ese informe, Villamizar se sintió en un piso más firme para escribirle a Escobar una segunda carta. Se la mandó, como siempre, a través de los Ochoa, y con otra carta para Maruja, que le rogaba hacer llegar. Aprovechó la ocasión para darle a Escobar una explicación escolar de los tres poderes del Estado: ejecutivo, legislativo y jurisdiccional, y hacerle entender qué difícil era para el presidente, dentro de esos mecanismos constitucionales y legales, manejar cuerpos tan numerosos y complejos como las Fuerzas Armadas. Sin embargo, le dio la razón a Escobar en sus denuncias sobre las violaciones de los derechos humanos por la fuerza pública, y por su insistencia de pedir garantías para él, su familia y su gente cuando se entregaran. «Yo comparto su criterio —le dijo— de que la lucha que usted y yo libramos tiene la misma esencia: salvar las vidas de nuestros familiares y las nuestras, y conseguir la paz.» Con base en esos dos objetivos, le propuso adoptar una estrategia conjunta.

Escobar le contestó días después con el orgullo herido por la lección de derecho público. «Yo sé que el país está dividido en Presidente, Congreso, Policías, Ejército —escribió—. Pero también sé que el presidente es el que manda.» El resto de la carta eran cuatro hojas reiterativas sobre las actuaciones de la policía, que sólo agregaban datos pero no argumentos a las anteriores. Negó que los Extraditables hubieran ejecutado a Diana Turbay, o que hubieran intentado hacerlo, porque en ese caso no habrían tenido que sacarla de la casa donde estaba secuestrada ni la hubieran vestido de negro para que los helicópteros la confundieran con una campesina. «Muerta no vale como rehén», escribió. Al final, sin pasos intermedios ni fórmulas de cortesía se despidió con una frase inusitada: «No se preocupe por (haber hecho) sus declaraciones a la prensa pidiendo que me extraditen. Sé que todo saldrá bien y que no me guardará rencores porque la lucha en defensa de su familia no tiene objetivos diferentes a la que yo llevo en defensa de la mía». Villamizar relacionó aquella frase con una anterior de Escobar, en la que dijo sentirse avergonzado de tener a Maruja en rehenes si la pelea no era con ella sino con el marido. Villamizar se lo había dicho ya de otro modo: «¿Cómo es que si estamos peleando los dos a la que tienen es a mi mujer?», y le propuso en consecuencia que lo cambiara a él por Maruja para negociar en persona. Escobar no aceptó.

Para entonces Villamizar había estado más de veinte

veces en la celda de los Ochoa. Disfrutaba de las joyas de la cocina local que las mujeres de La Loma les llevaban con todas las precauciones contra cualquier atentado. Fue un proceso de conocimiento recíproco, de confianza mutua, en el cual dedicaban las mejores horas a desentrañar en cada frase y en cada gesto las segundas intenciones de Escobar. Villamizar regresaba a Bogotá casi siempre en el último avión del puente aéreo. Su hijo Andrés lo esperaba en el aeropuerto, y muchas veces tuvo que acompañarlo con agua mineral mientras él se liberaba de sus tensiones con lentos tragos solitarios. Había cumplido su promesa de no asistir a ningún acto de la vida pública, ni ver amigos: nada. Cuando la presión aumentaba, salía a la terraza y pasaba horas mirando en la dirección en que suponía que estaba Maruja, y durante horas le mandaba mensajes mentales, hasta que lo vencía el sueño. A las seis de la mañana estaba otra vez en pie y listo para empezar. Cuando recibían respuesta a una carta, o algo más de interés, Martha Nieves o María Lía llamaban por teléfono, y les bastaba una frase:

—Doctor: mañana a las diez.

Mientras no hubiera llamadas dedicaba tiempo y trabajo a *Colombia los Reclama*, la campaña de televisión con base en los datos que Beatriz les había dado sobre las condiciones del encierro. Era una idea de Nora Sanín, directora de la Asociación Nacional de Medios (Asomedios) y puesta en marcha por María del Rosario Ortiz —gran amiga de Maruja y sobrina de Hernando Santos—, en equipo con su marido publicista, con Gloria de Galán y con el resto de la familia: Mónica, Alexandra, Juana, y sus hermanos.

Se trataba de un desfile diario de estrellas del cine, el teatro, la televisión, el fútbol, la ciencia, la política, que pedían en un mismo mensaje la liberación de los secuestrados y el respeto a los derechos humanos. Desde su primera emisión suscitó un movimiento arrasador de opinión pública. Alexandra andaba con un camarógrafo cazando luminarias de un extremo al otro del país. En los tres meses que duró la campaña desfilaron unas cincuenta personalidades. Pero Escobar no se inmutó. Cuando el clavecinista Rafael Puyana dijo que era capaz de pedirle de rodillas la liberación de los secuestrados, Escobar le contestó: «Pueden venir de rodillas treinta millones de colombianos, y no los suelto». Sin embargo, en una carta a Villamizar hizo un elogio del programa porque no sólo luchaba por la libertad de los rehenes sino también por el respeto a los derechos humanos.

La facilidad con que las hijas de Maruja y sus invitados desfilaban por las pantallas de televisión inquietaba a María Victoria, la esposa de Pacho Santos, por su insuperable timidez escénica. Los micrófonos imprevistos que le salían al paso, la luz impúdica de los reflectores, el ojo inquisitorial de las cámaras y las mismas preguntas de siempre a la espera de las mismas respuestas, le causaban unas náuseas de pánico que a duras penas lograba reprimir. El día de su cumpleaños hicieron una nota de televisión en la cual Hernando Santos habló con una fluidez profesional, y luego la tomó a ella del brazo: «Pase usted». Casi siempre logró escapar, pero algunas veces tuvo que enfrentarlo, y no sólo creía morir en el intento sino que al verse y escucharse en la pantalla se sentía ridícula e imbécil.

Su reacción contra aquella servidumbre social fue entonces la contraria. Hizo un curso de microempresas y otro de periodismo. Se volvió libre y fiestera por decisión propia. Aceptó invitaciones que antes detestaba, asistía a conferencias y conciertos, se vistió con ropas alegres, trasnochaba hasta muy tarde, y así terminó por derrotar su imagen de viuda compadecida. Hernando y sus mejores amigos la entendieron, la apoyaron, la ayudaron a salirse con la suya. Pero no tardó en sufrir las sanciones sociales. Supo que muchos de quienes la celebraban de frente la criticaban a sus espaldas. Le llegaban ramos de rosas sin tarjetas, cajas de chocolates sin nombres, declaraciones de amor sin remitentes. Ella gozó con la ilusión de que fueran del marido, que quizás había logrado abrirse un camino secreto hasta ella desde su soledad. Pero el remitente no tardó en identificarse por teléfono: era un maniático. Una mujer, también por teléfono, se le declaró sin rodeos: «Estoy enamorada de usted».

En aquellos meses de libertad creativa Mariavé encontró por azar una vidente amiga que había prefigurado el destino trágico de Diana Turbay. Se asustó con la sola idea de que le hiciera algún pronóstico siniestro, pero la vidente la tranquilizó. A principios de febrero volvió a encontrarla, y le dijo al oído de pasada, sin que le hubieran preguntado nada y sin esperar ningún comentario: «Pacho está vivo». Lo dijo con tal seguridad, que Mariavé lo creyó como si lo hubiera visto con sus ojos.

La verdad en febrero parecía ser que Escobar no tenía confianza en los decretos, aun cuando decía que sí. La desconfianza era en él una condición vital, y solía repetir que gracias a eso estaba vivo. No delegaba nada esencial. Era su propio jefe militar, su propio jefe de seguridad, de inteligencia y de contrainteligencia, un estratega imprevisible y un desinformador sin igual. En circunstancias extremas cambiaba todos los días su guardia personal de ocho hombres. Conocía toda clase de tecnologías de comunicaciones, de intervención de líneas, de rastreo de señales. Tenía empleados que pasaban el día intercambiando diálogos de locos por sus teléfonos para que los escuchas se embrollaran en manglares de disparates y no pudieran distinguirlos de los mensajes reales. Cuando la policía divulgó dos números de teléfono para que se dieran informes sobre su paradero, contrató colegios de niños para que se anticiparan a los delatores y mantuvieran las líneas ocupadas las veinticuatro horas. Su astucia para no dejar pruebas de sus actos era inagotable. No consultaba con nadie, y daba estrategias legales a sus abogados, que no hacían más que ponerles piso jurídico.

Su negativa de recibir a Villamizar obedecía al temor de que tuviera escondido debajo de la piel un dispositivo electrónico que permitiera rastrearlo. Se trataba en realidad de un minúsculo transmisor de radio con una pila microscópica cuya señal puede ser captada a larga distancia por un receptor especial —un radiogoniómetro— que permite establecer por computación el lugar aproximado de la señal. Escobar confiaba tanto en el grado de sofisticación de este ingenio, que no le parecía fantástico que alguien llevara el receptor instalado debajo de la piel. El goniómetro sirve también para determinar las coordenadas de una emisión de radio, o un teléfono móvil o de línea. Por eso Escobar los usaba lo menos posible, y si lo hacía prefería que fuera desde vehículos en marcha. Usaba estafetas con notas escritas. Si tenía que ver a alguien no lo citaba donde él estaba sino que iba él adonde estaba el otro. Cuando terminaba la reunión se movía por rumbos imprevistos. O se iba al otro extremo de la tecnología: en un microbús con placas e insignias falsas de servicio público que se sometía a las rutas reglamentarias pero no hacía caso de las paradas porque siempre llevaban el cupo completo con las escoltas del dueño. Una de las diversiones de Escobar, por cierto, era ir de vez en cuando como conductor.

La posibilidad de que la Asamblea Constituyente acabara de pronunciarse en favor de la no extradición y el indulto, se hizo más probable en febrero. Escobar lo sabía y concentró más fuerzas en esa dirección que en el gobierno. Gaviria, en realidad, debió resultarle más duro de lo que suponía. Todo lo relacionado con los decretos de sometimiento a la justicia estaba al día en la Dirección de Instrucción Criminal, y el ministro de Justicia permanecía alerta para atender cualquier emergencia jurídica. Villamizar, por su parte, actuaba no sólo por su cuenta sino también por su riesgo, pero su estrecha colaboración con Rafael Pardo le mantenía abierto al gobierno un canal directo que no lo comprometía, y en cambio le servía para avanzar sin negociar. Escobar debió entender entonces que Gaviria no designaría nunca un delegado oficial para conversar con él —que era su sueño dorado— y se aferró a la esperanza de que la Constituyente lo indultara, ya fuera como traficante arrepentido, o a la sombra de algún grupo armado. No era un cálculo loco. Antes de la instalación de la Constituyente, los partidos políticos habían acordado una agenda de temas cerrados, y el gobierno logró con razones jurídicas que la extradición no fuera incluida en la lista, porque la necesitaba como instrumento de presión en la política de sometimiento. Pero cuando la Corte Suprema de Justicia tomó la decisión espectacular de que la Constituyente podía tratar cualquier tema sin limitación alguna, el de la extradición resurgió de los escombros. El indulto no se mencionó, pero también era posible: todo cabía en el infinito.

El presidente Gaviria no era de los que abandonaban un tema por otro. En seis meses había impuesto a sus colaboradores un sistema de comunicación personal con notas escritas en papelitos casuales con frases breves que lo resumían todo. A veces mandaba sólo el nombre de la persona a quien iba dirigido, se lo entregaba al que estuviera más cerca, y el destinatario sabía lo que debía hacer. Este método, además, tenía para sus asesores la virtud terrorífica de que no hacía distinción entre las horas de trabajo y las de descanso. Gaviria no la concebía, pues descansaba con la misma disciplina con que trabajaba, y seguía mandando papelitos mientras estaba en un cóctel o tan pronto como emergía de la pesca submarina. «Jugar tenis con él era como un consejo de ministros», dijo uno de sus consejeros. Podía hacer siestas profundas de cinco a diez minutos aun sentado en el escritorio, y despertaba como nuevo mientras sus colaboradores se caían de sueño. El método, por azaroso que pareciera, tenía la virtud de disparar la acción con más apremio y energía que los memorandos formales.

El sistema fue de gran utilidad cuando el presidente trató de parar el golpe de la Corte Suprema contra la extradición, con el argumento de que era un tema de ley y no de Constitución. El ministro de Gobierno, Humberto de la Calle logró convencer de entrada a la mayoría. Pero las cosas que interesan a la gente terminan por imponerse a las que interesan a los gobiernos, y la gente tenía bien identificada la extradición como uno de los factores de perturbación social y, sobre todo, del terrorismo salvaje. Así que al cabo de muchas vueltas y revueltas terminó incluida en el temario de la Comisión de Derechos.

En medio de todo, los Ochoa persistían en el temor de que Escobar, acorralado por sus propios demonios, decidiera inmolarse en una catástrofe de tamaño apocalíptico. Fue un temor profético. A principios de marzo, Villamizar recibió de ellos un mensaje apremiante: «Véngase enseguida para acá porque van a pasar cosas muy graves». Habían recibido una carta de Pablo Escobar con la amenaza de reventar cincuenta toneladas de dinamita en el recinto histórico de Cartagena de Indias si no eran sancionados los policías que asolaban las comunas de Medellín: cien kilos por cada muchacho muerto fuera de combate.

Los Extraditables habían considerado a Cartagena como un santuario intocable hasta el 28 de setiembre de 1989, cuando una carga de dinamita sacudió los cimientos y pulverizó cristales del Hotel Hilton, y mató a dos médicos de un congreso que sesionaba en otro piso. A partir de entonces quedó claro que tampoco aquel patrimonio de la humanidad estaba a salvo de la guerra. La nueva amenaza no permitía un instante de vacilación.

El presidente Gaviria la conoció por Villamizar pocos días antes de cumplirse el plazo. «Ahora no estamos peleando por Maruja sino por salvar a Cartagena», le dijo Villamizar, para facilitarle un argumento. La respuesta del presidente fue que le agradecía la información y que el gobierno tomaría las medidas para impedir el desastre, pero que de ningún modo cedería al chantaje. Así que Villamizar viajó a Medellín una vez más, y con la ayuda de los Ochoa logró disuadir a Escobar. No fue fácil. Días antes del plazo, Escobar garantizó en un papel apresurado que a los periodistas cautivos no les pasaría nada por el momento, y aplazó la detonación de bombas en ciudades grandes. Pero también fue terminante: si después de abril continuaban los operativos de la policía en Medellín, no quedaría piedra sobre piedra de la muy antigua y noble ciudad de Cartagena de Indias.

9

Sola en el cuarto, Maruja tomó conciencia de que estaba en manos de los hombres que quizás habían matado a Marina y a Beatriz, y se negaban a devolverle el radio y el televisor para que no se enterara. Pasó de la solicitud encarecida a la exigencia colérica, se enfrentó a gritos con los guardianes para que la oyeran hasta los vecinos, no volvió a caminar y amenazó con no volver a comer. El mayordomo y los guardianes, sorprendidos por una situación impensable, no supieron qué hacer. Susurraban en conciliábulos inútiles, salían a llamar por teléfono y regresaban aún más indecisos. Trataban de tranquilizar a Maruja con promesas ilusorias o intimidarla con amenazas, pero no consiguieron quebrantar su voluntad de no comer.

Nunca se había sentido más dueña de sí. Era claro que sus guardianes tenían instrucciones de no maltratarla, y se jugó la carta de que la necesitaban viva a toda costa. Fue un cálculo certero: tres días después de la liberación de Beatriz, muy temprano, la puerta se abrió sin ningún anuncio, y entró el mayordomo con el radio y el televisor. «Usted se va a enterar ahora de una cosa», le dijo a Maruja. Y enseguida, sin dramatismo, le soltó la noticia:

—Doña Marina Montoya está muerta.

Al contrario de lo que ella misma hubiera esperado, Maruja lo oyó como si lo hubiera sabido desde siempre. Lo asombroso para ella habría sido que Marina estuviera viva. Sin embargo, cuando la verdad le llegó al corazón se dio cuenta de cuánto la quería y cuánto habría dado porque no fuera cierta.

—¡Asesinos! —le dijo al mayordomo—. Eso es lo que son todos ustedes: ¡asesinos!

En ese instante apareció el *Doctor* en la puerta, y quiso calmar a Maruja con la noticia de que Beatriz estaba feliz en su casa, pero ella no lo creería mientras no la viera con sus ojos en la televisión o la oyera por la radio. En cambio el recién llegado le pareció como mandado a hacer para un desahogo.

—Usted no había vuelto por aquí —le dijo—. Y lo comprendo: debe estar muy avergonzado de lo que hizo con Marina.

Él necesitó un instante para reponerse de la sorpresa.

—¿Qué pasó? —lo instigó Maruja—. ¿Estaba condenada a muerte?

Él explicó entonces que se trataba de vengar una traición doble. «Lo de usted es distinto», dijo. Y repitió lo que ya había dicho antes: «Es político». Maruja lo escuchó con la rara fascinación que infunde la idea de la muerte a los que sienten que van a morir.

—Al menos dígame cómo fue —dijo—. ¿Marina se dio cuenta?

—Le juro que no —dijo él.

—¡Pero cómo no! —persistió Maruja—. ¡Cómo no iba a darse cuenta!

—Le dijeron que la iban a llevar a otra finca —dijo él con la ansiedad de que se lo creyera—. Le dijeron que se bajara del carro, y ella siguió caminando adelante y le dispararon por detrás de la cabeza. No pudo darse cuenta de nada.

La imagen de Marina caminando a tientas con la capucha al revés hacia una finca imaginaria iba a perseguir a Maruja muchas noches de insomnios. Más que a la muerte misma, le temía a la lucidez del momento final. Lo único que le infundió algún consuelo fue la caja de pastillas somníferas que había ahorrado como perlas preciosas, para tragarse un puñado antes que dejarse arrastrar por las buenas al matadero.

En las noticias del mediodía vio por fin a Beatriz, rodeada de su gente y en un apartamento lleno de flores que reconoció al instante a pesar de los cambios: era el suyo. Sin embargo, la alegría de verla se estropeó con el disgusto de la nueva decoración. La biblioteca nueva le pareció bien hecha y en el lugar en que ella la quería, pero los colores de las paredes y las alfombras eran insoportables, y el caballo de la dinastía Tang estaba atravesado donde más estorbaba. Indiferente a su situación empezó a regañar al marido y a los hijos como si pudieran oírla en la pantalla. «¡Qué brutos! —gritó—. ¡Es todo al revés de lo que yo había dicho!» Los deseos de salir libre se redujeron por un instante a las ansias de cantarles la tabla por lo mal que lo habían hecho.

En esa tormenta de sensaciones y sentimientos encontrados, los días se le habían hecho invivibles y las noches, interminables. La impresionaba dormir en la cama de Marina, cubierta con su manta, atormentada por su olor, y cuando empezaba a dormirse oía en las tinieblas, junto a ella en la misma cama, sus susurros de abeja. Una noche no fue una alucinación sino un prodigio de la vida real. Marina la agarró del brazo con su mano de viva, tibia y tierna, y le sopló al oído con su voz natural: «Maruja».

No lo consideró una alucinación porque en Yakarta había vivido otra experiencia fantástica. En una feria de antigüedades había comprado la escultura de un hermoso mancebo de tamaño natural, con un pie apoyado sobre la cabeza de un niño vencido. Tenía una aureola como los santos católicos, pero ésta era de latón, y el estilo y los materiales hacían pensar en un añadido de pacotilla. Sólo tiempo después de tenerla en el mejor lugar de la casa se enteró de que era el Dios de la Muerte.

Maruja soñó una noche que trataba de arrancarle la aureola a la estatua porque le parecía muy fea, pero no lo logró. Estaba soldada al bronce. Despertó muy molesta por el mal recuerdo, corrió a ver la estatua en el salón de la casa, y encontró al dios descoronado y la aureola tirada en el piso como si fuera el final de su sueño. Maruja —que es racionalista y agnóstica—, se conformó con la idea de que era ella misma, en un episodio irrecordable de sonambulismo, quien le había quitado la aureola al Dios de la Muerte.

Al principio del cautiverio se había sostenido por la rabia que le causaba la sumisión de Marina. Más tarde fue la compasión por su amargo destino y los deseos de darle alientos para vivir. La sostuvo el deber de fingir una fuerza que no tenía cuando Beatriz empezaba a perder el control, y la necesidad de mantener su propio equilibrio cuando la adversidad las abrumaba. Alguien tenía que asumir el mando para no hundirse, y había sido ella, en un espacio lúgubre y pestilente de tres metros por dos y medio, durmiendo en el suelo, comiendo sobras de cocina y sin la certidumbre de estar viva en el minuto siguiente. Pero cuando no quedó nadie más en el cuarto ya no tenía por qué fingir: estaba sola ante sí misma.

La certidumbre de que Beatriz había informado a su familia sobre el modo como podían dirigirse a ella por radio y televisión la mantuvo alerta. En efecto, Villamizar apareció varias veces con sus voces de aliento, y sus hijos la consolaron con su imaginación y su gracia. De pronto, sin ningún anuncio, se rompió el contacto durante dos semanas. Entonces la embargó una sensación de olvido. Se derrumbó. No volvió a caminar. Permaneció acostada de cara a la pared, ajena a todo, comiendo y bebiendo apenas para no morir. Volvió a sentir los mismos dolores de diciembre, los mismos calambres y punzadas en las piernas que habían hecho necesaria la visita del médico. Pero esta vez no se quejó siquiera.

Los guardianes, enredados en sus conflictos personales y discrepancias internas, se desentendieron de ella. La comida se enfriaba en el plato y tanto el mayordomo como su mujer parecían no enterarse de nada. Los días se hicieron más largos y áridos. Tanto, que hasta añoraba a veces los momentos peores de los primeros días. Perdió el interés por la vida. Lloró. Una mañana al despertar se dio cuenta horrorizada de que su brazo derecho se alzaba por sí solo.

El relevo de la guardia de febrero fue providencial. En vez de la pandilla de Barrabás mandaron cuatro muchachos nuevos, serios, disciplinados y conversadores. Tenían buenos modales y una facilidad de expresión que fueron un alivio para Maruja. De entrada la invitaron a jugar nintendo y otras diversiones de televisión. El juego los acercó. Ella notó desde el principio que tenían un lenguaje común, y eso les facilitó una comunicación. Sin duda habían sido instruidos para vencer su resistencia y levantarle la moral con un trato distinto, pues empezaron a convencerla de que siguiera con la orden médica de caminar en el patio, de que pensara en su esposo, en sus hijos, y en no defraudar la esperanza que éstos tenían de verla pronto y en buen estado.

El ambiente fue propicio para los desahogos. Consciente de que también ellos eran prisioneros y tal vez necesitaban de ella, Maruja les contaba sus experiencias con tres hijos varones que ya habían pasado por la adolescencia. Les contó episodios significativos de su crianza y educación, de sus costumbres y sus gustos. También los guardianes, ya más confiados, le hablaron de sus vidas.

Todos eran bachilleres y uno de ellos había hecho por lo menos un semestre de universidad. Al contrario de los anteriores, decían pertenecer a familias de clase media, pero de una u otra manera estaban marcados por la cultura de las comunas de Medellín. El mayor de ellos, de veinticuatro años, a quien llamaban la Hormiga, era alto y apuesto, y de índole reservada. Había interrumpido sus estudios universitarios cuando sus padres murieron en un accidente de tránsito y no había encontrado más salida que el sicariato. Otro, a quien llamaban Tiburón, contaba divertido que había aprobado la mitad del bachillerato amenazando a sus profesores con un revólver de juguete. Al más alegre del equipo, y de todos los que pasaron por allí, lo llamaban el Trompo y lo parecía, en efecto. Era muy gordo, de piernas cortas y frágiles, y su afición por el baile llegaba a extremos de locura. Alguna vez puso en la grabadora una cinta de salsa después del desayuno, y la bailó sin interrupción y con ímpetu frenético hasta el final de su turno. El más formal, hijo de una maestra de escuela, era lector de literatura y de periódicos, y estaba bien informado de la actualidad del país. Sólo tenía una explicación para estar en aquella vida: «Porque es muy chévere».

Sin embargo, tal como Maruja lo vislumbró desde el principio, no fueron insensibles al trato humano. Lo cual, a su vez, no sólo le dio a ella nuevos ánimos para vivir, sino la astucia para ganar ventajas que tal vez los mismos guardianes no tenían previstas.

—No se crean que voy a hacer pendejadas con ustedes —les dijo—. Estén seguros de que no haré nada de lo que está prohibido, porque sé que esto va a terminar pronto y bien. Entonces no tiene sentido que me constriñan tanto.

Con una autonomía que no tuvo ninguno de los guardianes anteriores —ni siquiera sus jefes—, los nuevos se atrevieron a relajar el régimen carcelario mucho más de lo que la misma Maruja esperaba. La dejaron moverse por el cuarto, hablar con la voz menos forzada, ir al baño sin un horario fijo. El nuevo trato le devolvió los ánimos para dedicarse al cuidado de sí misma, gracias a la experiencia de Yakarta. Sacó buen provecho de unas lecciones de gimnasia que hizo para ella una maestra en el programa de Alexandra, y cuyo título parecía llevar nombre propio: ejercicios en espacios reducidos. Era tal su entusiasmo, que uno de los guardianes le preguntó con un gesto de sospecha: «¿No será que ese programa tiene algún mensaje para usted?». Trabajo le costó a Maruja convencerlo de que no.

Por esos días la emocionó también la aparición sorpresiva de *Colombia los Reclama*, que no sólo le pareció bien concebido y bien hecho, sino también el más adecuado para sostener en alto la moral de los dos últimos rehenes. Se sintió mejor comunicada y más identificada con los suyos. Pensaba que ella hubiera hecho lo mismo como campaña, como medicina, como golpe de opinión, hasta el punto de que llegó a acertar en las apuestas que hacía con los guardianes sobre quién iba a aparecer en la pantalla al día siguiente. Una vez apostó a que saldría Vicky Hernández, la gran actriz, su gran amiga, y ganó. Un premio mejor, en todo caso, fue que el solo hecho de ver a Vicky y de escuchar su mensaje le provocó uno de los pocos instantes felices del cautiverio.

También las caminatas del patio empezaron a dar frutos. El pastor alemán, alegre de verla otra vez, trató de meterse por debajo del portón para retozar con Maruja, pero ella lo calmó con sus mimos por temor de despertar los recelos de los guardianes. Marina le había dicho que el portón daba a un potrero apacible de corderos y gallinas. Maruja lo comprobó con una rápida mirada bajo la claridad lunar. Sin embargo, también se dio cuenta entonces de que un hombre armado con una escopeta montaba guardia por fuera de la cerca. La ilusión de escapar con la complicidad del perro quedó cancelada.

El 20 de febrero —cuando la vida parecía haber recobrado su ritmo— se enteraron por radio de que en un potrero de Medellín habían encontrado el cadáver del doctor Conrado Prisco Lopera, primo de los jefes de la banda, quien había desaparecido dos días antes. Su primo Edgar de Jesús Botero Prisco fue asesinado a los cuatro días. Ninguno de los dos tenía antecedentes penales. El doctor Prisco Lopera era el que había atendido a Juan Vitta con su nombre y a cara descubierta, y Maruja se preguntaba si no sería el mismo enmascarado que la había examinado días antes.

Al igual que la muerte de los hermanos Priscos en enero, éstas causaron una gran impresión entre los guardianes y aumentaron el nerviosismo del mayordomo y su familia. La idea de que el cartel cobraría sus muertes con la vida de un secuestrado, como ocurrió con Marina Montoya, pasó por el cuarto como una sombra fatídica. El mayordomo entró al día siguiente sin ningún motivo y a una hora inusual.

—No es por preocuparla —le dijo a Maruja—, pero

hay una cosa muy grave: una mariposa está parada desde anoche en la puerta del patio.

Maruja, incrédula de lo invisible, no entendió lo que quería decirle. El mayordomo se lo explicó con un tremendismo calculado.

—Es que cuando mataron a los otros Priscos sucedió lo mismo —dijo—: una mariposa negra estuvo pegada tres días en la puerta del baño.

Maruja recordó los oscuros presentimientos de Marina, pero se hizo la desentendida.

—¿Y eso qué quiere decir? —preguntó.

—No sé —dijo el mayordomo—, pero debe ser de muy mal agüero porque entonces fue que mataron a doña Marina.

—¿La de ahora es negra o carmelita? —le preguntó Maruja.

—Carmelita —dijo el mayordomo.

—Entonces es buena —dijo Maruja—. Las de mal agüero son las negras.

El propósito de asustarla no se cumplió. Maruja conocía a su marido, su modo de pensar y proceder, y no creía que anduviera tan extraviado como para quitarle el sueño una mariposa. Sabía, sobre todo, que ni él ni Beatriz dejarían escapar ningún dato útil para un intento de rescate armado. Sin embargo, acostumbrada a interpretar sus altibajos íntimos como un reflejo del mundo exterior, no descartó que cinco muertes de una misma familia en un mes tuvieran terribles consecuencias para los dos últimos secuestrados.

El rumor de que la Asamblea Constituyente tenía dudas sobre la extradición, por el contrario, debió aliviar a los Extraditables. El 28 de febrero, en una visita oficial a los Estados Unidos, el presidente Gaviria se declaró partidario decidido de mantenerla a toda costa, pero no causó alarma: la no extradición era ya un sentimiento nacional muy arraigado que no necesitaba de sobornos ni intimidaciones para imponerse.

Maruja seguía aquellos acontecimientos con atención, dentro de una rutina que parecía ser un mismo día repetido. De pronto, mientras jugaban dominó con los guardianes, el Trompo cerró el juego y recogió las fichas por última vez.

—Mañana nos vamos —dijo.

Maruja no quiso creerlo, pero el hijo de la maestra se lo confirmó.

—En serio —dijo—. Mañana viene el grupo de Barrabás.

Éste fue el principio de lo que Maruja había de recordar como su marzo negro. Así como los guardianes que se iban parecían instruidos para aliviar la condena, los que llegaron estaban sin duda entrenados para volverla insoportable. Irrumpieron como un temblor de tierra. El Monje, largo, escuálido, y más sombrío y ensimismado que la última vez. Los otros, los de siempre, como si nunca se hubieran ido. Barrabás los dirigía con ínfulas de matón de cine, impartiendo órdenes militares para encontrar el escondrijo de algo que no existía, o fingiendo buscarlo para amedrentar a su víctima. Voltearon el cuarto al revés con técnicas brutales. Desbarataron la cama, destriparon el colchón y lo rellenaron tan mal que costaba trabajo seguir durmiendo en un lecho de nudos.

La vida cotidiana regresó al viejo estilo de mantener las armas listas para disparar si las órdenes no se cumplían de inmediato. Barrabás no le hablaba a Maruja sin apuntarle a la cabeza con la ametralladora. Ella, como siempre, lo plantó con la amenaza de acusarlo con sus jefes.

—No es verdad que me voy a morir sólo porque a

usted se le fue una bala —le dijo—. Estese quieto o me quejo.

Esa vez no le sirvió el recurso. Parecía claro, sin embargo, que el desorden no era intimidatorio ni calculado, sino que el sistema mismo estaba carcomido desde dentro por una desmoralización de fondo. Hasta los pleitos entre el mayordomo y Damaris, frecuentes y de colores folclóricos, se volvieron temibles. Él llegaba de la calle a cualquier hora —si llegaba— casi siempre embrutecido por la borrachera, y tenía que enfrentarse a las andanadas obscenas de la mujer. Los alaridos de ambos, y el llanto de las niñas despertadas a cualquier hora, alborotaban la casa. Los guardianes se burlaban de ellos con imitaciones teatrales que magnificaban el escándalo. Resultaba inconcebible que en medio de la barahúnda no hubiera acudido nadie aunque fuera por curiosidad.

El mayordomo y su mujer se desahogaban por separado con Maruja. Damaris, a causa de unos celos justificados que no le daban un instante de paz. Él, tratando de ingeniarse una manera de calmar a la mujer sin renunciar a sus perrerías. Pero los buenos oficios de Maruja no perduraban más allá de la siguiente escapada del mayordomo.

En uno de los tantos pleitos, Damaris le cruzó la cara al marido con unos arañazos de gata, cuyas cicatrices tardaron en desaparecer. Él le dio una trompada que la sacó por la ventana. No la mató de milagro, porque ella alcanzó a agarrarse a última hora y quedó colgada del balcón del patio. Fue el final. Damaris hizo maletas y se fue con las niñas para Medellín.

La casa quedó en manos del mayordomo solo, que a veces no aparecía hasta el anochecer cargado de yogur y bolsas de papas fritas. Muy de vez en cuando llevó un pollo. Cansados de esperar, los guardianes saqueaban la cocina. De regreso al cuarto le llevaban a Maruja alguna galleta sobrante con salchichas crudas. El aburrimiento los volvió más susceptibles y peligrosos. Despotricaban contra sus padres, contra la policía, contra la sociedad entera. Contaban sus crímenes inútiles y sus sacrilegios deliberados para probarse la inexistencia de Dios, y llegaron a extremos dementes en los relatos de sus proezas sexuales. Uno de ellos hacía descripciones de las aberraciones a que sometió a una de sus amantes en venganza de sus burlas y humillaciones. Resentidos y sin control, terminaron por drogarse con marihuana y bazuco, hasta un punto en que no era posible respirar en la humareda del cuarto. Oían la radio a reventar, entraban y salían con portazos, brincaban, cantaban, bailaban, hacían cabriolas en el patio. Uno de ellos parecía un saltimbanqui profesional en un circo perdulario. Maruja los amenazaba con que los escándalos iban a llamar la atención de la policía.

—¡Que venga y que nos mate! —gritaron a coro.

Maruja se sintió en sus límites, sobre todo por el enloquecido Barrabás, que se complacía en despertarla con el cañón de la ametralladora en la sien. El cabello comenzó a caérsele. La almohada llena de hebras sueltas la deprimía desde que abría los ojos al amanecer.

Sabía que cada uno de los guardianes era distinto, pero tenían la debilidad común de la inseguridad y la desconfianza recíproca. Maruja se las exacerbaba con su propio temor. «¿Cómo pueden vivir así? —les preguntaba de pronto—. ¿En qué creen ustedes?», «¿Tienen algún sentido de la amistad?» Antes de que pudieran reaccionar los tenía arrinconados: «¿La palabra empeñada significa algo para ustedes?». No contestaban, pero las respuestas que se daban a sí mismos debían ser inquietantes, porque en lugar de rebelarse se humillaban ante Maruja. Sólo Barrabás se le enfrentó. «¡Oligarcas de mierda! —le gritó en una ocasión—. ¿Es que se creían que iban a mandar siempre? ¡Ya no, carajo: se acabó la vaina!» Maruja, que tanto le había temido, le salió al paso con la misma furia.

—Ustedes matan a sus amigos, sus amigos los matan a ustedes, todos terminarán matándose los unos a los otros —le gritó—. ¿Quién los entiende? Tráiganme a alguien que me explique qué clase de bestias son ustedes.

Desesperado tal vez por no poder matarla, Barrabás golpeó la pared con un puñetazo que le lastimó los huesos de la muñeca. Dio un grito salvaje y rompió a llorar de furia. Maruja no se dejó ablandar por la compasión. El mayordomo pasó la tarde tratando de apaciguarla e hizo un esfuerzo inútil por mejorar la cena.

Maruja se preguntaba cómo era posible que con semejante desmadre siguieran creyendo que tenían algún sentido los diálogos en susurro, la reclusión en el cuarto, el racionamiento del radio y la televisión por motivos de seguridad. Aburrida de tanta demencia se sublevó contra las leyes inservibles del cautiverio, habló con voz natural, iba al baño cuando se le antojaba. En cambio, el temor a una agresión se hizo más intenso, sobre todo cuando el mayordomo la dejaba sola con la pareja de turno. El drama culminó una mañana en que un guardián enmascarado irrumpió en el baño cuando ella estaba jabonándose bajo la ducha. Maruja alcanzó a cubrirse con la toalla y lanzó un grito de terror que debió oírse en todo el sector. El hombre permaneció petrificado, como un espantajo y con el alma en un hilo por temor a las reacciones del vecindario. Pero no acudió nadie, no se oyó un suspiro. El guardián salió caminando hacia atrás, en puntillas, como si se hubiera equivocado de puerta.

El mayordomo reapareció cuando menos lo esperaban con una mujer distinta que se tomó el poder de la casa. Pero en vez de controlar el desorden ambos contribuyeron a aumentarlo. La mujer lo secundaba en sus borracheras de arrabal que solían terminar con trompadas y botellazos. Las horas de las comidas se volvieron improbables. Los domingos se iban de farra y dejaban a Maruja y a los guardianes sin nada que comer hasta el día siguiente. Una madrugada, mientras Maruja caminaba sola en el patio, se fueron los cuatro guardianes a saquear la cocina, y dejaron las ametralladoras en el cuarto. Un pensamiento la estremeció. Lo saboreó mientras conversaba con el perro, lo acariciaba, le hablaba en susurros, y el animal regocijado le lamía las manos con gruñidos de complicidad. El grito de Barrabás la sacó de sus sueños.

Fue el final de una ilusión. Cambiaron el perro por otro con catadura de carnicero. Prohibieron las caminatas, y Maruja fue sometida a un régimen de vigilancia perpetua. Lo que más temió entonces fue que la amarraran en la cama con una cadena forrada en plástico que Barrabás enrollaba y desenrollaba como una camándula de hierro. Maruja se adelantó a cualquier propósito.

—Si yo hubiera querido irme de aquí ya me habría ido hace tiempo —dijo—. Me he quedado sola varias veces, y si no me he fugado es porque no he querido.

Alguien debió de llevar las quejas porque el mayordomo entró una mañana con una humildad sospechosa, y dio toda clase de excusas. Que se moría de la vergüenza, que los muchachos iban a portarse bien en adelante, que ya había mandado por su esposa, que ya volvía. Así fue: volvió la misma Damaris de siempre, con las dos niñas, con las minifaldas de gaitero escocés y las lentejas aborrecidas. Con la misma actitud llegaron al día siguiente dos jefes enmascarados que sacaron a empellones a los cuatro guardianes e impusieron el orden. «No volverán más nunca», dijo uno de los jefes con una determinación espeluznante. Dicho y hecho.

Esa misma tarde mandaron el equipo de los bachilleres, y fue como un regreso mágico a la paz de febrero: el tiempo pausado, las revistas de variedades, la música de Guns n'Roses, y las películas de Mel Gibson con pistoleros a sueldo curtidos en los desenfrenos del corazón. A Maruja la conmovía que los matones adolescentes las oían y las veían con la misma devoción que sus hijos.

A fines de marzo, sin ningún anuncio, aparecieron dos desconocidos que se habían puesto las capuchas prestadas por los guardianes para no hablar a cara descubierta. Uno de ellos, sin saludar apenas, empezó a medir el piso con una cinta métrica de sastre, mientras el otro trataba de congraciarse con Maruja.

—Encantado de conocerla, señora —le dijo—. Venimos a alfombrar el cuarto.

—¡Alfombrar el cuarto! —gritó Maruja, ciega de rabia—. ¡Váyanse al carajo! Lo que yo quiero es largarme de aquí. ¡Ahora mismo!

En todo caso, lo más escandaloso no era la alfombra, sino lo que ella podía significar: un aplazamiento indefinido de su liberación. Uno de los guardianes diría después que la interpretación que hizo Maruja había sido equivocada, pues tal vez significaba que ella se iba pronto y renovaban el cuarto para otros rehenes mejor considerados. Pero Maruja estaba segura de que una alfombra en aquel momento sólo podía entenderse como un año más de su vida.

También Pacho Santos tenía que ingeniárselas para mantener ocupados a sus guardianes, pues cuando se aburrían de jugar a las barajas, de ver diez veces seguidas la misma película, de contar sus hazañas de machos, se ponían a dar vueltas en el cuarto como leones enjaulados. Por los agujeros de la capucha se les veían los ojos enrojecidos. Lo único que podían hacer entonces era tomarse unos días de descanso. Es decir: embrutecerse de alcohol y de droga en una semana de parrandas encadenadas, y regresar peor. La droga estaba prohibida y castigada con severidad, y no sólo durante el servicio, pero los adictos encontraban siempre la manera de burlar la vigilancia de sus superiores. La de rutina era la marihuana, pero en tiempos difíciles se recetaban unas olimpiadas de bazuco que hacían temer cualquier descalabro. Uno de los guardianes, después de una noche de brujas en la calle, irrumpió en el cuarto y despertó a Pacho con un alarido. Él vio la máscara de diablo casi pegada a su cara, vio unos ojos sangrientos, unas cerdas erizadas que le salían por las orejas, y sintió el tufo de azufre de los infiernos. Era uno de sus guardianes que quería terminar la fiesta con él. «Usted no sabe lo bandido que soy yo», le dijo mientras se bebían un aguardiente doble a las seis de la mañana. En las dos horas siguientes le contó su vida sin que se lo hubiera pedido, sólo por un ímpetu irrefrenable de la conciencia. Al final se quedó fundido de la borrachera, y si Pacho no se fugó entonces fue porque a última hora le faltaron los ánimos.

La lectura más alentadora que tuvo en su encierro fueron las notas privadas que *El Tiempo* publicaba sólo para él sin disimulos ni reservas en sus páginas editoriales, por iniciativa de María Victoria. Una de ellas estuvo acompañada por un retrato reciente de sus hijos, y él les escribió en caliente una carta llena de esas verdades tremendas que les parecen ridículas a quienes no las sufren: «Estoy aquí sentado en este cuarto, encadenado a una cama, con los ojos llenos de lágrimas». A partir de entonces escribió a su esposa y sus hijos una serie de cartas del corazón que nunca pudo enviar.

Pacho había perdido toda esperanza después de la muerte de Marina y Diana, cuando la posibilidad de la fuga le salió al paso sin que la hubiera buscado. Ya no le cabía duda de que estaba en uno de los barrios próximos a la avenida Boyacá, al occidente de la ciudad. Los conocía bien, pues solía desviarse por allí para ir del periódico a su casa en las horas de mucho tráfico, y ése era el rumbo que llevaba la noche del secuestro. La mayoría de sus edificaciones debían ser conjuntos residenciales en serie, con la misma casa muchas veces repetida: un portón en el garaje, un jardín minúsculo, un segundo piso con vista hacia la calle, y todas las ventanas protegidas por rejas de hierro pintadas de blanco. Más aún: en una semana logró precisar la distancia de la pizzería, y que la fábrica no era otra que la cervecería de Bavaria. Un detalle desorientador era el gallo loco que al principio cantaba a cualquier hora, y con el paso de los meses cantaba al mismo tiempo en distintos lugares: a veces remoto a las tres de la tarde, a veces junto a su ventana a las dos de la madrugada. Más desorientador habría sido si le hubieran dicho que también Maruja y Beatriz lo escuchaban en un sector muy distante.

Al final del corredor, a la derecha de su cuarto, podía saltar por una ventana que daba a un patiecito cerrado, y después escalar la tapia cubierta de enredaderas junto a un árbol de buenas ramas. Ignoraba qué había detrás de la tapia, pero siendo una casa de esquina tenía que ser una calle. Y casi con seguridad, la calle donde estaban la tienda de víveres, la farmacia y un taller de automóviles. Éste, sin embargo, era quizás un factor negativo, porque podía ser una pantalla de los secuestradores. En efecto, Pacho oyó una vez por ese lado una discusión sobre fútbol con dos voces que eran sin duda de guardianes suyos. En todo caso, la salida por la tapia sería fácil, pero el resto era impredecible. De modo que la mejor alternativa era el baño, con la ventaja indispensable de ser el único lugar donde le permitían ir sin las cadenas.

Tenía claro que la evasión debía ser a pleno día, pues nunca iba al baño después de acostarse —aun si permanecía despierto frente a la televisión o escribiendo en la cama— y la excepción podía delatarlo. Además, los comercios cerraban temprano, los vecinos se recogían después de los noticieros de las siete y a las diez no había un alma en el contorno. Aun en las noches de viernes, que en Bogotá son fragorosas, sólo se percibía el resuello lento de la fábrica de cerveza o el alarido instantáneo de una ambulancia desbocada en la avenida Boyacá. Además, de noche no sería fácil encontrar un refugio inmediato en las calles desiertas, y las puertas de tiendas y hogares estarían cerradas con aldabas y cerrojos superpuestos contra los riesgos de la noche.

Sin embargo, la oportunidad se presentó el 6 de marzo —más calva que nunca— y fue de noche. Uno de los guardianes había llevado una botella de aguardiente y lo invitó a un trago, mientras veían un programa sobre Julio Iglesias en la televisión. Pacho bebió poco y sólo por complacerlo. El guardián había entrado de turno esa tarde, venía con los tragos adelantados y cayó redondo antes de terminar la botella, y sin encadenar a Pacho. Éste, muerto de sueño, no vio la oportunidad que le caía del cielo. Siempre que quisiera ir de noche al baño debía acompañarlo su guardián de turno, pero prefirió no perturbar su borrachera feliz. Salió al corredor oscuro con toda inocencia —tal como estaba, descalzo y en calzoncillos— y pasó sin respirar frente al cuarto donde dormían los otros guardianes. Uno roncaba como un rastrillo. Pacho no había tomado conciencia hasta entonces de que se estaba fugando sin saberlo, y de que lo más difícil había pasado. Una ráfaga de náusea le subió del estómago, le heló la lengua y le desbocó el corazón. «No era el miedo de fugarme sino el de no atreverme», diría más tarde. Entró al baño en tinieblas y ajustó la puerta con una determinación sin regreso. Otro guardián, todavía medio dormido, empujó la puerta y le alumbró la cara con una linterna. Ambos se quedaron atónitos.

—¿Qué haces? —preguntó el guardián.

Pacho le contestó con voz firme:

—Cagando.

No se le ocurrió nada más. El guardián movió la cabeza sin saber qué pensar.

—Okey —dijo al fin—. Buen provecho.

Permaneció en la puerta alumbrándolo con el haz de la linterna, sin pestañear, hasta que Pacho terminó lo suyo como si fuera cierto.

En el curso de la semana, vencido por la depresión del fracaso, resolvió fugarse de una manera radical e irremediable. «Saco la cuchilla de la maquinita de afeitar, me corto las venas, y amanezco muerto», se dijo. El día siguiente, el padre Alfonso Llanos Escobar publicó en *El Tiempo* su columna semanal, dirigida a Pacho Santos, en la cual le ordenaba en el nombre de Dios que no se le ocurriera suicidarse. El artículo llevaba tres semanas en el escritorio de Hernando Santos, que dudaba entre publicarlo o no —sin tener claro por qué— y el día anterior lo decidió a última hora y también sin saber por qué. Todavía, cada vez que lo cuenta, Pacho vuelve a vivir el estupor de aquel día.

Un jefe segundón que visitó a Maruja a principios de abril le prometió mediar para que su marido le mandara una carta que ella necesitaba como una medicina del alma y del cuerpo. La respuesta fue increíble: «No hay problema». El hombre se fue como a las siete de la noche. Hacia las doce y media, después de la caminata por el patio, el mayordomo dio unos golpes urgentes en la puerta atrancada por dentro, y le entregó la carta. No era ninguna de las varias que Villamizar le había mandado con Guido Parra sino la que le mandó con Jorge Luis Ochoa, y a la cual había puesto Gloria Pachón de Galán una posdata consoladora. Al dorso del mismo papel, Pablo Escobar había escrito una nota de su puño y letra: «*Yo sé que esto ha sido terrible para usted y para su familia, pero mi familia y yo también hemos sufrido muchísimo. Pero no se preocupe, yo le prometo que a usted no le va a pasar nada, pase lo que pase*». Y terminaba con una confidencia marginal que a Maruja le pareció inverosímil: «*No le haga caso a mis comunicados de prensa que sólo son para presionar*».

La carta del esposo, en cambio, la desalentó por su pesimismo. Le decía que las cosas iban bien, pero que tuviera paciencia, porque la espera podía ser todavía más larga. Seguro de que sería leída antes de entregarla, Villamizar había terminado con una frase que en ese caso era más para Escobar que para Maruja: «Ofrece tu sacrificio por la paz de Colombia». Ella se enfureció. Había captado muchas veces los recados mentales que Villamizar le mandaba desde su terraza, y le contestaba con toda el alma: «Sáqueme de aquí, que ya no sé ni quién soy después de tantos meses de no mirarme en un espejo».

Con aquella carta tuvo un motivo más para contestarle de su puño y letra que qué paciencia ni qué paciencia, carajo, con tanta como había tenido y padecido en las noches de horror en que la despertaba de pronto el pasmo de la muerte. Ignoraba que era una carta antigua, escrita entre el fracaso con Guido Parra y las primeras entrevistas con los Ochoa, cuando aún no se vislumbraba ni una luz de esperanza. No podía esperarse que fuera una carta optimista, como lo hubiera sido en esos días en que ya parecía definido el camino de su liberación.

Por fortuna, el malentendido sirvió para que Maruja tomara conciencia de que su rabia podía no ser tanto por la carta como por un rencor más antiguo e inconsciente contra el esposo: ¿por qué Alberto había permitido que soltaran sola a Beatriz si era él quien manejaba el proceso? En diecinueve años de vida común no había tenido tiempo, ni motivo ni valor para hacerse una pregunta como ésa, y la respuesta que se dio a sí misma la volvió consciente de la verdad: había resistido el secuestro porque sabía con seguridad absoluta que su esposo dedicaba cada instante de su vida a tratar de liberarla, y que lo hacía sin reposo y aun sin esperanzas por la seguridad absoluta de que ella lo sabía. Era —aunque ni él ni ella lo supieran— un pacto de amor.

Se habían conocido diecinueve años antes en una reunión de trabajo cuando ambos eran publicistas juveniles. «Alberto me gustó de una», dice Maruja. ¿Por qué? Ella no lo piensa dos veces: «Por su aire de desamparo». Era la respuesta menos pensada. A primera vista, Villamizar parecía un ejemplar típico del universitario inconforme de la época, con el cabello hasta los hombros, la barba de anteayer y una sola camisa que lavaba cuando llovía. «A veces me bañaba», dice hoy muerto de risa. A segunda vista era parrandero, acostadizo y de genio atravesado. Pero Maruja lo vio de una vez a tercera vista, como un hombre que podía perder la cabeza por una mujer bella, y más si era inteligente y sensible, y más aún si tenía de sobra lo único que hacía falta para acabar de criarlo: una mano de hierro y un corazón de alcachofa.

Preguntado qué le había gustado de ella, Villamizar contesta con un gruñido. Tal vez porque Maruja, aparte de sus gracias visibles, no tenía las mejores credenciales para enamorarse de ella. Estaba en la flor de sus treinta años, se había casado por la Iglesia católica a los diecinueve, y tenía cinco hijos de su esposo —tres mujeres y dos hombres—, que habían nacido con intervalos de quince meses. «Se lo conté todo de una —dice Maruja— para que supiera que estaba metiéndose en terreno minado.» Él la oyó con otro gruñido, y en vez de invitarla a almorzar le pidió a un amigo común que los invitara a los dos. Al día siguiente la invitó él con el mismo amigo, al tercer día la invitó a ella sola, y al cuarto día se vieron los dos sin almorzar. Así siguieron encontrándose todos los días con las mejores intenciones. Cuando se le pregunta a Villamizar si estaba enamorado o sólo quería acostarse con ella, dice en santandereano puro: «No joda, era de lo más serio». Tal vez no se imaginaba él mismo hasta qué punto lo era.

Maruja tenía un matrimonio sin sobresaltos, sin un sí ni un no, perfecto, pero quizás le hacía falta el gramo de inspiración y de riesgo que ella necesitaba para sentirse viva. Liberaba su tiempo para Villamizar con pretextos de oficina. Inventaba más trabajo del que tenía, inclusive los sábados desde las doce del día hasta las diez de la noche. Los domingos y feriados improvisaban fiestas juveniles, conferencias de arte, cineclubes de media noche, cualquier cosa, sólo por estar juntos. Él no tenía problemas: era soltero y a la orden, vivía a su aire y comía a la carta, y con tantas novias de sábado que era como no tener ninguna. Sólo le faltaba la tesis final para ser médico cirujano como su padre, pero los tiempos eran más propicios para vivir la vida que para curar enfermos. El amor empezaba a salirse de los boleros, se acabaron las esquelas perfumadas que habían durado cuatro siglos, las serenatas lloradas, los monogramas en los pañuelos, el lenguaje de las flores, los cines desiertos a las tres de la tarde, y el mundo entero andaba como envalentonado contra la muerte por la demencia feliz de los Beatles.

Al año de conocerse se fueron a vivir juntos con los hijos de Maruja en un apartamento de cien metros cuadrados. «Era un desastre», dice Maruja. Con razón: vivían en medio de unas peloteras de todos contra todos, de estropicios de platos rotos, de celos y suspicacias para niños y adultos. «A veces lo odiaba a muerte», dice Maruja. «Y yo a ella», dice Villamizar. «Pero sólo por cinco minutos», ríe Maruja. En octubre de 1971 se casaron en Ureña, Venezuela, y fue como agregar un pecado más a su vida, porque el divorcio no existía y muy pocos creían en la legalidad del matrimonio civil. A los cuatro años nació Andrés, hijo único de los dos. Los sobresaltos continuaban pero les dolían menos: la vida se había encargado de enseñarles que la felicidad del amor no se hizo para dormirse en ella sino para joderse juntos.

Maruja era hija de Álvaro Pachón de la Torre, un periodista estrella de los cuarenta, que había muerto con dos colegas notables en un accidente de tránsito histórico en el gremio. Huérfana también de madre, ella y su hermana Gloria habían aprendido a defenderse solas desde muy jóvenes. Maruja había sido dibujante y pintora a los veinte años, publicista precoz, directora y guionista de radio y televisión, jefe de relaciones públicas o publicidad de empresas mayores, y siempre periodista. Su talento artístico y su carácter impulsivo se imponían de entrada, con la ayuda de un don de mando bien escondido tras el remanso de sus ojos gitanos. A Villamizar, por su lado, se le olvidó la medicina, se cortó el pelo, tiró a la basura la camisa única, se puso corbata, y se hizo experto en ventas masivas de todo lo que le dieran a vender. Pero no cambió su modo de ser. Maruja reconoce que fue él, más que los golpes de la vida, quien la curó del formalismo y las inhibiciones de su medio social.

Trabajaban cada uno por su lado y con éxito mientras los hijos crecían en la escuela. Maruja volvía a casa a las seis de la tarde para ocuparse de ellos. Escarmentada por su propia educación estricta y convencional, quiso ser una madre distinta que no asistía a las reuniones de padres en el colegio ni ayudaba a hacer las tareas. Las hijas se quejaban: «Queremos una mamá como las otras». Pero Maruja los sacó a pulso por el lado contrario, con la independencia y la formación para hacer lo que les diera la gana. Lo curioso es que a todos les dio la gana de ser lo que ella hubiera querido que fueran. Mónica es hoy pintora egresada de la Academia de Bellas Artes de Roma, y diseñadora gráfica. Alexandra es periodista y programadora y directora de televisión. Juana es guionista y directora de televisión y cine. Nicolás es compositor de música para cine y televisión. Patricio es sicólogo profesional. Andrés, estudiante de economía, picado por el alacrán de la política gracias al mal ejemplo de su padre, fue elegido por votación popular, a los veintiún años, edil de la alcaldía menor de Chapinero, en el norte de Bogotá.

La complicidad de Luis Carlos Galán y Gloria Pachón desde que eran novios fue decisiva para una carrera política que ni Alberto ni Maruja habían vislumbrado. Galán, a sus treinta y siete años, entró en la recta final para la presidencia de la república por el Nuevo Liberalismo. Su esposa Gloria, también periodista, y Maruja, ya veterana en promoción y publicidad, concibieron y dirigieron estrategias de imagen para seis campañas electorales. La experiencia de Villamizar en ventas masivas le había dado un conocimiento logístico de Bogotá que muy pocos políticos tenían. Los tres en equipo hicieron en un mes frenético la primera campaña electoral del Nuevo Liberalismo en la capital, y barrieron a electoreros curtidos. En las elecciones de 1982 Villamizar se inscribió en el sexto renglón de una lista que no esperaba elegir más de cinco representantes para la Cámara, y eligió nueve. Por desgracia, aquella victoria fue el preludio de una nueva vida que había de conducir a Alberto y a Maruja —ocho años después— a la tremenda prueba de amor del secuestro.

Unos diez días después de la carta, el jefe grande al que llamaban el *Doctor* —ya reconocido como el gran gerente del secuestro—, visitó a Maruja sin anunciarse. Después de verlo en la primera casa adonde la llevaron la noche de la captura, había vuelto unas tres veces antes de la muerte de Marina. Mantenía con ésta largas conversaciones en susurros, sólo explicables por una confianza muy antigua. Su relación con Maruja había sido siempre la peor. Para cualquier intervención de ella, por simple que fuera, tenía una réplica altanera y un tono brutal:

«Usted no tiene nada que decir aquí.» Cuando estaban todavía las tres rehenes ella quiso hacerle un reclamo por las condiciones miserables del cuarto a las que atribuía su tos pertinaz y sus dolores erráticos.

—Yo he pasado noches peores en sitios mil veces peores que éste —le contestó él con rabia—. ¿Qué se creen ustedes?

Sus visitas eran anuncios de grandes acontecimientos, buenos o malos, pero siempre decisivos. Esta vez, sin embargo, alentada por la carta de Escobar, Maruja tuvo ánimos para enfrentarlo.

La comunicación fue inmediata y de una fluidez sorprendente. Ella empezó por preguntarle sin resentimientos qué quería Escobar, cómo iba la negociación, qué posibilidades había de que se entregara pronto. Él le explicó sin reticencias que nada sería fácil sin las garantías suficientes para la seguridad de Pablo Escobar y la de su familia y su gente. Maruja le preguntó por Guido Parra, cuya gestión la había ilusionado y cuya desaparición súbita la intrigaba.

—Es que no se portó muy bien —le dijo él sin dramatismo—. Ya está afuera.

Aquello podía interpretarse de tres modos: o había perdido su poder, o en realidad se había ido del país —como se publicó— o lo habían matado. Él se escapó con la respuesta de que en realidad no lo sabía.

En parte por una curiosidad irresistible, y en parte por ganarse su confianza, Maruja preguntó también quién había escrito una carta que los Extraditables habían dirigido en esos días al embajador de los Estados Unidos sobre la extradición y el tráfico de drogas. No sólo le había llamado la atención por la fuerza de sus argumentos sino por la buena redacción. El *Doctor* no lo sabía a ciencia cierta, pero le constaba que Escobar escribía él mismo sus cartas, repensando y repitiendo borradores hasta que lograba decir lo que quería sin equívocos ni contradicciones. Al final de la charla de casi dos horas, el *Doctor* volvió a abordar el tema de la entrega. Maruja se dio cuenta de que estaba más interesado de lo que pareció al principio y que no sólo pensaba en la suerte de Escobar sino también en la propia. Ella, por su parte, tenía un criterio bien formado de las controversias y la evolución de los decretos, conocía las menudencias de la política de sometimiento y las tendencias de la Asamblea Constituyente sobre la extradición y el indulto.

—Si Escobar no piensa quedarse por lo menos catorce años en la cárcel —dijo— no creo que el gobierno vaya a aceptarle la entrega.

Él apreció tanto la opinión, que tuvo una idea insólita: «¿Por qué no le escribe una carta al Patrón?». Y enseguida, ante el desconcierto de Maruja, insistió.

—En serio, escríbale eso —le dijo—. Puede servir de mucho.

Dicho y hecho. Le llevó papel y lápiz, y esperó sin prisa, paseándose de un extremo al otro del cuarto. Maruja se fumó media cajetilla de cigarrillos desde la primera letra hasta la última mientras escribía, sentada en la cama y con el papel apoyado en una tabla. En términos sencillos le dio las gracias a Escobar por la seguridad que le habían infundido sus palabras. Le dijo que no tenía sentimientos de venganza contra él ni contra los que estaban a cargo de su secuestro, y a todos les agradeció la forma digna con que la habían tratado. Esperaba que Escobar pudiera acogerse a los decretos del gobierno para que lograra un buen futuro para él y para sus hijos en su país. Por último, con la misma fórmula que Villamizar le había sugerido en su carta, ofreció su sacrificio por la paz de Colombia.

El *Doctor* esperaba algo más concreto sobre las condiciones de la entrega, pero Maruja lo convenció de que el efecto sería el mismo sin incurrir en detalles que pudieran parecer impertinentes o que fueran mal interpretados. Tuvo razón: la carta fue distribuida a la prensa por Pablo Escobar, que en ese momento la tenía a su alcance por el interés de la rendición.

Maruja le escribió a Villamizar en el mismo correo una carta muy distinta de la que había concebido bajo los efectos de la rabia, y así logró que él reapareciera en la televisión después de muchas semanas de silencio. Esa noche, bajo los efectos del somnífero arrasador, soñó que Escobar bajaba de un helicóptero protegiéndose con ella de una ráfaga de balas como en una versión futurista de las películas de vaqueros.

Al final de la visita, el *Doctor* había dado instrucciones a la gente de la casa para que se esmeraran en el trato a Maruja. El mayordomo y Damaris estaban tan contentos con las nuevas órdenes, que a veces se excedieron en sus complacencias. Antes de despedirse, el *Doctor* había decidido cambiar la guardia. Maruja le pidió que no. Los jóvenes bachilleres, que cumplían el turno de abril, habían sido un alivio después de los desmanes de marzo, y seguían manteniendo con ella una relación pacífica. Maruja se había ganado la confianza. Le comentaban lo que oían al mayordomo y su mujer y la ponían al corriente de contrariedades internas que antes eran secretos de Estado. Llegaron a prometerle —y Maruja lo creyó— que si alguien intentaba algo contra ella serían los primeros en impedirlo. Le demostraban sus afectos con golosinas que se robaban en la cocina, y le regalaron una lata de aceite de oliva para disimular el sabor abominable de las lentejas.

Lo único difícil era la inquietud religiosa que los

atormentaba y que ella no podía satisfacer por su incredulidad congénita y su ignorancia en materias de fe. Muchas veces corrió el riesgo de estropear la armonía del cuarto. «A ver cómo es la vaina —les preguntaba—: ¿si es pecado matar por qué matan ustedes?» Los desafiaba: «Tantos rosarios a las seis de la tarde, tantas veladoras, tantas vainas con el Divino Niño, y si yo tratara de escaparme no pensarían en él para matarme a tiros». Los debates llegaron a ser tan virulentos que uno de ellos gritó espantado:

—¡Usted es atea!

Ella gritó que sí. Nunca pensó causar semejante estupor. Consciente de que su radicalismo ocioso podía costarle caro, se inventó una teoría cósmica del mundo y de la vida que les permitía discutir sin altercados. De modo que la idea de reemplazarlos por otros desconocidos no era recomendable. Pero el *Doctor* le explicó:

—Es para resolverle esta vaina de las ametralladoras.

Maruja entendió lo que quería decir cuando llegaron los del nuevo turno. Eran unos lavapisos desarmados que limpiaban y trapeaban todo el día, hasta el extremo de que estorbaban más que la basura y el mal estado de antes. Pero la tos de Maruja desapareció poco a poco, y el nuevo orden le permitió asomarse a la televisión con una tranquilidad y una concentración que eran convenientes para su salud y su equilibrio.

La incrédula Maruja no le prestaba la menor atención a *El Minuto de Dios*, un raro programa de sesenta segundos en el cual el sacerdote eudista de ochenta y dos años, Rafael García Herreros, hacía una reflexión más social que religiosa, y muchas veces críptica. En cambio Pacho Santos, que es un católico ferviente y practicante, se interesaba en el mensaje que tenía muy poco en común con el de los políticos profesionales. El padre era una de las caras más conocidas del país desde enero de 1955, cuando se inició el programa en el canal 7 de la Televisora Nacional. Antes había sido una voz conocida en una emisora de Cartagena desde 1950, en una de Cali desde enero del 52, en Medellín desde setiembre del 54 y en Bogotá desde diciembre de ese mismo año. En la televisión empezó casi al mismo tiempo de la inauguración del sistema. Se distinguía por su estilo directo y a veces brutal, y hablaba con sus ojos de águila fijos en el espectador. Todos los años, desde 1961, había organizado el Banquete del Millón, al cual asistían personas muy conocidas —o que querían serlo— y pagaban un millón de pesos por una taza de consomé y un pan servidos por una reina de la belleza, para recolectar fondos destinados a la obra social que llevaba el mismo nombre del programa. La invitación más estruendosa fue la que hizo en 1968 con una carta personal a Brigitte Bardot. La aceptación inmediata de la actriz provocó el escándalo de la mojigatería local, que amenazó con sabotear el banquete. El padre se mantuvo en su decisión. Un incendio más que oportuno en los estudios de Boulogne, en París, y la explicación fantástica de que no había lugar en los aviones, fueron los dos pretextos con que se sorteó el gran ridículo nacional.

Los guardianes de Pacho Santos eran espectadores asiduos de *El Minuto de Dios*, pero ellos sí se interesaban por su contenido religioso más que por el social. Creían a ciegas, como la mayoría de las familias de los tugurios de Antioquia, que el padre era un santo. El tono era siempre crispado y el contenido —a veces— incomprensible. Pero el programa del 18 de abril —dirigido sin duda pero sin nombre propio a Pablo Escobar— fue indescifrable.

Me han dicho que quiere entregarse. Me han dicho que quisiera hablar conmigo —dijo el padre García Herreros mirando directo a la cámara—. *¡Oh, mar! ¡Oh, mar de Coveñas a las cinco de la tarde cuando el sol está cayendo! ¿Qué debo hacer? Me dicen que él está cansado de su vida y con su bregar, y no puedo contarle a nadie mi secreto. Sin embargo, me está ahogando interiormente. Dime ¡Oh, mar!: ¿Podré hacerlo? ¿Deberé hacerlo? Tú que sabes toda la historia de Colombia, tú que viste a los indios que adoraban en esta playa, tú que oíste el rumor de la historia: ¿deberé hacerlo? ¿Me rechazarán si lo hago? ¿Me rechazarán en Colombia? Si lo hago: ¿se formará una balacera cuando yo vaya con ellos? ¿Caeré con ellos en esta aventura?*

Maruja también lo oyó, pero le pareció menos raro que a muchos colombianos, porque siempre había pensado que al padre le gustaba divagar hasta extraviarse en las galaxias. Lo veía más bien como un aperitivo ineludible del noticiero de las siete. Aquella noche le llamó la atención porque todo lo que tuviera que ver con Pablo Escobar tenía que ver también con ella. Quedó perpleja e intrigada, y muy inquieta con la incertidumbre de lo que pudiera haber en el fondo de aquel galimatías providencial. Pacho, en cambio, seguro de que el padre lo sacaría de aquel purgatorio, se abrazó de alegría con su guardián.

10

El mensaje del padre García Herreros abrió una brecha en el callejón sin salida. A Alberto Villamizar le pareció un milagro, pues en aquellos días había estado repasando nombres de posibles mediadores que fueran más confiables para Escobar por su imagen y sus antecedentes. También Rafael Pardo tuvo noticia del programa y lo inquietó la idea de que hubiera alguna filtración en su oficina. De todos modos, tanto a él como a Villamizar les pareció que el padre García Herreros podía ser el mediador apropiado para la entrega de Escobar.

A fines de marzo, en efecto, las cartas de ida y vuelta no tenían nada más que decir. Peor: era evidente que Escobar estaba usando a Villamizar como instrumento para mandar recados al gobierno sin dar nada a cambio. Su última carta era ya una lista de quejas interminables. Que la tregua no estaba rota pero había dado libertad a su gente para que se defendiera de los cuerpos de seguridad, que éstos estaban incluidos en la lista de los grandes atentados, que si no había soluciones rápidas iban a incrementar los ataques sin discriminaciones contra la policía y la población civil. Se quejaba de que el procurador sólo hubiera destituido a dos oficiales, si los acusados por los Extraditables eran veinte.

Cuando Villamizar se encontraba sin salida lo discutía con Jorge Luis Ochoa, pero cuando había algo más delicado éste mismo lo mandaba a la finca de su padre en busca de buenos consejos. El viejo le servía a Villamizar medio vaso del whisky sagrado. «Tómeselo todo —le decía— que yo no sé cómo aguanta usted esta tragedia tan macha.» Así estaban las cosas a principios de abril, cuando Villamizar volvió a La Loma y le hizo a don Fabio un relato pormenorizado de sus desencuentros con Escobar. Don Fabio compartió su desencanto.

—Ya no vamos a carajear más con cartas —decidió—. Si seguimos con eso va a pasar un siglo. Lo mejor es que usted mismo se entreviste con Escobar y pacten las condiciones que quieran.

El mismo don Fabio mandó la propuesta. Le hizo saber a Escobar que Villamizar estaba dispuesto a dejarse llevar con todos los riesgos dentro del baúl de un automóvil. Pero Escobar no aceptó. «Yo tal vez hablo con Villamizar, pero no ahora», contestó. Tal vez temeroso todavía del dispositivo electrónico de seguimiento que podía llevar escondido en cualquier parte, inclusive bajo la corona de oro de una muela.

Mientras tanto seguía insistiendo en que se sancionara a los policías, y en las acusaciones a Maza Márquez de estar aliado con los paramilitares y el cartel de Cali para matar a su gente. Esta acusación, y la de haber matado a Luis Carlos Galán, eran dos obsesiones encarnizadas de Escobar contra el general Maza Márquez. Éste contestaba siempre en público o en privado que por el momento no hacía la guerra contra el cartel de Cali porque su prioridad era el terrorismo de los narcotraficantes y no el narcotráfico. Escobar, por su parte, había escrito en una carta a Villamizar, sin que viniera a cuento: «Dígale a doña Gloria que a su marido lo mató Maza, de eso no le quepa la menor duda». Ante esa reiteración constante de esa acusación, la respuesta de Maza fue siempre la misma: «El que más sabe que no es cierto es el mismo Escobar».

Desesperado con aquella guerra sangrienta y estéril que derrotaba cualquier iniciativa de la inteligencia, Villamizar intentó un último esfuerzo por conseguir que el gobierno hiciera una tregua para negociar. No fue posible. Rafael Pardo le había hecho ver desde el principio que mientras las familias de los secuestrados chocaban con la determinación del gobierno de no hacer la mínima concesión, los enemigos de la política de sometimiento acusaban al gobierno de estar entregando el país a los traficantes.

Villamizar —acompañado en esa ocasión por su cuñada, doña Gloria de Galán— visitó también al general Gómez Padilla, director general de la Policía. Ella le pidió al general una tregua de un mes para intentar un contacto personal con Escobar.

—Nos morimos de la pena, señora —le dijo el general—, pero no podemos parar los operativos contra este criminal. Usted está actuando bajo su riesgo, y lo único que podemos hacer es desearle buena suerte.

Fue todo lo que consiguieron ante el hermetismo de la policía para impedir las filtraciones inexplicables que le habían permitido a Escobar burlar los cercos mejor tendidos. Pero doña Gloria no se fue con las manos vacías, pues un oficial le dijo al despedirse que a Maruja la tenían en algún lugar del departamento de Nariño, en la frontera con el Ecuador. Ella sabía por Beatriz que estaba en Bogotá, de modo que el despiste de la policía le disipó el temor de una operación de rescate.

Las especulaciones de prensa sobre las condiciones de la entrega de Escobar habían alcanzado por aquellos días proporciones de escándalo internacional. Las negativas de la policía, las explicaciones de todos los estamentos del gobierno, y aun del presidente en persona, no acabaron de convencer a muchos de que no había negociaciones y componendas secretas para la entrega.

El general Maza Márquez creía que era cierto. Más aún: estuvo siempre convencido —y se lo dijo a todo el que quiso oírlo— que su destitución sería una de las condiciones capitales de Escobar para su entrega. El presidente Gaviria parecía disgustado desde antes con algunas declaraciones de rueda libre que Maza Márquez hacía a la prensa y por rumores nunca confirmados de que algunas filtraciones delicadas eran obra suya. Pero en aquel momento —después de tantos años en su cargo, con una popularidad inmensa por su mano dura contra la delincuencia y su inefable devoción por el Divino Niño— no era probable que tomara la determinación de destituirlo en frío. Maza tenía que ser consciente de su poder, pero también debía saber que el presidente terminaría por ejercer el suyo, y lo único que había pedido —mediante mensajes de amigos comunes— era que le avisaran con bastante tiempo para poner a salvo a su familia.

El único funcionario autorizado para mantener contactos con los abogados de Pablo Escobar —y siempre con constancia escrita— era el director de Instrucción Criminal, Carlos Eduardo Mejía. A él le correspondió por ley acordar los detalles operativos de la entrega y las condiciones de seguridad y de vida dentro de la cárcel.

El ministro Giraldo Ángel en persona revisó las opciones posibles. Le había interesado el pabellón de alta seguridad de Itagüí desde que se entregó Fabio Ochoa, en noviembre del año anterior, pero los abogados de Escobar lo objetaron por ser un blanco fácil para carrobombas. También le pareció aceptable la idea de convertir en cárcel blindada un convento del Poblado —cerca del edificio residencial donde Escobar había escapado a la explosión de doscientos kilos de dinamita que atribuyó al cartel de Cali— pero las monjas propietarias no quisieron venderlo. Había propuesto reforzar la cárcel de Medellín, pero se opuso el Concejo Municipal en pleno. Alberto Villamizar, temeroso de que la entrega se frustrara por falta de cárcel, intercedió con razones de peso en favor de la propuesta que Escobar había hecho en octubre del año anterior: el Centro Municipal para Drogadictos *El Claret*, a doce kilómetros del parque principal de Envigado, en una finca conocida como La Catedral del Valle, que estaba inscrita a nombre de un testaferro de Escobar. El gobierno estudiaba la posibilidad de tomar el centro en arriendo y acondicionarlo como cárcel, consciente como era de que Escobar no se entregaría si no solucionaba el problema de su propia seguridad. Sus abogados exigían que las guardias fueran de antioqueños y que la seguridad externa corriera a cargo de cualquier cuerpo armado menos de la policía, por temor a represalias por los agentes asesinados en Medellín.

El alcalde de Envigado, responsable de la obra definitiva, tomó nota del informe del gobierno, y emprendió la dotación de la cárcel, que debería entregar al Ministerio de Justicia conforme al contrato de arrendamiento firmado entre los dos. La construcción básica era de una simplicidad escolar, con pisos de cemento, techos de teja y puertas metálicas pintadas de verde. El área administrativa en lo que fue la antigua casa de la finca estaba compuesta por tres pequeños salones, la cocina, un patio empedrado y la celda de castigo. Tenía un dormitorio colectivo de cuatrocientos metros cuadrados, y otro salón amplio para biblioteca y sala de estudios, y seis celdas individuales con baño privado. En el centro había un espacio comunal de unos seiscientos metros cuadrados, con cuatro duchas, un vestidor y seis sanitarios. El acondicionamiento había empezado en febrero, con setenta obreros de planta que dormían por turnos unas pocas horas al día. La topografía difícil, el pésimo estado de la vía de acceso y el fuerte invierno obligaron a prescindir de volquetas y camiones, y tuvieron que transportar gran parte del mobiliario a lomo de mula. Los primeros fueron dos calentadores de agua para cincuenta litros cada uno, los catres cuartelarios y unas dos docenas de pequeños butacos de tubos pintados de amarillo. Veinte materas con plantas ornamentales —araucarias, laureles y palmas arecas— completaron el decorado interior. Como el antiguo reclusorio no contaba con redes para teléfono, la comunicación de la cárcel se haría al principio por el sistema de radio. El costo final de la obra fue de ciento veinte millones de pesos que pagó el municipio de Envigado. En los cálculos iniciales se había previsto para ocho meses, pero cuando entró en escena el padre García Herreros se apresuraron los trabajos a marchas forzadas.

Otro obstáculo para la rendición había sido el desmonte del ejército privado de Escobar. Éste, al parecer, no consideraba la cárcel como un instrumento de la ley sino como un santuario contra sus enemigos y aun contra la misma justicia ordinaria, pero no lograba la unanimidad para que su tropa se entregara con él. Su argumento era que no podía ponerse a buen recaudo con su familia y dejar a sus cómplices a merced del Cuerpo Élite. «Yo no me mando solo», dijo en una carta. Pero ésta era para muchos una verdad a medias, pues también es probable que quisiera tener consigo y completo su equipo de trabajo para seguir manejando sus negocios desde la cárcel. De todos modos, el gobierno prefería encerrarlos juntos con Escobar. Eran cerca de cien bandas que no estaban en pie de guerra permanente, pero servían como reservistas de primera línea, fáciles de reunir y armar en pocas horas. Se trataba de conseguir que Escobar desarmara y se llevara consigo a la cárcel a sus quince o veinte capitanes intrépidos.

En las pocas entrevistas personales que tuvo Villamizar con el presidente Gaviria, la posición de éste fue siempre facilitarle sus diligencias privadas para liberar a los secuestrados. Villamizar no cree que el gobierno hiciera negociaciones distintas de las que le autorizó a él, y éstas estaban previstas en la política de sometimiento. El ex presidente Turbay y Hernando Santos —aunque nunca lo manifestaron y sin desconocer las dificultades institucionales del gobierno— esperaban sin duda un mínimo de flexibilidad del presidente. Las mismas negativas de éste a cambiar los plazos establecidos en los decretos frente a la insistencia, la súplica y los reclamos de Nydia, seguirán siendo una espina en el corazón de las familias que lo reclamaban. Y el hecho de que sí los hubiera cambiado tres días después de la muerte de Diana es algo que la familia de ésta no entenderá nunca. Por desgracia —había dicho el presidente en privado— el cambio de fecha a esas alturas no hubiera impedido la muerte de Diana tal como ocurrió.

Escobar no se conformó nunca con un solo canal, ni dejó un minuto de tratar de negociar con Dios y con el diablo, con toda clase de armas, legales o ilegales. No porque se fiara más de otros que de unos, sino porque nunca confió en ninguno. Aun cuando ya tenía asegurado lo que esperaba de Villamizar, seguía acariciando el sueño del indulto político, surgido en 1989, cuando los narcos mayores y muchos de sus secuaces consiguieron carnés de militantes del M-19 para acomodarse en las listas de guerrilleros amnistiados. El comandante Carlos Pizarro les cerró el paso con requisitos imposibles. Dos años después, Escobar buscaba un segundo aire a través de la Asamblea Constituyente, varios de cuyos miembros fueron presionados por distintos medios, desde ofertas de dinero en rama hasta intimidaciones graves.

Pero también los enemigos de Escobar se atravesaron en sus propósitos. Ése fue el origen de un llamado narcovídeo, que causó un escándalo tan ruidoso como estéril. Se suponía filmado con una cámara oculta en el cuarto de un hotel, en el momento en que un miembro de la Asamblea Constituyente recibía dinero en efectivo de un supuesto abogado de Escobar. El constituyente había sido elegido en las listas del M-19, pertenecía en realidad al grupo de paramilitares al servicio del cartel de Cali en su guerra contra el cartel de Medellín, y su crédito no alcanzó para convencer a nadie. Meses después, un jefe de milicias privadas que se desmovilizó ante la justicia contó que su gente había hecho aquella burda telenovela para usarla como prueba de que Escobar estaba sobornando constituyentes y que, por consiguiente, el indulto o la no extradición estarían viciados.

Entre los muchos frentes que trataba de abrir, Escobar intentó negociar la liberación de Pacho Santos a espaldas de Villamizar, cuando las gestiones de éste estaban a punto de culminar. A través de un sacerdote amigo le mandó un mensaje a Hernando Santos a fines de abril, para que se entrevistara con uno de sus abogados en la iglesia de Usaquén. Se trataba —decía el mensaje— de una gestión de suma importancia para la liberación de Pacho. Hernando no sólo conocía al sacerdote, sino que lo consideraba como un santo vivo, de modo que concurrió a la cita solo y puntual a las ocho de la noche del día señalado. En la penumbra de la iglesia, el abogado apenas visible le advirtió que no tenía nada que ver con los carteles, pero que Pablo Escobar había sido el padrino de su carrera y no podía negarle aquel favor. Su misión se limitaba a entregarle dos textos: un informe de Amnistía Internacional contra la policía de Medellín, y el original de una nota con ínfulas de editorial sobre los atropellos del Cuerpo Élite.

—Yo he venido aquí pensando sólo en la vida de su hijo —dijo el abogado—. Si estos artículos se publican mañana, al día siguiente Francisco estará libre.

Hernando leyó el editorial inédito con sentido político. Eran los hechos tantas veces denunciados por Escobar, pero con pormenores espeluznantes imposibles de demostrar. Estaba escrito con seriedad y malicia sutil. El autor, según el abogado, era el mismo Escobar. En todo caso, parecía su estilo.

El documento de Amnistía Internacional estaba ya publicado en otros periódicos y Hernando Santos no tenía inconveniente en repetirlo. En cambio, el editorial era demasiado grave para publicarlo sin pruebas. «Que me las mande y lo publicamos enseguida aun si no sueltan a Pacho», dijo Hernando. No había más que hablar. El abogado, consciente de que su misión había terminado, quiso aprovechar la ocasión para preguntarle a Hernando cuánto le había cobrado Guido Parra por su mediación.

—Ni un centavo —contestó Hernando—. Nunca se habló de plata.

—Dígame la verdad —dijo el abogado—, porque Escobar controla las cuentas, lo controla todo, y le hace falta ese dato.

Hernando repitió la negativa, y la cita terminó con una despedida formal.

Tal vez la única persona convencida por aquellos días de que las cosas estaban a punto de llegar a término fue el astrólogo colombiano Mauricio Puerta —observador atento de la vida nacional a través de las estrellas— quien había llegado a conclusiones sorprendentes sobre la carta astral de Pablo Escobar.

Había nacido en Medellín el 1 de diciembre de 1949 a las 11.50 a.m. Por consiguiente era un Sagitario con ascendente Piscis, y con la peor de las conjunciones: Marte junto con Saturno en Virgo. Sus tendencias eran: autoritarismo cruel, despotismo, ambición insaciable, rebeldía, turbulencia, insubordinación, anarquía, indisciplina, ataques a la autoridad. Y un desenlace terminante: muerte súbita.

Desde el 30 de marzo de 1991 tenía a Saturno en cinco grados para los tres años siguientes, y sólo le quedaban tres alternativas para definir su destino: el hospital, el cementerio o la cárcel. Una cuarta opción —el convento— no parecía verosímil en su caso. De todos modos la época era más favorable para acordar los términos de una negociación que para cerrar un trato definitivo. Es decir: su mejor opción era la entrega condicionada que le proponía el gobierno.

«Muy inquieto debe estar Escobar para que se interese tanto por su carta astral», dijo un periodista. Pues tan pronto como tuvo noticia de Mauricio Puerta quiso conocer su análisis hasta en sus mínimos detalles. Sin embargo, dos enviados de Escobar no llegaron a su destino, y uno desapareció para siempre. Puerta organizó entonces en Medellín un seminario muy publicitado para ponerse al alcance de Escobar, pero una serie de inconvenientes extraños impidió el encuentro. Puerta los interpretó como un recurso de protección de los astros para que nada interfiriera un destino que era ya inexorable.

También la esposa de Pacho Santos tuvo la revelación sobrenatural de una vidente que había prefigurado la muerte de Diana con una claridad asombrosa, y le había dicho a ella con igual seguridad que Pacho estaba vivo. En abril volvió a encontrarla en un sitio público, y le dijo de paso al oído:

—Te felicito. Ya veo la llegada.

Éstos eran los únicos indicios alentadores cuando el padre García Herreros transmitió su mensaje críptico a Pablo Escobar. Cómo llegó a esa determinación providencial, y qué tenía que ver con ella el mar de Coveñas, es algo que aún sigue intrigando al país. Sin embargo, la manera como se le ocurrió es todavía más intrigante. El viernes 12 de abril de 1991 había visitado al doctor Manuel Elkin Patarroyo —feliz inventor de la vacuna contra la malaria— para pedirle que instalara en *El Minuto de Dios* un puesto médico para la detección precoz del sida. Lo acompañó —además de un joven sacerdote de su comunidad— un antioqueño de todo el maíz, grande amigo suyo, que lo asesoraba en sus asuntos terrenales. Por decisión propia, este benefactor que ha pedido no ser mencionado con su nombre, no sólo había construido y donado la capilla personal del padre García Herreros sino que tributaba diezmos voluntarios para su obra social. En el automóvil que los llevaba al Instituto de Inmunología del doctor Patarroyo, sintió una especie de inspiración apremiante.

—Óigame una cosa, padre —le dijo—. ¿Por qué no se mete usted en esa vaina para ayudar a que Pablo Escobar se entregue?

Lo dijo sin preámbulos y sin ningún motivo consciente. «Fue un mensaje de allá arriba», contaría después, como se refiere siempre a Dios, con un respeto de siervo y una confianza de compadre. El sacerdote lo recibió como un flechazo en el corazón. Se puso lívido. El doctor Patarroyo, que no lo conocía, se sintió impresionado por la energía que irradiaban sus ojos y su sentido del negocio, pero su acompañante lo vio distinto. «El padre estaba como flotando —ha dicho—. Durante la visita no pensó en nada más que en lo que yo le había dicho, y a la salida lo vi tan acelerado que me asusté.» Así que se lo llevó a descansar el fin de semana en una casa de vacaciones en Coveñas, un balneario popular del Caribe donde recalan miles de turistas y termina un oleoducto con doscientos cincuenta mil barriles diarios de petróleo crudo.

El padre no tuvo un instante de sosiego. Apenas si dormía, se levantaba en mitad de las comidas, hacía largas caminatas por la playa a cualquier hora del día o de la noche. «Oh, mar de Coveñas —gritaba contra el fragor de las olas—. ¿Podré hacerlo? ¿Deberé hacerlo? Tú que todo lo sabes: ¿no moriremos en el intento?» Al cabo de las caminatas atormentadas entraba en la casa con un dominio pleno de su ánimo, como si hubiera recibido de veras las respuestas del mar, y discutía con su anfitrión hasta los mínimos detalles del proyecto.

El martes, cuando regresaron a Bogotá, tenía una visión de conjunto que le devolvió la serenidad. El miércoles reinició la rutina: se levantó a las seis, se duchó, se puso el vestido negro con el cuello clerical y encima la ruana blanca infaltable, y puso al día los asuntos atrasados con la ayuda de Paulina Garzón, su secretaria indispensable durante media vida. Esa noche hizo el programa sobre un tema distinto que no tenía nada que ver con la obsesión que lo embargaba. El jueves en la mañana, tal como se lo había prometido, el doctor Patarroyo le hizo llegar una respuesta optimista a su solicitud. El padre no almorzó. A las siete menos diez minutos llegó a los estudios de Inravisión, de donde se transmitía su programa, e improvisó frente a las cámaras el mensaje directo a Escobar. Fueron sesenta segundos que cambiaron la poca vida que le quedaba. De regreso a casa lo recibieron con un canasto de mensajes telefónicos de todo el país, y una avalancha de periodistas que a partir de aquella noche no iban a perderlo de vista hasta que cumpliera su propósito de llevar de la mano a Pablo Escobar hasta la cárcel.

El proceso final empezaba, pero los pronósticos eran inciertos, porque la opinión pública estaba dividida entre las muchedumbres que creían que el buen sacerdote era un santo y los incrédulos convencidos de que era medio loco. La verdad es que su vida demostraba muchas cosas menos que lo fuera. Había cumplido ochenta y dos años en enero, iba a cumplir en agosto cincuenta y dos de ser sacerdote, y era de lejos el único colombiano influyente que nunca soñó con ser presidente de la república. Su cabeza nevada y su ruana de lana blanca sobre la sotana complementaban una de las imágenes más respetables del país. Cometió versos que publicó en un libro a los diecinueve años, y otros más, también de juventud, con el seudónimo de Senescens. Obtuvo un premio olvidado con un libro de cuentos, y cuarenta y seis condecoraciones por su obra social. En las buenas y en las malas tuvo siempre los pies bien plantados sobre la tierra, hacía vida social de laico, contaba y se dejaba contar chistes de cualquier color, y a la hora de la verdad le salía lo que siempre fue debajo de su ruana sabanera: un santandereano de hueso colorado.

Vivía con una austeridad monástica en la casa cural

de la parroquia de San Juan Eudes, en un cuarto cribado de goteras que se negaba a reparar. Dormía en una cama de tablas sin colchón y sin almohada y con el sobrecama hecho de retazos de colores en figura de casitas, que le habían bordado unas monjas de la caridad. No aceptó una almohada de plumas que alguna vez le ofrecieron porque le parecía contrario a la ley de Dios. No cambiaba de zapatos mientras no le regalaran un par nuevo, ni reemplazaba su ropa y su eterna ruana blanca mientras no le regalaran otras. Comía poco, pero tenía buen gusto en la mesa y sabía apreciar la buena comida y los vinos de clase, pero no se dejaba invitar a restaurantes de lujo por temor de que creyeran que pagaba él. En uno de ellos vio una dama de alcurnia con un diamante del tamaño de una almendra en el anillo.

—Con una sortija como ésa —le dijo de frente— yo haría unas ciento veinte casitas para los pobres.

La dama, aturdida por la frase, no supo qué contestar, pero al día siguiente le mandó el anillo con una nota cordial. No alcanzó para las ciento veinte casas, por supuesto, pero el padre las construyó de todos modos.

Paulina Garzón de Bermúdez era natural de Chipatá, Santander del Sur, y había llegado a Bogotá con su madre en 1961 a la edad de quince años, y con una recomendación de mecanógrafa experta. Lo era, en efecto, pero en cambio no sabía hablar por teléfono y sus listas del mercado eran indescifrables por sus horrores de ortografía, pero aprendió a hacer bien ambas cosas para que el padre la empleara. A los veinticinco años se casó y tuvo un hijo —Alfonso—, y una hija —María Constanza—, que hoy son ingenieros de sistemas. Paulina se las arregló para seguir trabajando con el padre, quien le soltaba poco a poco derechos y deberes hasta que se le volvió tan indispensable que viajaban juntos dentro y fuera del país, pero siempre en compañía de otro sacerdote. «Para evitar rumores», explica Paulina. Terminó por acompañarlo a todas partes, aunque sólo fuera para ponerle y quitarle los lentes de contacto como nunca pudo hacerlo él mismo.

En sus últimos años el padre perdía audición por el oído derecho, se volvió irritable, y se exasperaba con los huecos de su memoria. Poco a poco había ido descartando las oraciones clásicas, e improvisaba las suyas en voz alta con una inspiración de iluminado. Su fama de lunático crecía al mismo tiempo que la creencia popular de que tenía el poder sobrenatural de hablar con las aguas y de gobernar su curso y su conducta. Su actitud comprensiva en el caso de Pablo Escobar hizo recordar una frase suya sobre el regreso del general Gustavo Rojas Pinilla, en agosto de 1957, para ser juzgado por el Congreso: «Cuando un hombre se entrega a la ley, aunque fuera culpable, merece un profundo respeto». Casi al final de su vida, en un Banquete del Millón cuya organización había sido muy problemática, un amigo le preguntó qué iba a hacer después, y él le dio una respuesta de diecinueve años: «Quiero tenderme en un potrero a mirar las estrellas».

Al día siguiente del mensaje televisivo —sin anuncio ni trámites previos—, el padre García Herreros se presentó en la cárcel de Itagüí, para preguntarles a los hermanos Ochoa cómo podía ser útil en la entrega de Escobar. A los Ochoa les dejó la impresión de que era un santo, con un solo inconveniente para tomar en cuenta: por más de cuarenta años había estado en comunicación con la audiencia a través de su prédica diaria, y no concebía una gestión que no empezara por contárselo a la opinión pública. Pero lo definitivo para ellos fue que a don Fabio le pareció un mediador providencial. Primero, porque Escobar no tendría con él las reticencias que le impedían recibir a Villamizar. Y segundo, porque su imagen divinizada podía convencer a la tripulación de Escobar para la entrega de todos.

Dos días después, el padre García Herreros reveló en rueda de prensa que estaba en contacto con los responsables del cautiverio de los periodistas, y expresó su optimismo por su pronta liberación. Villamizar no vaciló un segundo para ir a buscarlo en *El Minuto de Dios*. Lo acompañó en su segunda visita a la cárcel de Itagüí, y el mismo día se inició el proceso, dispendioso y confidencial, que había de culminar con la entrega. Empezó con una carta que el padre dictó en la celda de los Ochoa, y que María Lía copió en la máquina de escribir. La improvisó de pie frente a ella, en el mismo talante, el mismo tono apostólico y el mismo acento santandereano de sus homilías de un minuto. Lo invitó a que buscaran juntos el camino para pacificar a Colombia. Le anunció su esperanza de que el gobierno lo nombrara garante «para que se respeten tus derechos y los de tu familia y amigos». Pero le advirtió que no pidiera cosas que el gobierno no pudiera concederle. Antes de terminar con «mis saludos cariñosos», le dijo lo que en realidad era el propósito práctico de la carta: «Si crees que podemos encontrarnos en alguna parte segura para los dos, dímelo».

Escobar contestó tres días después, de su puño y letra. Aceptaba entregarse como un sacrificio para la paz. Dejaba claro que no aspiraba al indulto ni pedía sanción penal sino disciplinaria contra los policías que asolaban las comunas, pero no renunciaba a su determinación de responder con represalias drásticas. Estaba dispuesto a confesar algún delito, aunque sabía de seguro que ningún juez colombiano o extranjero tenía pruebas suficientes para condenarlo, y confiaba en que sus adversarios fueran sometidos al mismo régimen. Sin embargo, contra lo que el padre esperaba con ansiedad, no hacía ninguna referencia a su propuesta de reunirse con él.

El padre le había prometido a Villamizar que controlaría sus ímpetus informativos, y al principio lo cumplió en parte, pero su espíritu de aventura casi infantil era superior a sus fuerzas. La expectativa que se creó fue tal, y tan grande la movilización de la prensa, que desde entonces no dio un paso sin una cauda de reporteros y equipos móviles de televisión y radio que lo perseguía hasta la puerta de su casa.

Después de cinco meses de trabajar en absoluto secreto bajo el hermetismo casi sacramental de Rafael Pardo, Villamizar pensaba que la facilidad verbal del padre García Herreros mantenía en un riesgo perpetuo el conjunto de la operación. Entonces solicitó y obtuvo la ayuda de la gente más cercana al padre —con Paulina en primera línea— y pudo adelantar los preparativos de algunas acciones sin tener que informarlo a él por anticipado.

El 13 de mayo recibió un mensaje de Escobar en el cual le pedía que llevara al padre a La Loma y lo tuviera allí por el tiempo que fuera necesario. Advirtió que lo mismo podían ser tres días que tres meses, pues tenía que hacer una revisión personal y minuciosa de cada paso de la operación. Existía inclusive la posibilidad de que a última hora se anulara por cualquier duda de seguridad. El padre, por fortuna, estaba siempre en disponibilidad plena para un asunto que le quitaba el sueño. El 14 de mayo a las cinco de la mañana, Villamizar tocó a la puerta de su casa, y lo encontró trabajando en su estudio como si fuera pleno día.

—Camine, padre —le dijo—, nos vamos para Medellín.

Las Ochoa tenían todo dispuesto en La Loma para entretener al padre por el tiempo que fuera necesario. Don Fabio no estaba, pero las mujeres de la casa se encargarían de todo. No fue fácil distraer al padre, porque él se daba cuenta de que un viaje tan imprevisto y rápido no podía ser sino por algo muy serio.

El desayuno fue trancado y largo y el padre comió bien. Como a las diez de la mañana, tratando de no dramatizar demasiado, Martha Nieves le reveló que Escobar iba a recibirlo de un momento a otro. Él se sobresaltó, se puso feliz, pero no supo qué hacer, hasta que Villamizar lo puso en la realidad.

—Es mejor que lo sepa desde ahora, padre —le advirtió—. Tal vez tenga que irse solo con el chofer, y no se sabe para dónde ni por cuánto tiempo.

El padre palideció. Apenas si podía sostener el rosario entre los dedos, mientras se paseaba de un lado a otro, rezando en voz alta sus oraciones inventadas. Cada vez que pasaba por las ventanas miraba hacia el camino, dividido entre el terror de que apareciera el carro que venía por él, y las ansias de que no llegara. Quiso hablar por teléfono, pero él mismo tomó conciencia del peligro. «Por fortuna no se necesita de teléfonos para hablar con Dios», dijo. No quiso sentarse a la mesa durante el almuerzo, que fue tardío y más apetitoso aún que el desayuno. En el cuarto preparado para él había una cama con marquesina de pasamanería como la de un obispo. Las mujeres trataron de convencerlo de que descansara un poco, y él pareció aceptar. Pero no durmió. Leía con inquietud *Breve Historia del Tiempo*, de

Stephen Hawking, un libro de moda en el cual se trataba de demostrar por cálculo matemático que Dios no existe. Hacia las cuatro de la tarde apareció en la sala donde Villamizar dormitaba.

—Alberto —le dijo—, mejor regresemos a Bogotá.

Costó trabajo disuadirlo, pero las mujeres lo consiguieron con su encanto y su tacto. Al atardecer tuvo otra recaída, pero ya no había escapatoria. Él mismo fue consciente de los riesgos graves de viajar de noche. A la hora de acostarse pidió ayuda para quitarse los lentes de contacto, pues quien se los quitaba y se los ponía era Paulina, y no sabía hacerlo solo. Villamizar no durmió, porque no descartaba la posibilidad de que Escobar considerara que eran más seguras para la cita las sombras de la noche.

El padre no logró dormir ni un minuto. El desayuno, a las ocho de la mañana, fue todavía más tentador que el de la víspera, pero el padre no se sentó siquiera a la mesa. Seguía desesperado con los lentes de contacto y nadie había podido ayudarlo, hasta que la administradora de la hacienda consiguió ponérselos con grandes esfuerzos. A diferencia del primer día no parecía nervioso ni andaba acezante de un lado para otro, sino que se sentó con la vista fija en el camino por donde debía llegar el automóvil. Así permaneció hasta que lo derrotó la impaciencia y se levantó de un salto.

—Yo me voy —dijo—, esta vaina es una mamadera de gallo.

Lograron convencerlo de que esperara hasta después del almuerzo. La promesa le devolvió el ánimo. Comió bien, conversó, fue tan divertido como en sus mejores tiempos, y al final anunció que iba a dormir la siesta.

—Pero les advierto —dijo con un índice amenazante—. No más me despierto de la siesta, y me voy.

Martha Nieves hizo unas llamadas telefónicas con la esperanza de obtener alguna información lateral que les sirviera para retener al padre cuando despertara. No fue posible. Un poco antes de las tres estaban todos dormitando en la sala, cuando los despabiló el ruido de un motor. Allí estaba el automóvil. Villamizar se levantó de un salto, dio un toquecito convencional en el dormitorio del padre, y empujó la puerta.

—Padre —dijo—. Vinieron por usted.

El padre despertó a medias y se levantó como pudo. Villamizar se sintió conmovido hasta el alma, pues le pareció un pajarito desplumado, con el pellejo colgante en los huesos y sacudido por escalofríos de terror. Pero se sobrepuso al instante, se persignó, se creció, y se volvió resuelto y enorme. «Arrodíllese, mijo —le ordenó a Villamizar—. Recemos juntos.» Cuando se incorporó era otro.

—Vamos a ver qué es lo que pasa con Pablo —dijo.

Aunque Villamizar quería acompañarlo no lo intentó siquiera porque ya estaba acordado que no, pero se permitió hablar aparte con el chofer.

—Usted tiene que responder por el padre —le dijo—. Es una persona demasiado importante. Cuidado con lo que van a hacer con él. Dése cuenta de la responsabilidad que tienen encima.

El chofer lo miró como si Villamizar fuera un imbécil, y le dijo:

—¿Usted cree que si yo me monto con un santo nos puede pasar algo?

Sacó una gorra de béisbol y le dijo al padre que se la pusiera para que no lo reconocieran por el cabello blanco. El padre se la puso. Villamizar no dejaba de pensar que Medellín estaba militarizada. Le preocupaba que pararan al padre y se dañara el encuentro. O que quedara atrapado entre los fuegos cruzados de los sicarios y la policía.

Lo sentaron adelante con el chofer. Mientras todos veían alejarse el carro, el padre se quitó la gorra y la tiró por la ventana. «No se preocupe, mijo —le gritó a Villamizar—, que yo domino las aguas.» Un trueno retumbó en la vasta campiña y el cielo se desplomó en un aguacero bíblico.

La única versión conocida de la visita del padre García Herreros a Pablo Escobar fue la que dio él mismo de regreso a La Loma. Contó que la casa donde lo recibiera era grande y lujosa, con una piscina olímpica y diversas instalaciones deportivas. En el camino tuvieron que cambiar de automóvil tres veces por motivos de seguridad, pero no los detuvieron en los muchos retenes de la policía por el aguacero recio que no cedió un instante. Otros retenes, según le contó el chofer, eran del servicio de seguridad de los Extraditables. Viajaron más de tres horas, aunque lo más probable es que lo hubieran llevado a una de las residencias urbanas de Pablo Escobar en Medellín, y que el chofer hubiera dado muchas vueltas para que el padre creyera que iban muy lejos de La Loma.

Contó que lo recibieron en el jardín unos veinte hombres con las armas a la vista, a los cuales regañó por su mala vida y sus reticencias para entregarse. Pablo Escobar en persona lo esperó en la terraza, vestido con un conjunto de algodón blanco de andar por casa, y una barba muy negra y larga. El miedo confesado por el padre desde que llegó a La Loma, y luego en la incertidumbre del viaje, se disipó al verlo.

—Pablo —le dijo—, vengo a que arreglemos esta vaina.

Escobar le correspondió con igual cordialidad y con un gran respeto. Se sentaron en dos de los sillones de cretona floreada de la sala, frente a frente, y con el ánimo dispuesto para una larga charla de viejos amigos. El padre se tomó un whisky que acabó de calmarlo, mientras Escobar se bebió un jugo de frutas sorbo a sorbo y con todo su tiempo. Pero la duración prevista de la visita se redujo a tres cuartos de hora por la impaciencia natural del padre y el estilo oral de Escobar, tan conciso y cortante como el de sus cartas.

Preocupado por las lagunas mentales del padre, Villamizar lo había instruido para que tomara notas de la conversación. Así lo hizo, pero al parecer fue más lejos. Con el pretexto de su mala memoria, le pedía a Escobar que escribiera de su puño y letra sus propuestas esenciales, y una vez escritas se las hacía cambiar o tachar con el argumento de que eran imposibles de cumplir. Fue así como Escobar minimizó el tema obsesivo de la destitución de los policías acusados por él de toda clase de desmanes, y se concentró en la seguridad del lugar de reclusión.

El padre contó que le había preguntado a Escobar si era el autor de los atentados contra cuatro candidatos presidenciales. Él le contestó en diagonal que le atribuían crímenes que no había cometido. Le aseguró que no había podido impedir el del profesor Low Mutra, cometido el 30 de abril pasado en una calle de Bogotá, porque era una orden dada desde mucho antes y no hubo modo de cambiarla. En cuanto a la liberación de Maruja y Pacho eludió decir algo que pudiera comprometerlo como autor, pero dijo que los Extraditables los mantenían en condiciones normales y con buena salud, y serían liberados tan pronto como se acordaran los términos de la entrega. En particular sobre Pacho, dijo con seriedad: «Ése está feliz con su secuestro». Por último reconoció la buena fe del presidente Gaviria y expresó su complacencia de llegar a un acuerdo. Ese papel, escrito a veces por el padre, y la mayor parte corregida y mejor explicada por Escobar de su puño y letra, fue la primera propuesta formal de la entrega.

El padre se había levantado para despedirse cuando se le cayó una de las lentillas de contacto. Trató de ponérsela, Escobar lo ayudó, solicitaron auxilios de los empleados, pero fue inútil. El padre estaba desesperado. «No hay nada que hacer —dijo—. La única que puede es Paulina.» Para su sorpresa, Escobar sabía muy bien quién era ella, y sabía dónde estaba en aquel momento.

—No se preocupe, padre —dijo—. Si quiere la mandamos a traer.

Pero el padre no soportaba más la ansiedad de regresar y prefirió irse sin los lentes. Antes de los adioses, Escobar le pidió la bendición para una medallita de oro que llevaba al cuello. El padre lo hizo en el jardín asediado por los escoltas.

—Padre —le dijeron ellos—, usted no se puede ir sin darnos la bendición.

Se arrodillaron. Don Fabio Ochoa había dicho que la mediación del padre García Herrero sería decisiva para la rendición de la gente de Escobar. Éste debía pensar lo mismo, y tal vez por eso se arrodilló con ellos para dar el buen ejemplo. El padre los bendijo a todos y les soltó una admonición para que volvieran a la vida legal y ayudaran al imperio de la paz.

No demoró más de seis horas. Apareció en La Loma como a las ocho y media de la noche, ya bajo las estrellas radiantes, y descendió del carro con un salto de escolar de quince años.

—Tranquilo, mijo —le dijo a Villamizar—, aquí no hay problema, los acabo de arrodillar a todos.

No fue fácil ponerlo en orden. Cayó en un estado de excitación alarmante, y no valieron paliativos ni los cocimientos sedantes de las Ochoa. Seguía lloviendo, pero él quería volar enseguida a Bogotá, divulgar la noticia, hablar con el presidente de la república para cerrar allí mismo el acuerdo y proclamar la paz. Lograron que durmiera unas horas, pero desde la madrugada estuvo dando vueltas por la casa apagada, hablando solo, rezando en voz alta sus oraciones inspiradas, hasta que el sueño lo derrumbó al amanecer.

Cuando llegaron a Bogotá, a las once de la mañana del 16 de mayo, la noticia tronaba en la radio. Villamizar encontró a su hijo Andrés en el aeropuerto y lo abrazó emocionado. «Tranquilo, hijo —le dijo—. Su mamá está fuera en tres días.» Rafael Pardo fue menos fácil de convencer cuando Villamizar se lo dijo por teléfono.

—Me alegro de veras, Alberto —le dijo—. Pero no se ilusione demasiado.

Por primera vez desde el secuestro asistió Villamizar a una fiesta de amigos, y nadie entendió que estuviera tan contento con algo que al fin y al cabo no era sino una promesa vaga como tantas otras de Pablo Escobar. A esas horas el padre García Herreros había dado la vuelta completa a todos los noticieros del país —vistos, oídos y escritos—. Pidió ser tolerante con Escobar. «Si no lo defraudamos, él se vuelve el gran constructor de la paz», decía. Y agregaba sin citar a Rousseau: «Los hombres en su intimidad son buenos todos, aunque algunas circunstancias los vuelven malignos». Y en medio de una maraña de micrófonos apelotonados, dijo sin más reservas:

—Escobar es un hombre bueno.

El diario *El Tiempo* informó el viernes 17 que el padre

era portador de una carta personal que entregaría el lunes próximo al presidente Gaviria. En realidad, se refería a las notas que Escobar y él habían tomado a cuatro manos durante la entrevista. El domingo, los Extraditables expidieron un comunicado que corrió el riesgo de pasar inadvertido en la turbulencia de las noticias: «Hemos ordenado la liberación de Francisco Santos y Maruja Pachón». No decían cuándo. Sin embargo, la radio lo dio por hecho y los periodistas alborotados empezaron a montar guardia en las casas de los rehenes.

Era el final: Villamizar recibió un mensaje de Escobar en el cual le decía que no soltaría a Maruja Pachón y a Francisco Santos ese día sino el siguiente —lunes 20 de mayo— a las siete de la noche. Pero el martes a las nueve de la mañana Villamizar debería estar otra vez en Medellín para la entrega de Escobar.

11

Maruja oyó el comunicado de los Extraditables el domingo 19 de mayo a las siete de la noche. No decía ni hora ni fecha de la liberación, y por el modo de proceder los Extraditables lo mismo podía ser cinco minutos después que dentro de dos meses. El mayordomo y su mujer irrumpieron en el cuarto dispuestos para la fiesta.

—Ya esto se acabó —gritaron—. Hay que celebrarlo.

Trabajo le costó a Maruja convencerlos de que esperaran la orden oficial por boca de algún emisario directo de Pablo Escobar. La noticia no la sorprendió, pues en las últimas semanas había recibido señales inconfundibles de que las cosas iban mejor de como las supuso cuando le llegaron con la promesa descorazonadora de alfombrar el cuarto. En las emisiones recientes de *Colombia los Reclama* aparecían cada vez más amigos y actores populares. Con el optimismo renovado, Maruja seguía las telenovelas con tanta atención, que creyó descubrir mensajes cifrados hasta en las lágrimas de glicerina de los amores imposibles. Las noticias del padre García Herreros, cada día más espectaculares, hicieron evidente que lo increíble iba a suceder.

Maruja quiso ponerse la ropa con que había llegado, previendo una liberación intempestiva que la hiciera aparecer frente a las cámaras con la triste sudadera de secuestrada. Pero la falta de nuevas noticias en la radio, y la desilusión del mayordomo, que esperaba la orden oficial antes de dormirse, la pusieron en guardia contra el ridículo, aunque sólo fuera ante sí misma. Se tomó una dosis alta de somníferos y no despertó hasta el día siguiente, lunes, con la impresión pavorosa de no saber quién era ni dónde estaba.

A Villamizar no lo había inquietado ninguna duda, pues el comunicado de Escobar era inequívoco. Se lo transmitió a los periodistas, pero no le hicieron caso. Como a las nueve, una emisora de radio anunció con grandes aspavientos que la señora Maruja Pachón de Villamizar acababa de ser liberada en el barrio del Salitre. Los periodistas salieron en estampida, pero Villamizar no se inmutó.

—Nunca la soltarán en un lugar tan apartado para que le pase cualquier vaina —dijo—. Será mañana con seguridad y en un lugar seguro.

Un reportero le cerró el paso con el micrófono.

—Lo que sorprende —le dijo— es la confianza que usted le tiene a esa gente.

—Es palabra de guerra —dijo Villamizar.

Los periodistas de más confianza se quedaron en los corredores del apartamento —y algunos en el bar— hasta que Villamizar los invitó a salir para cerrar la casa. Otros hicieron campamentos en camionetas y automóviles frente al edificio, y allí pasaron la noche.

Villamizar despertó el lunes con los noticieros de las seis de la mañana, como de costumbre, y se quedó en la cama hasta las once. Trató de ocupar el teléfono lo menos posible, pero las llamadas de periodistas y amigos no le dieron tregua. La noticia del día seguía siendo la espera de los secuestrados.

El padre García Herreros había visitado a Mariavé el jueves para darle la noticia confidencial de que su esposo sería liberado el domingo siguiente. No ha sido posible saber cómo la obtuvo setenta y dos horas antes del primer comunicado de los Extraditables sobre las liberaciones, pero la familia Santos lo dio por hecho. Para celebrarlo hicieron fotos del padre con Mariavé y los niños, y la publicaron el sábado en *El Tiempo* con la esperanza de que Pacho la entendiera como un mensaje personal. Así fue: tan pronto como abrió el periódico en su celda de cautivo, Pacho tuvo la revelación nítida de que las gestiones del padre habían culminado. Pasó el día inquieto a la espera del milagro, deslizando trampas inocentes en la conversación con los guardianes para ver si se les escapaba alguna indiscreción, pero no consiguió nada. La radio y la televisión, que no le daban tregua al tema desde hacía varias semanas, lo pasaron por alto aquel sábado.

El domingo empezó igual. A Pacho le pareció que los guardianes estaban raros y ansiosos por la mañana, pero en el curso del día volvieron poco a poco a la rutina dominical: almuerzo especial con pizza, películas y programas enlatados de televisión, un poco de barajas, un poco de fútbol. De pronto, cuando ya nadie lo esperaba, el noticiero *Criptón* abrió con la primicia de que los Extraditables anunciaban la liberación de los dos últimos secuestrados. Pacho dio un salto con un grito de triunfo, y se abrazó a su guardián de turno. «Creí que me iba a dar un infarto», ha dicho. Pero el guardián lo recibió con un estoicismo sospechoso.

—Esperemos a que llegue la confirmación —dijo.

Hicieron una barrida rápida por los otros noticieros de radio y televisión, y el comunicado estaba en todos. Uno de ellos transmitía desde la sala de redacción de *El Tiempo*, y Pacho volvió a sentir después de ocho meses el piso firme de la vida libre: el ambiente más bien desolado del turno dominical, las caras de siempre en sus cubículos de cristal, su propio sitio de trabajo. Después de repetir una vez más el anuncio de la liberación inminente, el enviado especial del noticiero blandió el micrófono —como un barquillo de helado—, lo arrimó a la boca de un redactor deportivo, y le preguntó:

—¿Cómo le parece la noticia?

Pacho no pudo reprimir un reflejo de redactor jefe.

—¡Qué pregunta tan idiota! —dijo—. ¿O esperaba que dijeran que me dejaran un mes más?

La radio, como siempre, era menos rigurosa, pero también más emotiva. Unos y otros se estaban concentrando en la casa de Hernando Santos, desde donde transmitían declaraciones de todo el que encontraban a su paso. Esto aumentó el nerviosismo de Pacho, pues no le pareció descabellado pensar que lo soltaran esa misma noche. «Así empezaron las veintiséis horas más largas de mi vida —ha dicho—. Cada segundo era como una hora.»

La prensa estaba en todas partes. Las cámaras de televisión iban de la casa de Pacho a la de su padre, ambas desbordadas desde la noche del domingo por parientes, amigos, simples curiosos y periodistas de todo el mundo. Mariavé y Hernando Santos no recuerdan cuántas veces fueron de una casa a otra según los rumbos imprevistos que tomaban las noticias, hasta el punto de que Pacho terminó por no saber a ciencia cierta cuál era la casa de quién en la televisión. Lo peor era que en cada casa volvían a hacerles a ambos las mismas preguntas, y la jornada se hizo insoportable. Era tal el desorden, que Hernando Santos no logró abrirse paso entre la muchedumbre embotellada en su propia casa, y tuvo que colarse por el garaje.

Los guardianes que no estaban de turno acudieron a felicitarlo. Estaban tan alegres con la noticia, que Pacho se olvidó de que eran sus carceleros, y la reunión se convirtió en una fiesta de compadres de una misma generación. En aquel momento se dio cuenta de que su propósito de rehabilitar a sus guardianes quedaba frustrado por su libertad. Eran muchachos de la provincia antioqueña que emigraban a Medellín, se encontraban perdidos en las comunas y mataban y se hacían matar sin escrúpulos. Por lo general procedían de familias rotas donde la figura del papá era muy negativa, y muy fuerte la de la madre. Estaban acostumbrados a trabajar por un ingreso muy alto y no tenían el sentido del dinero.

Cuando por fin logró dormir, Pacho tuvo el sueño terrorífico de que era libre y feliz, pero de pronto abrió los ojos y vio el mismo techo de siempre. El resto de la noche lo pasó atormentado por el gallo loco —más loco y cercano que nunca— y sin saber a ciencia cierta dónde estaba la realidad.

A las seis de la mañana —lunes— la radio confirmó la noticia sin ninguna pista sobre la hora de la posible liberación. Al cabo de incontables repeticiones del boletín original, se anunció que el padre García Herreros daría una conferencia de prensa a las doce del día, después de una entrevista con el presidente Gaviria: «Ay, Dios mío —se dijo Pacho—. Ojalá este hombre que tanto ha hecho por nosotros no la vaya a embarrar a última hora». A la una de la tarde le avisaron que sería liberado, pero no supo nada más hasta después de las cinco, cuando uno de los jefes enmascarados le avisó sin emoción que —de acuerdo con el sentido publicitario de Escobar— Maruja saldría a tiempo para el noticiero de las siete y él para el noticiero de las nueve y media.

La mañana de Maruja había sido más entretenida. Un jefe de segunda entró en el cuarto como a las nueve y le precisó que la liberación iba a ser en la tarde. Le contó además algunos pormenores de las gestiones del padre García Herreros, tal vez con el propósito de hacerse perdonar una injusticia que había cometido en una visita reciente cuando Maruja le preguntó si su suerte estaba en manos del padre García Herreros. El hombre le había contestado con un punto de burla.

—No se preocupe, usted está mucho más segura.

Maruja se dio cuenta de que él había interpretado mal la pregunta, y se apresuró a aclararle que siempre tuvo un gran respeto por el padre. Es cierto que al principio no ponía atención a sus prédicas de televisión, a veces confusas e inescrutables, pero desde el primer mensaje a Escobar comprendió que tenía que ver con su vida, y lo vio con mucha atención noche tras noche. Había seguido el hilo de sus gestiones, sus visitas a Medellín, el progreso de sus conversaciones con Escobar, y no dudaba de que estaba en el camino recto. El sarcasmo del jefe, sin embargo, le había hecho temer que tal vez el padre no tuviera tanto crédito con los Extraditables como se podría suponer por sus conversaciones públicas con los periodistas. La confirmación de que pronto sería liberada por sus gestiones le aumentó la alegría.

Al cabo de una conversación breve sobre el impacto de las liberaciones en el país, ella le preguntó por el anillo que le habían quitado en la primera casa la noche del secuestro.

—Usted tranquila —dijo él—. Todas sus cosas están seguras.

—Es que estoy preocupada —dijo— porque el anillo no me lo quitaron aquí sino en la primera casa en que estuvimos, y al tipo que se quedó con él no lo volvimos a ver. ¿No fue usted?

—Yo no —dijo el hombre—. Pero ya le dije que esté tranquila, porque sus prendas están ahí. Yo las he visto.

La mujer del mayordomo se ofreció para comprarle a Maruja cualquier cosa que le hiciera falta. Maruja le encargó pestañina, lápiz de labios y de cejas y un par de medias para reemplazar las que se le habían roto la noche del secuestro. Más tarde entró el marido preocupado por la falta de nuevas noticias de la liberación, y temía que hubieran cambiado de planes a última hora como ocurría a menudo. Maruja, en cambio, estaba tranquila. Se bañó y se puso la misma ropa que llevaba la noche del secuestro, salvo la chaqueta color crema que se pondría para salir.

Durante todo el día las emisoras de radio sostuvieron el interés con especulaciones sobre la espera de los secuestrados, entrevistas con sus familias, rumores sin confirmar que al minuto siguiente eran superados por otros más ruidosos. Pero nada en firme. Maruja oyó las voces de hijos y amigos con un júbilo prematuro amenazado por la incertidumbre. Volvió a ver su casa redecorada, y al marido departiendo a gusto entre escuadrones de periodistas aburridos de esperarla. Tuvo tiempo para observar mejor los detalles de decoración que le habían chocado la primera vez, y se le mejoró el humor. Los guardianes hacían pausas en la limpieza frenética para escuchar y ver los noticieros, y trataban de darle alientos, pero lo conseguían menos a medida que avanzaba la tarde.

El presidente Gaviria había despertado sin despertador a las cinco de la mañana de su lunes número cuarenta y uno en la presidencia. Se levantaba sin encender la luz para no despertar a Ana Milena —que a veces se acostaba más tarde que él— y ya afeitado, bañado y vestido para la oficina se sentaba en una sillita de llevar y traer que mantenía fuera del dormitorio, en un corredor helado y sombrío, para oír las noticias sin despertar a nadie. Las de radio las escuchaba en un receptor de bolsillo que se ponía en el oído a volumen muy bajo. Los periódicos los repasaba con una mirada rápida desde los titulares hasta los anuncios, e iba recortando sin tijeras las cosas de interés para tratarlas después, según el caso, con sus secretarios, consejeros y ministros. En una ocasión fue una noticia sobre algo que debía hacerse y no se había hecho, y le mandó el recorte al ministro respectivo con una sola línea escrita de prisa en el margen: «¿Cuándo demonios va el ministerio a resolver este lío?». La solución fue instantánea.

La única noticia del día era la inminencia de las liberaciones, y dentro de ella, una audiencia con el padre García Herreros para escuchar su informe de la entrevista con Escobar. El presidente reorganizó su jornada para estar disponible en cualquier momento. Canceló algunas audiencias aplazables, y acomodó otras. La primera fue una reunión con los consejeros presidenciales, que él inició con su frase escolar:

—Bueno, vamos a terminar esta tarea.

Varios de los consejeros acababan de regresar de Caracas, donde el viernes anterior habían sostenido una charla con el reticente general Maza Márquez, en la que el consejero de Prensa, Mauricio Vargas, había expresado su preocupación de que nadie, ni dentro ni fuera del gobierno, tenía una idea clara de para dónde iba en realidad Pablo Escobar. Maza estaba seguro de que no se entregaría, pues sólo confiaba en el indulto de la Constituyente. Vargas le replicó con una pregunta: ¿de qué le servía el indulto a un hombre sentenciado a muerte por sus enemigos propios y por el cartel de Cali? «Puede que lo ayude, pero no es precisamente la solución completa», concluyó. Lo que Escobar necesitaba de urgencia era una cárcel segura para él y su gente bajo la protección del Estado.

El tema lo plantearon los consejeros ante el temor de que el padre García Herreros llegara a la audiencia de las doce con una exigencia inaceptable de última hora, sin la cual Escobar no se entregara ni soltara a los periodistas. Para el gobierno sería un fiasco difícil de reparar. Gabriel Silva, el consejero de Asuntos Internacionales, hizo dos recomendaciones de protección: la primera, que el presidente no estuviera solo en la audiencia, y la segunda, que se sacara un comunicado lo más completo posible tan pronto como terminara la reunión para evitar especulaciones. Rafael Pardo, que había volado a Nueva York el día anterior, estuvo de acuerdo por teléfono.

El presidente recibió al padre García Herreros en audiencia especial a las doce del día. De un lado estaba el padre con dos sacerdotes de su comunidad, y Alberto Villamizar con su hijo Andrés. Del otro, el presidente con el secretario privado, Miguel Silva, y con Mauricio Vargas. Los servicios informativos de palacio tomaron fotos y videos para dárselos a la prensa si las cosas salían bien. Si no salían bien, al menos no le quedarían a la prensa los testimonios del fracaso.

El padre, muy consciente de la importancia del momento, le contó al presidente los pormenores de la reunión con Escobar. No tenía la menor duda de que iba a entregarse y a liberar a los rehenes, y respaldó sus palabras con las notas escritas a cuatro manos. El único elemento condicionante era que la cárcel fuera la de Envigado y no la de Itagüí, por razones de seguridad argumentadas por el propio Escobar.

El presidente leyó los apuntes y se los devolvió al padre. Le llamó la atención que Escobar no prometía liberar a los secuestrados sino que se comprometía a gestionarlo ante los Extraditables. Villamizar le explicó que era una de las tantas precauciones de Escobar: nunca admitió que tuviera a los secuestrados para que no sirviera como prueba en contra suya.

El padre preguntó qué debía hacer si Escobar le pedía que lo acompañara para entregarse. El presidente estuvo de acuerdo en que fuera. Ante dudas sobre la seguridad de la operación, planteadas por el padre, el presidente le respondió que nadie podía garantizar mejor que Escobar la seguridad de su propio operativo. Por último, el presidente le señaló al padre —y los acompañantes de éste lo apoyaron— que era importante reducir al mínimo las declaraciones públicas, no fuera que todo se dañara por una palabra inoportuna. El padre estuvo de acuerdo y alcanzó a hacer una velada oferta final: «Yo he querido con esto prestar un servicio y quedo a sus órdenes si me necesitan para algo más, como buscar la paz con ese otro señor cura». Fue claro para todos que se refería al cura español Manuel Pérez, comandante del Ejército Nacional de Liberación. La reunión terminó a los veinte minutos, y no hubo comunicado oficial. Fiel a su promesa, el padre García Herreros dio un ejemplo de sobriedad en sus declaraciones a la prensa.

Maruja vio la conferencia de prensa del padre y no encontró nada nuevo. Los noticieros de televisión volvieron a mostrar a los periodistas de guardia en las casas de los secuestrados, que bien podían haber sido las mismas imágenes del día anterior. También Maruja repitió la jornada de ayer minuto a minuto, y le sobró tiempo para ver las telenovelas de la tarde. Damaris, reanimada por el anuncio oficial, le había concedido la gracia de ordenar el menú del almuerzo, como los condenados a muerte en la víspera de la ejecución. Maruja dijo sin intención de burla que quería cualquier cosa que no fueran lentejas. Al final se les enredó el tiempo, Damaris no pudo ir de compras, y sólo hubo lentejas con lentejas para el almuerzo de despedida.

Pacho, por su parte, se puso la ropa que llevaba el día del secuestro —que le quedaba estrecha por el aumento de peso del sedentarismo y la mala comida—, y se sentó a oír las noticias y a fumar, encendiendo un cigarrillo con la colilla del otro. Oyó toda clase de versiones sobre su liberación. Oyó las rectificaciones, las mentiras puras y simples de sus colegas atolondrados por la tensión de la espera. Oyó que lo habían descubierto comiendo de incógnito en un restaurante, y era un hermano suyo.

Releyó las notas editoriales, los comentarios, las informaciones que había escrito sobre la actualidad para no olvidar el oficio, pensando que las publicaría al salir como un testimonio del cautiverio. Eran más de cien. Leyó una a sus guardianes, escrita en diciembre, cuando la clase política tradicional comenzó a despotricar contra la legitimidad de la Asamblea Constituyente. Pacho la fustigó con una energía y un sentido de independencia que sin duda eran producto de las reflexiones del cautiverio. «Todos sabemos cómo se obtienen votos en Colombia y cómo muchos de los parlamentarios salieron elegidos», decía en una nota. Decía que la compra de votos era rampante en todo el país, y especialmente en la costa; que las rifas de electrodomésticos a cambio de favores electorales estaban al orden del día, y que muchos de los elegidos lo lograban por otros vicios políticos, como el cobro de comisiones sobre los sueldos públicos y los auxilios parlamentarios. Por eso —decía— los elegidos eran siempre los mismos con las mismas que «ante la posibilidad de perder sus privilegios, ahora lloran a gritos». Y concluía casi contra sí mismo: «La imparcialidad de los medios —e incluyo a *El Tiempo*— por la que tanto se luchó y que se estaba abriendo paso, se ha esfumado».

Sin embargo, la más sorprendente de sus notas fue la que escribió sobre las reacciones de la clase política contra el M-19 cuando éste obtuvo una votación de más del diez por ciento para la Asamblea Constituyente. «La agresividad política contra el M-19 —escribió—, su restricción (por no decir discriminación) en los medios de comunicación, muestra qué tan lejos estamos de la tolerancia y cuánto nos falta para modernizar lo más importante: la mente.» Decía que la clase política había celebrado la participación electoral de los antiguos guerrilleros sólo por parecer democrática, pero cuando la votación superó el diez por ciento se desató en denuestos en su contra. Y concluyó al estilo de su abuelo, Enrique Santos Montejo (Calibán), el columnista más leído en la historia del periodismo nacional: «Un sector muy específico y tradicional de los colombianos mató el tigre y se asustó con el cuero». Nada podía ser más sorprendente en alguien que se había destacado desde la escuela primaria como un espécimen precoz de la derecha romántica.

Rompió todas las notas menos tres que decidió conservar por razones que él mismo no ha logrado explicarse. También conservó el borrador de los mensajes a su familia y al presidente de la república, y el de su testamento. Hubiera querido llevarse la cadena con que lo amarraban a la cama con la ilusión de que el escultor Bernardo Salcedo hiciera con ella una escultura, pero no se lo permitieron por temor de que tuviera huellas delatoras.

Maruja, en cambio, no quiso conservar ningún recuerdo de aquel pasado atroz que se proponía borrar de su vida. Pero como a las seis de la tarde, cuando la puerta empezó a abrirse desde fuera, se dio cuenta de hasta qué punto aquellos seis meses de amargura iban a condicionar su vida. Desde la muerte de Marina y la salida de Beatriz, aquélla era la hora de las liberaciones o las ejecuciones: igual en ambos casos. Esperó con el alma en un hilo la fórmula siniestra del ritual: «Ya nos vamos, alístese». Era el *Doctor*, acompañado por el segundón que había estado la víspera. Ambos parecían apurados por la hora.

—¡Ya, ya! —instó el *Doctor* a Maruja—. ¡Córrale!

Había prefigurado tantas veces aquel instante, que se sintió dominada por una rara necesidad de ganar tiempo, y preguntó por su anillo.

—Se lo mandé con su cuñada —dijo el segundón.

—No es cierto —contestó Maruja con toda calma—. Usted me dijo que lo había visto después.

Más que el anillo, lo que le interesaba entonces era

poner al otro en evidencia frente a su superior. Pero éste se hizo el desentendido, bajo la presión del tiempo. El mayordomo y su mujer le llevaron a Maruja el talego con los objetos personales y los regalos que le habían dado los distintos guardianes a lo largo del cautiverio: tarjetas de Navidad, la sudadera, la toalla, revistas y algún libro. Los muchachos mansos que la habían atendido en los últimos días no tenían nada más para darle que medallas y estampas de santos, y le suplicaban que rezara por ellos, que se acordara de ellos, que hiciera algo para sacarlos de la mala vida.

—Todo lo que quieran —les dijo Maruja—. Si alguna vez me necesitan, búsquenme, y yo los ayudo.

El *Doctor* no quiso ser menos: «¿Qué le puedo dar yo de recuerdo?», se dijo, esculcándose los bolsillos. Sacó una cápsula de 9 milímetros, y se la dio a Maruja.

—Tome —le dijo, más en serio que en broma—. La bala que no le metimos.

No fue fácil rescatar a Maruja de los abrazos del mayordomo y de Damaris, que se levantó la máscara hasta la nariz para besarla y pedirle que no la olvidara. Maruja sintió una emoción sincera. Era, a fin de cuentas, el final de los días más largos y atroces de su vida, y el minuto más feliz.

Le pusieron una capucha que debía ser la más sucia y pestilente que encontraron. Se la pusieron al revés, con los agujeros de los ojos en la nuca, y no pudo eludir el recuerdo de que así se la habían puesto a Marina para matarla. La llevaron arrastrando los pies en las tinieblas hasta un automóvil tan confortable como el que usaron para el secuestro, y la sentaron en el mismo lugar, en la misma posición, y con las mismas precauciones: la cabeza apoyada en las rodillas de un hombre para que no la vieran desde fuera. Le advirtieron que había varios retenes de policía, y que si los paraban en alguno Maruja debía quitarse la capucha y portarse bien.

A la una de la tarde Villamizar había almorzado con su hijo Andrés. A las dos y media se acostó para la siesta, y completó el sueño atrasado hasta las cinco y media. A las seis acababa de salir de la ducha y empezaba a vestirse para esperar a la esposa cuando sonó el teléfono. Descolgó la extensión de la mesa de noche y sólo alcanzó a decir: «¿Haber?». Una voz anónima lo interrumpió: «Llegará unos minutos después de las siete. Ya están saliendo». Colgó. Fue un anuncio imprevisto que Villamizar agradeció. Llamó al portero para asegurarse de que su automóvil estaba en el jardín y el chofer dispuesto.

Se vistió de oscuro con corbata de rombos claros para recibir a la esposa. Quedó más esbelto que nunca pues había bajado cuatro kilos en seis meses. A las siete de la noche apareció en la sala para charlar con los periodistas mientras llegaba Maruja. Allí estaban los cuatro hijos de ella, y Andrés, el de ambos. Sólo faltaba Nicolás, el músico de la familia que llegaría de Nueva York dentro de unas horas. Villamizar se sentó en el sillón más cercano del teléfono.

Maruja estaba entonces a unos cinco minutos de ser libre. Al contrario de la noche del secuestro, el viaje hacia la libertad fue rápido y sin tropiezos. Al principio habían ido por un sendero destapado con vueltas y revueltas nada recomendables para un automóvil de lujo. Maruja vislumbró por las conversaciones que además del hombre a su lado iba otro junto al chofer. No le pareció que uno de ellos fuera el *Doctor*. Al cabo de un cuarto de hora la obligaron a acostarse en el piso y se detuvieron unos cinco minutos, pero ella no supo por qué. Luego salieron a una avenida grande y ruidosa con el tráfico espeso de las siete, y tomaron sin contratiempo una segunda avenida. De pronto, cuando no habían transcurrido más de tres cuartos de hora en total, el automóvil frenó en seco. El hombre junto del chofer le dio a Maruja una orden desesperada:

—Ya, bájese, rápido.

El que iba junto a ella trató de sacarla del automóvil. Maruja resistió.

—No veo nada —gritó.

Quiso quitarse la venda, pero una mano brutal se lo impidió. «Espere cinco minutos antes de quitársela», le gritó. La bajó del automóvil con un empellón. Maruja sintió el vértigo del vacío, el horror, y creyó que la habían tirado a un abismo. El suelo firme le devolvió el aliento. Mientras esperaba a que el carro se alejara, sintió que estaba en una calle de poco tránsito. Con toda precaución se quitó la venda, vio las casas entre los árboles con las primeras ventanas iluminadas, y entonces conoció la verdad de ser libre. Eran las siete y veintinueve y habían pasado ciento noventa y tres días desde la noche en que la secuestraron.

Un automóvil solitario se acercó por la avenida, dio una vuelta completa y estacionó en la acera contraria, justo frente a Maruja. Ella pensó, como Beatriz en su momento, que una casualidad así no era posible. Aquel carro tenía que ser enviado por los secuestradores para garantizar el final del rescate. Maruja se acercó a la ventanilla del conductor.

—Por favor —le dijo—, soy Maruja Pachón. Acaban de liberarme.

Sólo deseaba que la ayudaran a conseguir un taxi. Pero el hombre dio un grito. Minutos antes, escuchando en la radio las noticias de las liberaciones inminentes, se había dicho: «¿Qué tal que me encontrara con Francisco Santos buscando un carro?». Maruja estaba ansiosa de ver a los suyos, pero se dejó llevar hasta la casa de enfrente para hablar por teléfono.

La dueña de la casa, los niños, todos la abrazaban a gritos cuando la reconocieron. Maruja se sentía anestesiada, y cuanto ocurría a su alrededor le parecía un engaño más de los secuestradores. El hombre que la había recogido se llamaba Manuel Caro, y era yerno del dueño de la casa, Augusto Borrero, cuya esposa era una antigua activista del Nuevo Liberalismo que había trabajado con Maruja en la campaña electoral de Luis Carlos Galán. Pero Maruja veía la vida desde fuera, como en una pantalla de cine. Pidió un aguardiente —nunca supo por qué— y se lo tomó de un golpe. Entonces llamó por teléfono a su casa, pero no recordaba bien el número y se equivocó en dos intentos. Una voz de mujer contestó al instante: «¿Quién es?». Maruja la reconoció y dijo sin dramatismo:

—Alexandra, hija.

Alexandra gritó:

—¡Mamá! ¿Dónde estás?

Alberto Villamizar había saltado del sillón cuando sonó el timbre, pero no alcanzó a ganarle de mano a Alexandra, que por casualidad pasaba cerca del teléfono. Maruja había empezado a dictarle la dirección, pero ella no tenía a la mano lápiz ni papel. Villamizar le quitó la bocina, y saludó a Maruja con una naturalidad pasmosa:

—Quihubo, nené. ¿Cómo está?

Maruja le contestó con un tono igual.

—Muy bien, mi amor, no hay problema.

Él sí tenía papel y lápiz preparados para aquel momento. Anotó la dirección mientras Maruja se la dictaba, pero sintió que algo no estaba claro y pidió que pasaran a alguien de la familia. La esposa de Borrero le hizo las precisiones que faltaban.

—Mil gracias —dijo Villamizar—. Es cerca. Voy enseguida.

Se le olvidó colgar, pues el férreo dominio de sí mismo que había mantenido en los largos meses de tensión se le disparó de pronto. Bajó las escaleras del edificio con saltos de dos en dos y atravesó corriendo el vestíbulo, perseguido por la avalancha de periodistas cargados con su parafernalia de guerra. Otros en sentido contrario estuvieron a punto de atropellarlo en el portal.

—Soltaron a Maruja —les gritó a todos—. Vamos.

Entró en el automóvil con un portazo tan violento que el chofer adormilado se asustó. «Vamos por la señora», dijo Villamizar. Le dio la dirección: diagonal 107 Nº. 27- 73. «Es una casa blanca en la paralela occidental de la autopista», precisó. Pero la dijo con una prisa embrollada, y el chofer arrancó mal. Villamizar le corrigió el rumbo con un descontrol extraño a su carácter.

—Fíjese bien lo que hace —gritó— que tenemos que llegar en cinco minutos. ¡Y si se llega a perder lo capo!

El chofer, que había padecido junto a él los tremendos dramas del secuestro, no se alteró. Villamizar recobró el aliento y lo dirigió por los caminos más cortos y fáciles, pues había visualizado la ruta a medida que le explicaban la dirección en el teléfono, para estar seguro de no perderse. Era la peor hora del tránsito pero no el peor día.

Andrés había arrancado detrás de su padre, junto con el primo Gabriel, tras la caravana de los periodistas que se abría paso en el tránsito con alarmas falsas y trucos de ambulancias. A pesar de ser un conductor experto, se enredó en el tránsito. Se quedó. En cambio Villamizar llegó en un tiempo olímpico de quince minutos. No tuvo que identificar la casa, pues algunos de los periodistas que estaban en su apartamento se disputaban ya con el dueño para que los dejara entrar. Villamizar se abrió paso por entre el tumulto. No tuvo tiempo de saludar a nadie, pues la dueña de casa lo reconoció y le señaló las escaleras.

—Por ahí —le dijo.

Maruja estaba en el dormitorio principal, a donde la habían llevado para que se arreglara mientras llegaba el marido. Al entrar se había dado de bruces con un ser desconocido y grotesco: ella misma en el espejo. Se vio hinchada y fofa, con los párpados abotargados por la nefritis, y la piel verdosa y marchita por seis meses de penumbra.

Villamizar subió en dos trancos, abrió la primera puerta que encontró, y era la de los niños, con muñecas y bicicletas. Entonces abrió la puerta de enfrente, y vio a Maruja sentada en la cama con la chaqueta de cuadros que llevaba cuando salió de su casa el día del secuestro, y recién maquillada para él. «Entró como un trueno», ha dicho Maruja. Ella le saltó al cuello, y se dieron un abrazo intenso, largo y mudo. Los sacó del éxtasis el estruendo de los periodistas que lograron romper la resistencia del dueño y entraron en tropel a la casa. Maruja se asustó. Villamizar sonrió divertido.

—Son tus colegas —le dijo.

Maruja se consternó. «Tenía seis meses de no verme en el espejo», dijo. Sonrió a su imagen y no era ella. Se irguió, se estiró el cabello en la nuca con el cintillo, se recompuso como pudo tratando de que la mujer del espejo se pareciera a la imagen que ella tenía de sí misma seis meses antes. No lo consiguió.

—Estoy horrenda —dijo, y le mostró al marido los dedos deformados por la hinchazón—. No me había dado cuenta porque me quitaron el anillo.

—Estás perfecta —le dijo Villamizar.

La abrazó por el hombro y la llevó a la sala.

Los periodistas los asaltaron con cámaras, luces y micrófonos. Maruja quedó encandilada. «Tranquilos, muchachos —les dijo—. En el apartamento hablaremos mejor.» Fueron sus primeras palabras.

Los noticieros de las siete de la noche no dijeron nada, pero el presidente Gaviria se enteró minutos después por un monitoreo de radio que Maruja Pachón había sido liberada. Arrancó hacia su casa con Mauricio Vargas, pero dejaron listo el comunicado oficial de la liberación de Francisco Santos que debía ocurrir de un momento a otro. Mauricio Vargas lo había leído en voz alta frente a las grabadoras de los periodistas, con la condición de que no lo transmitieran mientras no se diera la noticia oficial.

A esa hora Maruja estaba viajando hacia su casa. Poco antes de que llegara surgió un rumor de que Pacho Santos había sido liberado, y los periodistas soltaron el perro amarrado del comunicado oficial que salió en estampida con ladridos de júbilo por todas las emisoras.

El presidente y Mauricio Vargas lo oyeron en el carro y celebraron la idea de haberlo grabado. Pero cinco minutos después la noticia fue rectificada.

—¡Mauricio —exclamó Gaviria—, qué desastre!

Sin embargo, lo único que podían hacer entonces era confiar en que la noticia sucediera como ya estaba dada. Mientras tanto, ante la imposibilidad de quedarse en el apartamento de Villamizar por la muchedumbre que estaba dentro, permanecieron en el de Aseneth Velásquez un piso más arriba, para esperar la verdadera liberación de Pacho después de tres liberaciones falsas.

Pacho Santos había oído la noticia de la liberación de Maruja, la prematura de la suya y la pifia del gobierno. En ese instante entró en el cuarto el hombre que le había hablado en la mañana, y lo llevó del brazo y sin venda hasta la planta baja. Allí se dio cuenta de que la casa estaba vacía, y uno de sus escoltas le informó muerto de risa que se habían llevado los muebles en un camión de mudanza para no pagar el último mes de alquiler. Se despidieron todos con grandes abrazos, y le agradecieron a Pacho lo mucho que habían aprendido de él. La réplica de Pacho fue sincera:

—Yo también aprendí mucho de ustedes.

En el garaje le entregaron un libro para que se tapara la cara fingiendo que leía y le cantaron las advertencias. Si tropezaban con la policía debía tirarse del carro para que ellos pudieran escapar. Y la más importante: no debía decir que había estado en Bogotá sino a tres horas de distancia por una carretera escabrosa. Por una razón tremenda: ellos sabían que Pacho era bastante perspicaz para haberse formado una idea de la dirección de la casa, y no debía revelarla porque los guardianes habían convivido con el vecindario sin precaución alguna durante los largos días del secuestro.

—Si usted lo cuenta —concluyó el responsable de la liberación— nos toca matar a todos los vecinos para que no nos reconozcan después.

Frente a la caseta de policía de la avenida Boyacá con la calle 80 el carro se apagó. Se resistió dos veces, tres, cuatro, y a la quinta prendió. Todos sudaron frío. Dos cuadras más allá le quitaron el libro al secuestrado, y lo soltaron en la esquina con tres billetes de a dos mil pesos para el taxi. Cogió el primero que pasó, con un chofer joven y simpático que no quiso cobrarle y se abrió camino a bocinazos y gritos de júbilo por entre la muchedumbre que esperaba en la puerta de su casa. Para los periodistas amarillos fue una desilusión: esperaban a un hombre macilento y derrotado después de doscientos cuarenta y cuatro días de encierro, y se encontraron con un Pacho Santos rejuvenecido por dentro y por fuera, y más gordo, más atolondrado y con más ansias de vivir que nunca. «Lo devolvieron igualito», declaró su primo Enrique Santos Calderón. Otro, contagiado por el humor jubiloso de la familia, dijo: «Le faltaron unos seis meses más».

Maruja estaba ya en su casa. Había llegado con Alberto, perseguida por las unidades móviles que los rebasaban, los precedían, transmitiendo en directo a través de los nudos del tránsito. Los conductores que seguían por radio la peripecia los reconocían al pasar y los saludaban con redobles de bocinas, hasta que la ovación se generalizó a lo largo de la ruta.

Andrés Villamizar había querido regresar a casa cuando perdió el rumbo de su padre, pero había manejado con tanta rudeza que el motor del carro se desprendió y se rompió la barra. Lo dejó al cuidado de los agentes de guardia en la caseta más cercana, y paró el primer automóvil que pasó: un BMW gris oscuro, manejado por un ejecutivo simpático que iba oyendo las noticias. Andrés le dijo quién era, por qué estaba en apuros y le pidió que lo acercara hasta donde pudiera.

—Súbase —le dijo—, pero le advierto que si es mentira lo que dice le va a ir muy mal.

En la esquina de la carrera séptima con la calle 80 lo alcanzó una amiga en un viejo Renault. Andrés siguió con ella, pero el carro se les quedó sin aliento en la cuesta de la Circunvalar. Andrés se trepó como pudo en el último jeep blanco de Radio Cadena Nacional.

La cuesta que conducía a la casa estaba bloqueada por los automóviles y la muchedumbre de vecinos que se echaban a la calle. Maruja y Villamizar decidieron entonces abandonar el automóvil para caminar los cien metros que les faltaban, y descendieron sin advertirlo en el sitio mismo donde la habían secuestrado. La primera cara que reconoció Maruja entre la muchedumbre enardecida fue la de María del Rosario Ortiz, creadora y directora de *Colombia los Reclama*, que por primera vez desde su fundación no transmitió esa noche por falta de tema. Enseguida vio a Andrés, que había saltado como pudo de la camioneta y trataba de llegar hasta su casa en el momento en que un oficial de la policía, alto y apuesto, ordenó cerrar la calle. Andrés, por inspiración pura, lo miró a los ojos y dijo con voz firme:

—Soy Andrés.

El oficial no sabía nada de él, pero lo dejó pasar. Maruja lo reconoció cuando corría hacia ella y se abrazaron en medio de los aplausos. Fue necesaria la ayuda de los patrulleros para abrirles paso. Maruja, Alberto y Andrés emprendieron el ascenso de la cuesta con el corazón oprimido, y la emoción los derrotó. Por primera vez se les saltaron las lágrimas que los tres se habían propuesto reprimir. No era para menos: hasta donde alcanzaba la vista, la otra muchedumbre de los buenos vecinos había desplegado banderas en las ventanas de los edificios más altos, y saludaban con una primavera de pañuelos blancos y una ovación inmensa la jubilosa aventura del regreso a casa.

Epílogo

A las nueve de la mañana del día siguiente, como estaba acordado, Villamizar desembarcó en Medellín sin haber dormido una hora completa. Había sido una parranda de resurrección. A las cuatro de la madrugada, cuando lograron quedarse solos en el apartamento, Maruja y él estaban tan excitados por la jornada que permanecieron en la sala intercambiando recuerdos atrasados hasta el amanecer. En la hacienda de La Loma lo recibieron con el banquete de siempre, pero ahora bautizado con la champaña de la liberación. Fue un recreo breve, sin embargo, porque entonces era Pablo Escobar quien tenía más prisa, escondido en algún lugar del mundo sin el escudo de los rehenes. Su nuevo emisario era un hombre muy alto, locuaz, rubio puro y de largos bigotes dorados, al que llamaban el Mono, y contaba con plenos poderes para las negociaciones de la entrega.

Por disposición del presidente César Gaviria, todo el proceso de debate jurídico con los abogados de Escobar se había llevado a cabo a traves del doctor Carlos Eduardo Mejía, y con conocimiento del ministro de Justicia. Para la entrega física, Mejía actuaría de acuerdo con Rafael Pardo, por el lado del gobierno, y por el otro lado actuarían Jorge Luis Ochoa, el Mono y el mismo Escobar desde las sombras. Villamizar seguía siendo un intermediario activo con el gobierno, y el padre García Herreros, que era un garante moral para Escobar, se mantendría disponible para los tropiezos de mayor urgencia.

La prisa de Escobar para que Villamizar estuviera en Medellín al día siguiente de la liberación de Maruja había hecho pensar que la entrega sería inmediata, pero pronto se vio que no, pues para él faltaban todavía algunos trámites de distracción. La mayor preocupación de todos, y de Villamizar más que de nadie, era que a Escobar no le pasara nada antes de la entrega. No era para menos: Villamizar sabía que Escobar, o sus sobrevivientes, le habrían hecho pagar con el pellejo la mínima sospecha de que hubiera faltado a su palabra. El hielo lo rompió el mismo Escobar cuando lo llamó por teléfono a La Loma y lo saludó sin preludios:

—Doctor Villa, ¿está contento?

Villamizar no lo había visto ni oído nunca, y lo impresionó la absoluta tranquilidad de la voz sin el mínimo rastro de su aureola mítica. «Le agradezco que haya venido —prosiguió Escobar sin esperar la respuesta, con su condición terrestre bien sustentada por su áspera dicción de los tugurios—. Usted es un hombre de palabra y no me podía fallar.» Y enseguida entró en materia:

—Empecemos a arreglar cómo es que voy a entregarme.

En realidad, Escobar sabía ya cómo iba a entregarse pero tal vez quería hacer un repaso completo con un hombre en el cual tenía depositada entonces toda su confianza. Sus abogados y el director de Instrucción Criminal, a veces de manera directa y a veces por intermedio de la directora regional, pero siempre en coordinación con el ministro de Justicia, habían discutido todos y cada uno de los detalles de la entrega. Aclarados los temas jurídicos derivados de las distintas interpretaciones que cada quien hacía de los decretos presidenciales, los temas se habían reducido a tres: la cárcel, el personal de la cárcel y el papel de la policía y el ejército.

La cárcel —en el antiguo Centro de Rehabilitación de Drogadictos de Envigado— estaba a punto de terminarse. Villamizar y el Mono la visitaron a petición de Escobar al día siguiente de la liberación de Maruja y Pacho Santos. El aspecto era más bien deprimente, por los escombros arrinconados y los estragos de las lluvias intensas de aquel año. Las instalaciones técnicas de seguridad estaban resueltas. Había una doble cerca de dos metros con ochenta de altura, con quince hileras de alambre electrificado a cinco mil voltios y siete garitas de vigilancia, además de otras dos en la guardia de ingreso. Estos dos dispositivos serían reforzados aún más tanto para impedir que Escobar se fugara como para impedir que lo mataran.

El único punto crítico que encontró Villamizar fue un baño enchapado en baldosines italianos en la habitación prevista para Escobar, y recomendó cambiarlo —y fue cambiado— por una decoración más sobria. La conclusión de su informe fue más sobria aún: «Me pareció una cárcel muy cárcel». En efecto, el esplendor folclórico que terminaría por escandalizar al país y a medio mundo, y por comprometer el prestigio del gobierno, fue impuesto después desde dentro con una operación inconcebible de soborno e intimidación.

Escobar le pidió a Villamizar el número de un teléfono limpio en Bogotá para acordar entre ellos los detalles de la entrega física, y él le dio el de su vecina de arriba, Aseneth Velásquez. Le pareció que ninguno podía ser más seguro que ése, al cual llamaban a cualquier hora escritores y artistas lo bastante lunáticos como para sacar de quicio al más bragado. La fórmula era sencilla e inocua: alguna voz anónima llamaba a la casa de Villamizar y le decía: «Dentro de quince minutos, doctor». Villamizar subía sin prisa al apartamento de Aseneth, y a los quince minutos llamaba Pablo Escobar en persona. En una ocasión Villamizar se atrasó en el ascensor, y Aseneth contestó al teléfono. La voz de un paisa crudo le preguntó por el doctor Villamizar.

—No vive aquí —dijo Aseneth.

—No se preocupe —le dijo el paisa con la voz sonriente—. Ya va subiendo.

El que hablaba era Pablo Escobar en vivo y en directo, pero Aseneth sólo lo sabrá si se le ocurre leer este libro. Pues Villamizar quiso decírselo aquel día por una lealtad elemental, y ella —que no traga entero— se tapó los oídos.

—Yo no quiero saber nada de nada —le dijo—. Haga lo que le dé la gana en mi casa, pero a mí no me cuente.

Para entonces Villamizar había hecho más de un viaje semanal a Medellín. Desde el Hotel Intercontinental llamaba a María Lía, y ella le mandaba un automóvil para llevarlo a La Loma. En uno de los primeros viajes había ido con Maruja para dar las gracias a los Ochoa por su ayuda. Al almuerzo salió el tema del anillo de esmeraldas y diamantes mínimos que no le habían devuelto la noche de la liberación. Villamizar les había hablado de eso también a los Ochoa, y éstos le mandaron un mensaje a Escobar, pero no había contestado. El Mono, que estaba presente, sugirió la posibilidad de regalarle uno nuevo, pero Villamizar le aclaró que Maruja no añoraba el anillo por su precio sino por su valor afectivo. El Mono prometió llevarle el problema a Escobar.

La primera llamada de éste a la casa de Aseneth fue a propósito de un *El Minuto de Dios* en el cual el padre

García Herreros lo acusó de pornógrafo impenitente, y lo conminó a volver al camino de Dios. Nadie entendió tamaña voltereta. Escobar pensaba que si el padre se había vuelto contra él debió haber sido por un motivo de mucha monta, y condicionó la entrega a una explicación inmediata y pública. Lo peor para él era que su tropa había aceptado entregarse por la fe que tenían en la palabra del padre. Villamizar lo llevó a La Loma, y desde allí le dio el padre a Escobar toda clase de aclaraciones por teléfono. De acuerdo con ellas, en la grabación del programa se había cometido un error de edición que le hizo decir lo que no había dicho. Escobar grabó la conversación, se la hizo oír a su tropa y conjuró la crisis.

Pero aún faltaba más. El gobierno insistió en las patrullas mixtas entre el Ejército y la guardia nacional en el exterior de la cárcel, en talar el bosque aledaño para que sirviera como campo de tiro, y en su prerrogativa para nombrar las guardias dentro de un comité tripartito del gobierno central, el municipio de Envigado y la Procuraduría, por tratarse de una cárcel municipal y nacional. Escobar se opuso a la cercanía de los guardias porque sus enemigos podían asesinarlo en la cárcel. Se opuso al patrullaje mixto, porque —según sus abogados— en el interior de las cárceles no podía haber fuerza pública, de acuerdo con el Derecho de Prisiones. Se opuso a la tala del bosque aledaño, primero porque hacía posible el descenso de helicópteros, y segundo porque suponía que un campo de tiro era un polígono que utilizaría como blanco a los presos, hasta que lo convencieron de que, en términos militares, un campo de tiro no es más que un terreno con una buena visión de contorno. Y ésa era por cierto la ventaja del Centro de Drogadictos —tanto para el gobierno como para los presos—, pues desde cualquier punto de la casa se tenía una visión completa del valle y la montaña para otear con tiempo el peligro. Por último el director nacional de Instrucción Criminal quiso levantar a última hora un muro blindado alrededor de la cárcel, además de la cerca de alambre de púas. Escobar se enfureció.

El jueves 30 de mayo *El Espectador* publicó una noticia —atribuida a fuentes oficiales que le merecían entero crédito— sobre las supuestas condiciones que Escobar había puesto para su entrega en una reunión celebrada por sus abogados con voceros del gobierno. Entre esas condiciones —según la noticia— la más espectacular era el exilio del general Maza Márquez y la destitución de los generales Miguel Gómez Padilla, comandante de la Policía Nacional, y Octavio Vargas Silva, comandante de la Dirección de Investigación Judicial de la Policía (Dijín).

El presidente Gaviria citó en su despacho al general Maza Márquez para aclarar el origen de la noticia, que personas allegadas al gobierno le atribuían a él. La entrevista duró media hora, y conociéndolos a ambos es imposible imaginar cuál de los dos fue el más imperturbable. El general, con su suave y lenta voz baritonal, hizo una relación detallada de sus indagaciones sobre el caso. El presidente lo escuchó en silencio absoluto. Veinte minutos después se despidieron. Al día siguiente, el general le envió al presidente una carta oficial de seis pliegos con la repetición minuciosa de lo que le había dicho para que quedara como constancia histórica.

De acuerdo con las investigaciones —decía la carta—, el origen de la noticia era Martha Nieves Ochoa, quien la había contado días antes y con carácter exclusivo a redactores judiciales de *El Tiempo* —sus depositarios exclusivos—, que no entendían cómo había sido publicada primero por *El Espectador*. Expresó que era un ferviente partidario de la entrega de Pablo Escobar. Reiteró su lealtad a sus principios, obligaciones y deberes, y concluyó: «Por razones que usted conoce, señor presidente, muchas personas y entidades insisten en buscar mi desestabilización profesional, tal vez con ánimo de colocarme en una situación de riesgo que les permita con facilidad consumar sus objetivos en mi contra».

Martha Nieves Ochoa negó ser la fuente de la noticia, y no volvió a hablarse del asunto. Sin embargo, tres meses después —cuando ya Escobar estaba en la cárcel—, el secretario general de la presidencia, Fabio Villegas, llamó al general Maza a su despacho por encargo del presidente, lo invitó al Salón Azul, y caminando de un extremo al otro como en un paseo dominical le comunicó la decisión presidencial de su retiro. Maza salió convencido de que aquélla había sido la prueba del compromiso con Escobar que el gobierno había desmentido, y así lo dijo: «Fui negociado».

Desde antes de eso, en todo caso, Escobar le había hecho saber al general Maza que la guerra entre ellos había terminado, que se olvidaba de todo y se entregaba en serio: paraba los atentados, desmantelaba la banda y entregaba la dinamita. Como prueba le mandó una lista de escondrijos donde encontraron setecientos kilos. Más tarde, desde la cárcel, seguiría revelando a la brigada de Medellín una serie de caletas con un total de dos toneladas. Pero Maza no le creyó nunca.

Impaciente por la demora de la entrega, el gobierno nombró como director de la cárcel a un boyacense —Luis Jorge Pataquiva Silva— y no a un antioqueño, así como a veinte guardias nacionales de distintos departamentos, y no antioqueños. «De todos modos —dijo Villamizar— si lo que quieren es sobornar lo mismo da antioqueño que de cualquier parte.» Escobar, fatigado él mismo de tantas vueltas, apenas lo discutió. Al fin se acordó que fuera el ejército y no la policía el que cubriera el ingreso, y que se tomaran medidas de excepción para quitarle a Escobar el temor de que lo envenenaran con la comida de la cárcel.

La Dirección Nacional de Prisiones, por otra parte, adoptó el mismo régimen de visitas de los hermanos Ochoa Vázquez en el pabellón de máxima seguridad de Itagüí. La hora límite para levantarse era las siete de la mañana y la hora límite para ser recluido y puesto bajo llave y candado en la celda eran las ocho de la noche. Escobar y sus compañeros podían recibir visitas de mujeres cada domingo, de ocho de la mañana a dos de la tarde; de hombres, los sábados, y de menores, en el primer y el tercer domingo de cada mes.

En la madrugada del 9 de junio, efectivos del batallón de policía militar de Medellín relevaron al grupo de caballería que vigilaba el contorno, iniciaron el montaje de un impresionante dispositivo de seguridad, desalojaron de las montañas aledañas a personas ajenas al sector, y asumieron el control total de la tierra y el cielo. No había más pretextos. Villamizar le hizo saber a Escobar —con toda sinceridad— que le agradecía la liberación de Maruja, pero no estaba dispuesto a correr más riesgos sólo porque él no acababa de entregarse. Y se lo mandó a decir en serio: «De aquí en adelante yo no respondo». Escobar decidió en dos días, con la última condición de que también el procurador general lo acompañara en la entrega.

Un tropiezo insólito de última hora pudo haber provocado un nuevo aplazamiento: Escobar no tenía un instrumento oficial de identidad para probar que era él y no otro el que se entregaba. Uno de sus abogados planteó el problema al gobierno y solicitó en consecuencia una cédula de ciudadanía para Escobar, sin tomar en cuenta que éste, buscado por toda la fuerza pública, debería ir en persona a la correspondiente oficina del Registro Civil. La solución de emergencia fue que se identificara con la huella digital y el número de una cédula que había usado en un viejo oficio notarial, y declarara al mismo tiempo que no podía mostrarla porque se le había extraviado.

El Mono despertó a Villamizar a las doce de la noche del 18 de junio para que subiera a atender una llamada de emergencia. Era muy tarde, pero el apartamento de Aseneth parecía un infierno feliz, con el acordeón de Egidio Cuadrado y su combo de vallenatos. Villamizar tuvo que abrirse camino a codazos por entre la fronda frenética de la más alta chismografía cultural. Aseneth en su estilo típico, le cerró el paso.

—Ya sé quién es la que lo llama —le dijo—. Y cuídese, porque si se descuida lo van a capar.

Lo dejó en el dormitorio en el momento en que sonó el teléfono. En medio del estruendo que estremecía la casa Villamizar alcanzó a oír apenas lo esencial:

—Listo, véngase para Medellín mañana temprano.

A las siete de la mañana, Rafael Pardo puso un avión de la Aeronáutica Civil a disposición de la comitiva oficial que asistiría a la entrega. Villamizar, temeroso de una filtración prematura, se presentó en la casa del padre García Herreros a las cinco de la mañana. Lo encontró en el oratorio, con la ruana inconsútil sobre la sotana, cuando acababa de decir la misa.

—Bueno, padre, camine —le dijo—. Nos vamos para Medellín porque Escobar se va a entregar.

En el avión —además de ellos— viajaron Fernando García Herreros, un sobrino del padre que actuaba como su asistente ocasional; Jaime Vázquez, de la Consejería de Información; el doctor Carlos Gustavo Arrieta, procurador general de la república y el doctor Jaime Córdoba Triviño, procurador delegado para los Derechos Humanos. En el aeropuerto Olaya Herrera, en pleno centro de Medellín, los esperaban María Lía y Martha Nieves Ochoa.

La comitiva oficial fue llevada a la gobernación. Villamizar y el padre se fueron al apartamento de María Lía para desayunar mientras se cumplían los últimos trámites de la entrega. Allí supo que Escobar ya iba en camino, a veces en carro y a veces haciendo rodeos a pie, para eludir los frecuentes retenes de la policía. Era experto en esos azares.

El padre tenía otra vez los nervios de punta. Se le cayó un lente de contacto, lo pisó, y se exasperó a tal grado que Martha Nieves tuvo que llevarlo a la Óptica San Ignacio, donde le resolvieron el problema con unas gafas normales. La ciudad estaba plagada de retenes rigurosos, y los detuvieron en casi todos, pero no para requisarlos, sino para agradecerle al padre lo que hacía por la felicidad de Medellín. Pues en aquella ciudad donde todo era posible, la noticia más secreta del mundo era ya de dominio público.

El Mono llegó al apartamento de María Lía a las dos y media de la tarde, vestido como para un paseo campestre, con una chaquetita de tierra caliente y zapatos blandos.

—Listo —le dijo a Villamizar—. Nos vamos para la gobernación. Váyase usted por su lado y yo llego por otro.

Se fue solo en su carro. Villamizar, el padre García Herreros y Martha Nieves se fueron en el de María Lía. Frente a la gobernación se bajaron los dos hombres. Las mujeres permanecieron esperando fuera. El Mono no era ya el técnico frío y eficaz, sino que trataba de esconderse dentro de sí mismo. Se puso unas gafas oscuras y una gorra de golfista, y se mantuvo siempre en segundo plano detrás de Villamizar. Alguien que lo vio entrar con el padre se apresuró a llamar por teléfono a Rafael Pardo para decirle que Escobar —muy rubio, muy alto y elegante— acababa de entregarse en la gobernación.

Cuando se preparaban para salir, le avisaron al Mono por radioteléfono que un avión se dirigía al espacio aéreo de la ciudad. Era una ambulancia militar con varios soldados heridos en un encuentro con las guerrillas de Urabá. El temor de que se hiciera demasiado tarde inquietaba a las autoridades, porque los helicópteros no podrían volar al filo del atardecer, y aplazar la entrega para el día siguiente podía ser funesto. Villamizar llamó entonces a Rafael Pardo, y éste hizo desviar el vuelo de los heridos y reiteró la orden terminante de mantener el cielo despejado. Mientras esperaba el desenlace, escribió en su diario personal: «Ni un pájaro vuela hoy sobre Medellín».

El primer helicóptero —un Bell 206 para seis pasajeros— despegó de la azotea de la gobernación poco después de las tres con el procurador general y Jaime Vázquez; Fernando García Herreros y el periodista de radio Luis Alirio Calle, cuya enorme popularidad era una garantía más para la tranquilidad de Pablo Escobar. Un oficial de seguridad le indicaría al piloto el rumbo directo de la cárcel.

El segundo helicóptero —un Bell 412 para doce pasajeros— despegó diez minutos después cuando el Mono recibió la orden por radioteléfono. Villamizar se embarcó con él y con el padre. No bien despegaban cuando oyeron por radio la noticia de que la posición del gobierno había sido derrotada en la Asamblea Nacional Constituyente, donde acababa de aprobarse la no extradición de nacionales por cincuenta y un votos a favor, trece en contra y cinco abstenciones, en una primera instancia que sería ratificada más tarde. Aunque no había indicios de que fuera un acto concertado, era casi infantil no pensar que Escobar lo conocía de antemano y había esperado hasta aquel último minuto para entregarse.

Los pilotos siguieron las indicaciones del Mono para recoger a Pablo Escobar y llevarlo a la cárcel. Fue un vuelo muy breve, y a tan baja altura, que las instrucciones parecían para un automóvil: tomen la Octava, sigan por ahí, ahora a la derecha, más, más, hasta el parque, eso es. Detrás de una arboleda surgió de pronto una mansión espléndida entre flores tropicales de colores intensos, con un campo de fútbol perfecto como una enorme mesa de billar en medio del tráfico fluido de El Poblado.

—Aterrice ahí —indicó el Mono—. No apague los motores.

Sólo cuando estuvieron a la altura de la casa descubrió Villamizar que alrededor del campo esperaban no menos de treinta hombres con las armas en ristre. Cuando el helicóptero se posó en el prado intacto, se desprendieron del grupo unos quince escoltas que caminaron ansiosos hacia el helicóptero alrededor de un hombre que no podía pasar inadvertido. Tenía el cabello largo hasta los hombros, una barba muy negra, espesa y áspera, que le llegaba hasta el pecho, y la piel parda y curtida por un sol de páramo. Era rechoncho, con zapatos de tenis y una chaquetilla azul claro de algodón ordinario, y se movía con una andadura fácil y una tranquilidad escalofriante. Villamizar lo reconoció a primera vista sólo porque era distinto de todos los hombres que había visto en su vida.

Después de despedirse de sus escoltas más próximos con abrazos fuertes y rápidos, Escobar indicó a dos de ellos que embarcaran por el otro lado del helicóptero. Eran el Mugre y Otto, dos de los más cercanos. Luego subió él sin cuidarse de las aspas a media marcha. El primero a quien saludó antes de sentarse fue a Villamizar. Le tendió la mano tibia y bien cuidada y le preguntó sin una alteración mínima en la voz:

—¿Cómo está, doctor Villamizar?

—Cómo le va, Pablo —le contestó él.

Escobar se volvió luego hacia el padre García Herreros con una sonrisa amable y le dio las gracias por todo. Se sentó junto a sus dos escoltas, y sólo entonces pareció caer en la cuenta de que el Mono estaba allí. Tal vez había previsto que se limitaría a darle las instrucciones a Villamizar sin subir en el helicóptero.

—Usted sí —le dijo Escobar—, metido hasta el final en esta vaina.

Nadie supo si fue un reconocimiento o un regaño, pero el tono fue más bien cordial. El Mono, tan perdido como todos, movió la cabeza y sonrió.

—¡Ay, patrón!

Villamizar pensó entonces, como en una revelación, que Escobar era un hombre mucho más peligroso de lo que se creía, porque su tranquilidad y su dominio tenían algo de sobrenatural. El Mono trató de cerrar la puerta de su lado, pero no supo cómo, y tuvo que cerrarla el copiloto. En la emoción del instante nadie se había acordado de dar órdenes. El piloto, tenso en los comandos, preguntó:

—¿Arrancamos?

A Escobar se le soltó entonces el único indicio de la ansiedad reprimida.

—Claro —se apresuró a ordenar—. ¡Apúrele! ¡Apúrele!

Cuando el helicóptero se desprendió del pasto le preguntó a Villamizar: «Todo bien, ¿no, doctor?». Villamizar, sin volverse a mirarlo, le contestó con su verdad: «Todo perfecto». Nada más, porque el vuelo había terminado. El helicóptero voló un tramo final a ras de los árboles y se posó en el campo de fútbol de la cárcel —pedregoso y con las porterías rotas— junto al primer helicóptero que había llegado un cuarto de hora antes. Todo el viaje desde la gobernación no duró quince minutos.

Los dos siguientes, sin embargo, fueron los más intensos. Escobar trató de bajar primero desde que la puerta se abrió, y se encontró rodeado por la guardia del penal: un medio centenar de hombres con uniformes azules, tensos y un poco atolondrados, que lo encañonaron con armas largas. Escobar se sorprendió, perdió el control por un instante, y lanzó un grito cargado de una autoridad temible:

—¡Bajen las armas, carajo!

Cuando el jefe de la guardia dio la misma orden, ya la de Escobar estaba cumplida. Escobar y sus acompañantes caminaron los doscientos metros hasta la casa, donde los esperaban las autoridades de la cárcel, los miembros de la delegación oficial y el primer grupo de secuaces de Escobar que habían llegado por tierra para entregarse con él. Allí estaban también la esposa de Escobar, y su madre, muy pálida y a punto de llorar. Él le dio al pasar un toquecito cariñoso en el hombro, y le dijo: «Tranquila, vieja». El director de la cárcel salió a su encuentro con la mano extendida.

—Señor Escobar —se presentó—. Soy Luis Jorge Pataquiva.

Escobar le estrechó la mano. Luego se levantó el pantalón de la pierna izquierda y desenfundó la pistola que llevaba en un arnés amarrado en el tobillo. Una joya magnífica: Sig Sauer 9, con el monograma de oro incrustado en la cacha de nácar. Escobar no le quitó el cargador, sino que sacó las balas una por una y las tiró en el suelo.

Fue un gesto algo teatral que parecía ensayado, y surtió su efecto como una muestra de confianza al carcelero mayor cuyo nombramiento le había quitado el sueño. Al día siguiente se publicó que al entregar la pistola Escobar le había dicho a Pataquiva: «Por la paz de Colombia». Ningún testigo lo recuerda, y Villamizar mucho menos, deslumbrado como estaba por la belleza del arma.

Escobar saludó a todos. El procurador delegado le retuvo la mano mientras le decía: «Estoy aquí, señor Escobar, para mirar que sus derechos sean respetados». Escobar le dio las gracias con una deferencia especial. Por último tomó del brazo a Villamizar.

—Camine, doctor —le dijo—. Usted y yo tenemos mucho que conversar.

Lo llevó hasta el extremo de la galería exterior, y allí charlaron por unos diez minutos recostados en la baranda y de espaldas a todos. Escobar empezó por dar las gracias formales. Luego, con su calma pasmosa, lamentó los sufrimientos que le había causado a Villamizar y a su familia, pero le pidió entender que aquélla había sido una guerra muy dura para ambas partes. Villamizar no desperdició la ocasión de resolver tres grandes incógnitas de su vida: por qué habían matado a Luis Carlos Galán, por qué Escobar había tratado de matarlo a él, y por qué había secuestrado a Maruja y a Beatriz.

Escobar rechazó toda culpa sobre el primer crimen. «Lo que pasa es que al doctor Galán lo quería matar todo el mundo», dijo. Admitió que había estado presente en las discusiones en que se decidió el atentado, pero negó que hubiera intervenido o tuviera algo que ver con los hechos. «En eso intervino muchísima gente —dijo—. Yo inclusive me opuse porque sabía lo que se venía si lo mataban, pero si ésa era la decisión yo no podía oponerme. Le ruego que se lo diga así a doña Gloria.»

En cuanto a la segunda inquietud, fue explícito en que un grupo de congresistas amigos lo habían convencido de que Villamizar era un colega incontrolable y empecinado que había que frenar de cualquier modo antes de que hiciera aprobar la extradición. «Además —dijo— en esa guerra en que estábamos a uno lo mataban hasta por chismes. Pero ahora que lo conozco, doctor Villamizar, bendita la hora en que no le pasó nada.»

Sobre el secuestro de Maruja dio una explicación simplista. «Yo estaba secuestrando gente para conseguir algo y no lo conseguía, nadie conversaba, nadie hacía caso, así que me fui por doña Maruja a ver si lograba cualquier cosa.» No tuvo más argumentos, sino que derivó a un largo comentario sobre la forma en que fue conociendo a Villamizar en el curso de las negociaciones, hasta convencerse de que era un hombre serio y valiente, cuya palabra de oro comprometía su gratitud eterna. «Yo sé que usted y yo no podemos ser amigos», le dijo. Pero Villamizar podía estar seguro de que ni a él ni a nadie de su familia volvería a pasarle nada de allí en adelante.

—Yo estaré aquí quién sabe hasta cuándo —dijo—, pero todavía tengo muchos amigos, de modo que si alguno de los suyos se siente inseguro, si alguien se va a meter con ustedes, mándemelo a decir y nada más. Usted me cumplió y yo le cumplo, muchas gracias. Es palabra de honor.

Antes de despedirse, Escobar le pidió a Villamizar el último favor de tranquilizar a su madre y a su esposa, que estaban al borde de la conmoción. Villamizar lo hizo sin muchas ilusiones, pues ambas estaban convencidas de que aquel ceremonial era una trampa siniestra del gobierno para asesinar a Escobar dentro de la cárcel. Por último entró en el despacho del director y marcó de memoria el número 284 33 00 del palacio presidencial, para que localizaran a Rafael Pardo donde se encontrara.

Estaba en la oficina del consejero de Prensa, Mauricio Vargas, quien contestó al teléfono y le pasó la bocina sin comentarios. Pardo reconoció la voz grave y calmada, pero esta vez con un halo radiante.

—Doctor Pardo —dijo Villamizar—, aquí le tengo a Escobar en la cárcel.

Pardo —quizás por primera vez en su vida— recibió la noticia sin pasarla por el filtro de la duda.

—¡Qué maravilla! —dijo.

Hizo un comentario rápido que Mauricio Vargas no trató siquiera de interpretar, colgó el teléfono, y entró sin tocar en la oficina del presidente. Vargas, que es un periodista de nacimiento las veinticuatro horas del día, sospechó por la prisa y la demora de Pardo que debía tratarse de algo grande. No tuvo nervios para esperar más de cinco minutos. Entró en la oficina del presidente sin anunciarse, y lo encontró riéndose a carcajadas de algo que Pardo acababa de decirle. Entonces lo supo. Mauricio pensó con alegría en el tropel de periodistas que de un momento a otro irrumpirían en su oficina, y miró el reloj. Eran las cuatro y media de la tarde. Dos meses después, Rafael Pardo sería el primer civil nombrado ministro de la Defensa, después de cincuenta años de ministros militares.

Pablo Emilio Escobar Gaviria había cumplido cuarenta y un años en diciembre. De acuerdo con el examen médico de rigor al ingresar en la cárcel, su estado de salud era el de «un hombre joven en condiciones normales físicas y mentales». La única observación extraña fue una congestión en la mucosa nasal y algo como la cicatriz de una cirugía plástica en la nariz, pero él la explicó como una lesión juvenil durante un partido de fútbol.

El acta de entrega voluntaria la firmaron el director nacional y la directora regional de Instrucción Criminal, y el procurador delegado para los Derechos Humanos. Escobar respaldó su firma con la huella digital del pulgar y el número de su cédula extraviada: 8.345.766 de Envigado. El secretario, Carlos Alberto Bravo, dejó una constancia al final del documento: «Una vez firmó el acta, el señor Pablo Emilio Escobar solicitó que firmara la presente el doctor Alberto Villamizar Cárdenas, quien firma». Villamizar firmó aunque nunca le dijeron a título de qué.

Terminada la diligencia, Pablo Escobar se despidió de todos y entró en la celda donde iba a vivir tan ocupado como siempre en sus asuntos y negocios, y además con el poder del Estado al servicio de su sosiego doméstico y su seguridad. Desde el día siguiente, sin embargo, la cárcel muy cárcel de que había hablado Villamizar empezó a transformarse en una hacienda de cinco estrellas con toda clase de lujos, instalaciones de recreo y facilidades para la parranda y el delito, construidos con materiales de primera clase que eran llevados poco a poco en un doble fondo adaptado en el baúl de una camioneta de abastecimiento. Doscientos noventa y nueve días después, enterado el gobierno del escándalo, decidió cambiar de cárcel a Escobar sin anuncio previo. Tan inverosímil como el hecho de que el gobierno hubiera necesitado un año para enterarse, fue que Escobar sobornó con un plato de comida a un sargento y a dos soldados muertos de susto, y escapó caminando con sus escoltas a través de los bosques vecinos, en las barbas de los funcionarios y de la tropa responsable de la mudanza.

Fue su sentencia de muerte. Según declaró más tarde, la acción del gobierno había sido tan extraña e intempestiva, que no pensó que en verdad fueran a transferirlo sino a matarlo o a entregárselo a los Estados Unidos. Cuando se dio cuenta de las desproporciones de su error emprendió dos campañas paralelas para que el gobierno volviera a hacerle el favor de encarcelarlo: la más grande ofensiva de terrorismo dinamitero de la historia del país y la oferta de rendición sin condiciones de ninguna clase. El gobierno no se dio nunca por enterado de sus propuestas, el país no sucumbió al terror de los carrobombas y la ofensiva de la policía alcanzó proporciones insostenibles.

El mundo había cambiado para Escobar. Quienes hubieran podido ayudarlo de nuevo para salvar la vida no tenían ganas ni argumentos. El padre García Herreros murió el 24 de noviembre de 1992 por una insuficiencia renal complicada, y Paulina —sin empleo y sin ahorros— se refugió en un otoño tranquilo, con sus hijos y sus buenos recuerdos, hasta el punto de que hoy nadie da razón de ella en *El Minuto de Dios*. Alberto Villamizar, nombrado embajador en Holanda, recibió varios recados de Escobar, pero ya era demasiado tarde para todo. La inmensa fortuna, calculada en tres mil millones de dólares, se fue en gran parte por los sumideros de la guerra o se desbarató en la desbandada del cartel. Su familia no encontraba un lugar en el mundo donde dormir sin pesadillas. Convertido en la más grande pieza de caza de nuestra historia, Escobar no podía permanecer más de seis horas en un mismo lugar, e iba dejando en su fuga enloquecida un reguero de muertos inocentes, y a sus propios escoltas asesinados, rendidos a la justicia o pasados a las huestes del enemigo. Sus servicios de seguridad, y aun su propio instinto casi animal de supervivencia perdieron los talentos de otros días.

El 2 de diciembre de 1993 —un día después de cumplir cuarenta y cuatro años— no resistió la tentación de hablar por teléfono con su hijo Juan Pablo, que acababa de regresar a Bogotá rechazado por Alemania, junto con su madre y su hermana menor. Juan Pablo, ya más alerta que él, le advirtió a los dos minutos que no siguiera hablando porque la policía iba a localizar el origen de la llamada. Escobar —cuya devoción familiar era proverbial— no le hizo caso. Ya en ese momento los servicios de rastreo habían logrado establecer el sitio exacto del barrio Los Olivos de Medellín, donde estaba hablando. A las tres y cuarto de la tarde, un grupo especial nada ostensible de veintitrés policías vestidos de civil acordonaron el sector, se tomaron la casa y estaban forzando la puerta del segundo piso. Escobar lo sintió. «Te dejo —le dijo a su hijo en el teléfono— porque aquí está pasando algo raro.» Fueron sus últimas palabras.

La noche de la entrega la pasó Villamizar en los bailaderos más alegres y peligrosos de la ciudad, bebiendo aguardiente de machos con los guardaespaldas de Escobar. El Mono, ahogado hasta el gorro, le contaba a quien lo oyera que el doctor Villamizar era la única persona a la que el patrón le había dado disculpas. A las dos de la madrugada se puso de pie sin preámbulos y se despidió con un saludo de la mano.

—Hasta siempre, doctor Villamizar —dijo—. Ahora tengo que desaparecerme, y posiblemente no volveremos a vernos nunca. Fue un placer conocerlo.

Al amanecer dejaron a Villamizar embebido como una esponja en la casa de La Loma. Por la tarde, en el avión de vuelta, no había otro tema de conversación que la entrega de Pablo Escobar. Villamizar era aquel día uno de los hombres más notables del país, pero nadie lo reconoció entre la muchedumbre de los aeropuertos. Los periódicos habían señalado sin fotografías su presencia en la cárcel, pero el tamaño de su protagonismo real y decisivo en todo el proceso de la entrega parecía destinado a la penumbra de las glorias secretas.

De regreso a casa aquella tarde se dio cuenta de que la vida cotidiana retomaba su hilo. Andrés estudiaba en el cuarto. Maruja libraba en silencio la dura guerra con sus fantasmas para volver a ser la misma. El caballo de la dinastía Tang había vuelto a su lugar, entre sus primorosas reliquias de Indonesia y sus antigüedades de medio mundo, encabritado sobre la mesa sagrada en que ella lo quería y en el rincón donde soñaba verlo durante las noches interminables del secuestro. Había vuelto a sus oficinas de Focine en el mismo automóvil en que la habían secuestrado —borradas ya las cicatrices de las balas en los cristales— y otro chofer nuevo y agradecido ocupaba el asiento del muerto. Antes de dos años sería nombrada ministra de Educación.

Villamizar, sin empleo ni ganas de tenerlo, con un regusto ácido de la política, prefirió descansar por un tiempo a su manera, reparando las pequeñas averías domésticas, bebiéndose el ocio sorbo a sorbo con viejos compinches, haciendo el mercado con su propia mano para gozar y hacer gozar a sus amigos de las delicias de la cocina popular. Era un estado de ánimo propicio para leer en las tardes y dejarse crecer la barba. Un domingo durante el almuerzo, cuando ya las brumas de la nostalgia empezaban a enrarecer el pasado, alguien llamó a la puerta. Pensaron que Andrés había vuelto a olvidar las llaves. Como era el día libre del servicio, Villamizar abrió. Un hombre joven de chaqueta deportiva le entregó un paquetito envuelto en papel de regalo y atado con una cinta dorada, y desapareció por la escalera sin decirle una palabra ni darle tiempo de preguntar nada. Villamizar pensó que podía ser una bomba. En un instante lo estremeció la náusea del secuestro, pero deshizo el lazo y desenvolvió el paquetito con la punta de los dedos, lejos del comedor donde Maruja lo esperaba. Era un estuche de piel artificial, y dentro del estuche, en su nido de raso, estaba el anillo que le habían quitado a Maruja la noche del secuestro. Le faltaba una chispa de diamante, pero era el mismo.

Ella no podía creerlo. Se lo puso, y se dio cuenta de que estaba recobrando la salud a toda prisa, pues ya le venía bien al dedo.

—¡Qué barbaridad! —suspiró ilusionada—. Todo esto ha sido como para escribir un libro.

OBRAS DE GABRIEL GARCÍA MÁRQUEZ
PUBLICADAS POR EDITORIAL DIANA

El amor en los tiempos del cólera
La aventura de Miguel Littín
    clandestino en Chile
Cien años de soledad
El coronel no tiene quien le escriba
Crónica de una muerte anunciada
Del amor y otros demonios
Doce cuentos peregrinos
Los funerales de la Mamá Grande
El general en su laberinto
La hojarasca
La increíble y triste historia de la cándida
    Eréndira y de su abuela desalmada
La mala hora
Memoria de mis putas tristes
Noticia de un secuestro
Obra periodística 1
    Textos costeños (1948-1952)
Obra periodística 2
    Entre cachacos (1954-1955)
Obra periodística 3
    De Europa y América (1955-1960)
Obra periodística 4
    Por la libre (1974-1995)
Obra periodística 5
    Notas de prensa (1961-1984)
Ojos de perro azul
El olor de la guayaba. Conversaciones
    con Gabriel García Márquez
        Con Plinio A. Mendoza
El otoño del patriarca
Relato de un náufrago
Vivir para contarla